U0592103

丛书

第8章

赚钱攻略之店铺装修技巧

例8-1 使用制作好的图片
例8-2 购买和应用店招模板
例8-3 设置如衣推荐区
例8-4 设置推荐功能模块
例8-5 设置宝贝推荐区
例8-6 设置Flash动画展区
例8-7 设置宝贝分类
例8-8 设置宝贝排行榜
本章其他视频文件参见配套光盘

人靠衣装，店靠装修。一家装修精美的店铺，不仅能提升店铺整体形象，也可以吸引买家，提升店铺的浏览量，从而增加店铺成交的机率。因此，卖家得要多的买家买卖，要根据自己店铺整体的风格和布局上，进行合理的协调和搭配。

知识点滴
在文中加入大量的知识信息，或是本节知识的重点解析以及难点提示

章首导读
以言简意赅的语言表述本章介绍的主要内容

教学视频
紧密结合光盘，列出本章有同步教学视频的操作案例

开一家 赚钱的 淘宝网店

"每斤XX元"的模式，此时虽然买家已经恍然大悟，但是在查看宝贝的过程中如果依然觉得宝贝很贵，最终也会折扣。

值得注意的是，这里家用的是250克，这也是一种常用的数字运用。相比0.25下克，单斤除这个数字都重量性得很多。总之，使用分别定位法的具体原则就是，运用数字挑算，让价格的数字变得尽可能整些最小，以慎量数字罗尔就看起来小。

知识点滴
分别定位法的运用范围是有限的。如果是，如果等有商品放上虽使用，另外，在某个价格里的具体标题所运是过深得宝贝的具体单价且不分太高，则到给买家留下不满意的印象就连得更其反了。

2. 非整数定价法

人们去商场购物的时候会发现很多商品的价格都不是整数。如96.9元、98.4元等，其实这都是商家的故意所为。经过研究调查，非整数的定价能够随缓消费者的购买欲望，消费者总是看等下意识认为商品的价格比以整数价格高位的格实惠。

在消费者心里上虽然，定价分为每双26.98虽然经过计算往算样精到的，从而对家素然看不难也不价数为买多处用整数。

实战技巧
讲述软件操作在实际应用中的技巧，让读者少走弯路、事半功倍

在使用中整数定价法时，在商家可将用100元、1000元这样的大整数打折，如尽可能应用下降一些零情价格低一位。如同99和101元虽然只相差两元，但给消费者的感觉就完全不同了。另外，商家做整下的情景可直连为分清差别到轻的不同。这如，又让多采利润标悟了，也虽然以价值求必要为了卖出价格从微乎求本买卖。

3. 特价促销法

适当店铺如使用特价商品进行促销是一个不错的办法。可以利用消费者喜欢买小便宜的心理，事先将某些宝贝的价格定标准很低作为特价品。如下图所示的就是一个价格很低的手机保护壳。

这个价格是非常低的，在摆家利该竞争力。但如果只有消费者买完这一个宝贝的试就觉得很不合算。为什么呢？因为宝贝价格只有2.30

开一家 赚钱的 淘宝网店

8.3.3 设置宝贝推荐区

在宝贝推荐区，用户可通过手动或自动的方式，根据关键词、价格区、分类等条件依选宝贝，并可设置显示出售商品，评论数和折扣价等。

实例概述
简要描述实例内容，同时让读者明确该实例是否附带教学视频或源文件

【例8-5】在淘宝店铺中添加和设置宝贝推荐区

步骤 01 登录淘宝网并进入卖家中心，单击左侧【店铺装修】分类下的【店铺装修】链接。

步骤 02 进入店铺装修的后台操作界面，单击搜索功能模块右下角的【添加模块】按钮。

步骤 03 打开【添加模块】对话框，单击【宝贝推荐】模块左下角的【添加】按钮。

操作步骤
图文并茂，详解得当，让读者对实例操作过程轻松上手

步骤 04 返回店铺装修页面，单击【宝贝推荐】模块中下角的【编辑】链接。

实战技巧
在模块中单击向上或向右的箭头，可以调整模块的位置，单击【删除】按钮，可以删除当前模块。

步骤 05 打开【宝贝推荐】对话框，在【宝贝设置】选项卡中可设置要推荐的宝贝所示。

步骤 06 打开【显示设置】选项卡，用户可设置宝贝的显示方式，例如本例设置为"一行展示4个宝贝"，如下图所示。

开一家 赚钱的 淘宝网店

步骤 04 使用鼠标拖动的方法可以调整整个图片的位置，调整完成后，单击【确定】按钮，完成细图的制作。效果如图所示。

实战技巧
在【模板预览】时将鼠标左下方的【图片操作】区域，可对图片进行向左、向右、水平和垂直翻转。

专家答疑
对本章内容做扩展补充，同时拓宽读者的知识面

专家答疑

❓ 问：正确拍照的要领是什么？

答：正确的照的要领有以下几点。持机方法要正确，正确持机是拍摄清晰照片的第一步，此外正确的站立姿势可以防止相机、三角架要稳固。三脚架是防止相机抖动震影的装置，可以保持相机握紧的稳定性。双脚开与肩并排站立，应该一只脚前跨半步，请重心方在某一只脚上，接拍门速度要缓要准，尽力避免身体的晃动。

❓ 问：如何给小饰品拍摄？

答：小饰品的拍摄直接影响小饰品的销量，很多卖家对如何拍摄清楚有不很清楚，下面我们来谈谈拍摄小饰品拍摄注意有以下几点。

⬥ 拍摄时间。小饰品需要柔光，很多人采用拍影棚，但拍者过大为饰品美的小商品，在自然光线下拍出的照片才是好看，有刚拍出来是强光效果，这样看起来反而更反显不自然，因此拍摄小饰品尽可能选择以下可间隔——夏天的早上或晚中午11点，下午3点半到5点半（太阳都要山时最好到较）、夕阳的红光会让照片出现（拍照），拍摄适应可以选择素里的阳台会桌，或者是放着的大窗子的桌子了。

⬥ 拍摄背景。拍摄背景方面可以搭配来要拍摄的宝贝，首先要素要了解自己的宝贝属于哪种气质，还有这种气质的相接的背景和颜色，别用选不好，就表接用白色或者黑色，因为无论什么样的饰品搭配这两种颜色都不会难看。

⬥ 突出主题。拍摄不见得是全景，可以拍摄饰品的特殊部位，特别是不会为宝贝漂亮型的卖家，每布宝贝都有一个主题。

⬥ 拍摄角度。每件宝贝都有适合它们有的角度，有的适合从上到下，有的适合从此到进，有的斜着拍摄，可以多试试与角度拍摄的感觉，看看哪一种感觉就最好。

⬥ 了解自己手中的相机，要全正确调试自己手中的相机。知道如何使用物施，明确各什么情况下需要加当白平衡，在什么情况下需要减少白平衡，这需要仔细阅读相机的说明书，多多学习拍照的拍摄技巧。

云视频教学平台

　　光盘附赠的云视频教学平台能够让读者轻松访问上百 GB 容量的免费教学视频学习资源库。该平台拥有目前最主流、最时尚的电脑软硬件应用知识，海量的多媒体教学视频，让您轻松学习、无师自通！

图1

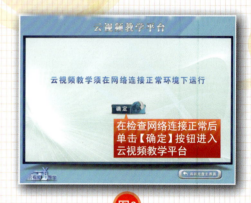

在检查网络连接正常后单击【确定】按钮进入云视频教学平台

图2

在该界面中您可以单击想学习的案例标题，即可进入对应的案例视频播放界面；此外，单击下方的翻页按钮可以查看其他视频教学内容

图4

在"云视频教学"主界面中单击您想学习的图书标题，即可进入对应的教学内容界面

图3

进入视频教学界面，单击下方控制条可以控制视频教学的播放

图5

光盘使用说明

光盘主要内容

本光盘为《入门与实战》丛书的配套多媒体教学光盘，光盘中的内容包括 18 小时与图书内容同步的视频教学录像和相关素材文件。光盘采用全程语音讲解和真实详细的操作演示方式，详细讲解了电脑以及各种应用软件的使用方法和技巧。此外，本光盘附赠大量学习资料，其中包括 3~5 套与本书内容相关的多媒体教学演示视频。

光盘操作方法

将 DVD 光盘放入 DVD 光驱，几秒钟后光盘将自动运行。如果光盘没有自动运行，可双击桌面上的【我的电脑】或【计算机】图标，在打开的窗口中双击 DVD 光驱所在盘符，或者右击该盘符，在弹出的快捷菜单中选择【自动播放】命令，即可启动光盘进入多媒体互动教学光盘主界面。

光盘运行后会自动播放一段片头动画，若您想直接进入主界面，可单击鼠标跳过片头动画。

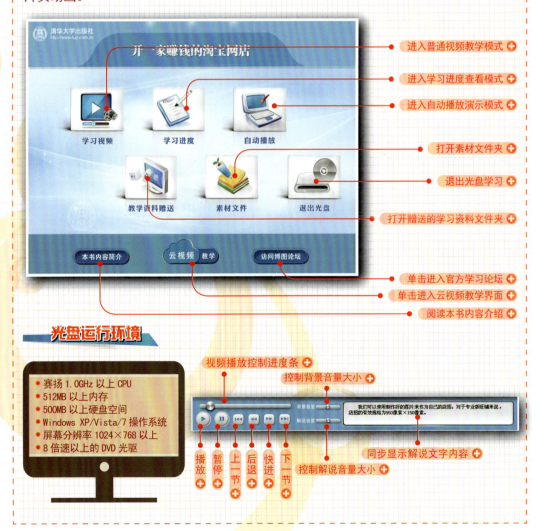

光盘运行环境

- 赛扬 1.0GHz 以上 CPU
- 512MB 以上内存
- 500MB 以上硬盘空间
- Windows XP/Vista/7 操作系统
- 屏幕分辨率 1024×768 以上
- 8 倍速以上的 DVD 光驱

光盘使用说明

普通视频教学模式

单击【学习视频】按钮

图1

① 单击章节名称

② 单击实例名称

图2

进入普通视频教学界面

控制视频教学播放

同步显示解说文字

图3

学习进度查看模式

单击【学习进度】按钮

图1

① 界面中显示每个实例的学习进度数值

② 单击需要继续学习的实例名称

图2

此时从上次结束部分继续学习

图3

自动播放演示模式

单击【自动播放】按钮

图1

进入自动播放视频教学界面，用户无须动手操作，系统将按顺序播放整张光盘

图2

赠送的教学资料

② 打开光盘中教学资料所在文件夹

① 单击【教学资料赠送】按钮

图1

① 双击需要学习的视频教学文件

② 显示视频教学播放界面

图2

开一家 赚钱的 淘宝网店

千牛工作台

上传图片

设置宝贝详情页

设置水印样式

淘宝规则页面

淘宝论坛

淘宝网服务中心

淘宝网主页

开一家 **赚钱的** 淘宝网店

淘金币页面

天猫品牌街

天猫主页

添加模块

我的淘宝页面

专业版装修效果

装修市场

钻石展位营销平台

入门与实战

超值畅销版

开一家赚钱的
淘宝网店

柳松洋 颜灵佳 ◎编著

清华大学出版社
北京

内容简介

　　本书是《入门与实战》系列丛书之一，全书以通俗易懂的语言、翔实生动的实例，全面介绍了在淘宝开店过程中需要掌握的实用方法，以及让网店赚钱的技巧。本书共分11章，涵盖了如何创建特色店铺、如何寻找优质货源、商品发布技巧、如何写好宝贝描述、如何降低物流成本、如何参加网内活动推广店铺、如何利用免费资源推广店铺、店铺装修技巧、与客户沟通的技巧、提升网店服务的技巧和如何塑造网店品牌形象等内容。

　　本书采用图文并茂的方式，使读者能够轻松上手。全书双栏紧排，全彩印刷，同时配以制作精良的多媒体互动教学光盘，方便读者扩展学习。附赠的DVD光盘中包含18小时与图书内容同步的视频教学录像和3～5套与本书内容相关的多媒体教学视频。此外，光盘中附赠的"云视频教学平台"能够让读者轻松访问上百GB容量的免费教学视频学习资源库。

　　本书面向电脑初学者，是广大电脑初中级用户、家庭电脑用户，以及不同年龄阶段电脑爱好者的首选参考书。

本书封面贴有清华大学出版社防伪标签，无标签者不得销售。

版权所有，侵权必究。侵权举报电话：010-62782989 13701121933

图书在版编目 (CIP) 数据

开一家赚钱的淘宝网店 / 柳松洋，颜灵佳　编著. —北京：清华大学出版社，2015
（入门与实战）
ISBN 978-7-302-39064-0

Ⅰ．①开…　Ⅱ．①柳…②颜…　Ⅲ．①电子商务—商业经营　Ⅳ．①F713.36

中国版本图书馆 CIP 数据核字 (2015) 第 017219 号

责任编辑：胡辰浩　　马玉萍
封面设计：牛艳敏
责任校对：邱晓玉
责任印制：宋　林

出版发行：清华大学出版社
　　　　　网　　　址：http://www.tup.com.cn，http://www.wqbook.com
　　　　　地　　　址：北京清华大学学研大厦 A 座　　　邮　　　编：100084
　　　　　社 总 机：010-62770175　　　　　　　　　邮　　　购：010-62786544
　　　　　投稿与读者服务：010-62776969，c-service@tup.tsinghua.edu.cn
　　　　　质 量 反 馈：010-62772015，zhiliang@tup.tsinghua.edu.cn
印 刷 者：北京亿浓世彩色印刷有限公司
经　　销：全国新华书店
开　　本：170mm×235mm　　　印　张：16.75　　　插 页：4　　　字　数：448 千字
　　　　　（附光盘1张）
版　　次：2015 年 2 月第 1 版　　　印　次：2015 年 2 月第 1 次印刷
印　　数：1 ～ 4000
定　　价：56.00 元

产品编号：056173-01

丛书序

首先，感谢并恭喜您选择本系列丛书！《入门与实战》系列丛书挑选了目前人们最关心的方向，通过实用精炼的讲解、大量的实际应用案例、完整的多媒体互动视频演示、强大的网络售后教学服务，让读者从零开始、轻松上手、快速掌握，让所有人都能看得懂、学得会、用得好电脑知识，真正做到满足工作和生活的需要！

· 丛书、光盘和网络服务特色

双栏紧排，全彩印刷，图书内容量多实用

本丛书采用双栏紧排的格式，使图文排版紧凑实用，其中220多页的篇幅容纳了传统图书一倍以上的内容。从而在有限的篇幅内为读者奉献更多的电脑知识和实战案例，让读者的学习效率达到事半功倍的效果。

结构合理，内容精炼，案例技巧轻松掌握

本丛书紧密结合自学的特点，由浅入深地安排章节内容，让读者能够一学就会、即学即用。书中的范例通过添加大量的"知识点滴"和"实战技巧"的注释方式突出重要知识点，使读者轻松领悟每一个范例的精髓所在。

书盘结合，互动教学，操作起来十分方便

丛书附赠一张精心开发的多媒体教学光盘，其中包含了18小时左右与图书内容同步的视频教学录像。光盘采用全程语音讲解、真实详细的操作演示等方式，紧密结合书中的内容对各个知识点进行深入的讲解。光盘界面注重人性化设计，读者只需要单击相应的按钮，即可方便地进入相关程序或执行相关操作。

免费赠品，素材丰富，量大超值实用性强

附赠光盘采用大容量DVD格式，收录书中实例视频、源文件以及3～5套与本书内容相关的多媒体教学视频。此外，光盘中附赠的云视频教学平台能够让读者轻松访问上百GB容量的免费教学视频学习资源库，在让读者学到更多电脑知识的同时真正做到物超所值。

在线服务，贴心周到，方便老师定制教案

本丛书精心创建的技术交流QQ群(101617400、2463548)为读者提供24小时便捷的在线交流服务和免费教学资源；便捷的教材专用通道(QQ：22800898)为老师量身定制实用的教学课件。

· 读者对象和售后服务

本丛书是广大电脑初中级用户、家庭电脑用户和中老年电脑爱好者，或学习某一应用软件用户的首选参考书。

最后感谢您对本丛书的支持和信任，我们将再接再厉，继续为读者奉献更多更好的优秀图书，并祝愿您早日成为电脑高手！

如果您在阅读图书或使用电脑的过程中有疑惑或需要帮助，可以登录本丛书的信息支持网站(http://www.tupwk.com.cn/practical)或通过E-mail(wkservice@vip.163.com)联系，本丛书的作者或技术人员会提供相应的技术支持。

前　言

电脑操作能力已经成为当今社会不同年龄层次的人群必须掌握的一门技能。为了使读者在短时间内轻松掌握电脑各方面应用的基本知识，并快速解决生活和工作中遇到的各种问题，我们组织了一批教学精英和业内专家特别为电脑学习用户量身定制了这套《入门与实战》系列丛书。

《开一家赚钱的淘宝网店》是这套丛书中的一本，该书从读者的学习兴趣和实际需求出发，合理安排知识结构，由浅入深、循序渐进，通过图文并茂的方式讲解了卖家在淘宝网开店和推广店铺过程中需要掌握的基本操作和可能遇到的疑难问题。全书共分为11章，主要内容如下。

第 1 章：介绍了如何创建特色店铺，包括注册淘宝账户和申请开通店铺等内容。

第 2 章：介绍了如何寻找优质货源，包括线上寻找货源和线下寻找货源等内容。

第 3 章：介绍了商品发布技巧，包括设置宝贝分类和管理图片空间等内容。

第 4 章：介绍了如何写好宝贝描述，包括优化宝贝标题和优化宝贝图片等内容。

第 5 章：介绍了如何降低物流成本，包括选择快递和物品包装等内容。

第 6 章：介绍了通过网内活动推广店铺的方法，包括淘宝直通车和钻石展位等内容。

第 7 章：介绍了如何使用免费资源推广店铺，包括淘宝论坛推广和免费试用等内容。

第 8 章：介绍了店铺装修的技巧，包括设置店铺主页和设置宝贝详情页等内容。

第 9 章：介绍了如何和客户进行沟通，包括和客户交流的技巧和应对各类买家的策略等内容。

第 10 章：介绍了如何提升网店服务，包括加入消保和中差评处理等内容。

第 11 章：介绍了如何塑造品牌形象，包括品牌的命名和品牌的维护等内容。

本书附赠一张精心开发的 DVD 多媒体教学光盘，其中包含了 18 小时左右与图书内容同步的视频教学录像。光盘采用全程语音讲解、情景式教学、互动练习、真实详细的操作演示等方式，紧密结合书中的内容对各个知识点进行深入的讲解。让读者在阅读本书的同时，享受到全新的交互式多媒体教学。

此外，本光盘附赠大量学习资料，其中包括 3～5 套与本书内容相关的多媒体教学视频和云视频教学平台。该平台能够让读者轻松访问上百 GB 容量的免费教学视频学习资源库。使读者在短时间内掌握最为实用的电脑知识，真正达到轻松进阶、无师自通的效果。

除封面署名的作者外，参加本书编写的人员还有陈笑、曹小震、高娟妮、李亮辉、洪妍、孔祥亮、陈跃华、杜思明、熊晓磊、曹汉鸣、陶晓云、王通、方峻、李小凤、曹晓松、蒋晓冬、邱培强等人。由于作者水平所限，本书难免有不足之处，欢迎广大读者批评指正。我们的邮箱是 huchenhao@263.net，电话是 010-62796045。

《入门与实战》丛书编委会

2014 年 12 月

第4章 赚钱攻略之写好宝贝描述

第5章 赚钱攻略之降低物流成本

第6章 赚钱攻略之网内活动推广

第7章　赚钱攻略之免费资源推广

第8章　赚钱攻略之店铺装修技巧

第9章　赚钱攻略之和客户善沟通

第10章　赚钱攻略之提升网店服务

第11章　赚钱攻略之塑造品牌形象

第1章

赚钱攻略之创建特色店铺

对应光盘视频

例1-1　设置个人账户信息
例1-2　设置密码保护
例1-3　申请支付宝数字证书
例1-4　取消支付宝数字证书
例1-5　安装支付宝数字证书

随着网购的兴起，在淘宝开个赚钱的网店已成为众多有志之士实现创业梦想的第一步。其实在淘宝网开店并不难，本章来介绍如何在淘宝网开通自己的店铺。

1.1 淘宝网开店须知

在淘宝网开店前，先来认识一下什么是淘宝网，为什么要在淘宝开店，网店的经营模式有哪些，以及淘宝的各项规则。了解了这些才不至于在开店时一头雾水、手忙脚乱。

1.1.1 初步了解淘宝网

淘宝网成立于 2003 年 5 月 10 日，由阿里巴巴集团投资创办。截至 2013 年底，淘宝网拥有近 5 亿的注册用户数，每天有超过 6000 万的固定访客，同时每天的在线商品数已经超过了 8 亿件，平均每分钟售出 4.8 万件商品，已成为亚洲最大的网络零售商圈。

淘宝网目前业务跨越C2C(Consumer to Consumer, 消费者对消费者)和 B2C(Business to Consumer, 商家对消费者)两大部分。商品数目众多，分类齐全，大到汽车、家电，小到服装、饰品，一应俱全。根据国内著名互联网分析机构艾瑞咨询调查显示，淘宝网占据国内电子商务 80% 以上的市场份额。

淘宝网提倡让用户真正从网上交易中获得利益，培养更多、更忠实的网上交易者的理念，并倡导诚信、活泼、高效的网络交易文化，坚持"宝可不淘，信不能弃"。2008 年，淘宝网和中国最大的网络广告交易平台阿里巴巴合并，使得淘宝网成为广大网民网上创业和以商会友的首选。

1.1.2 为什么选择在淘宝网开店

网上开店是互联网时代背景下诞生的一种新兴商业模式，利用网络丰富的信息资源和广泛、迅速的传播性，可以为商品寻找更多的买家，具有实体店无法比拟的优势。

1. 投资风险小

建立网络店铺的成本相对于实体店铺要低很多，许多网上交易平台都为卖家提供租金较低的网络店铺，有些甚至免费提供网络店铺。建立网络店铺的卖家可以根据买家的订单去进货，不会因为积压货物而占用大量的资金。网络店铺的经营活动主要是通过网络进行的，基本不需要房租、人工工资和管理费等方面的支出。

2. 经营方式灵活

网络店铺的经营活动是借助互联网进行的，经营者可以根据个人情况全职经营或兼职经营。网络店铺的营业时间也比较灵活，只要可以及时对消费者的咨询给予回复就不会影响经营。开设网络店铺不需要像实体店铺那样必须经过严格的注册登记手续。网络店铺在销售商品之前甚至可以不需要存货或者只需要少量存货，因此可以随时转换经营项目，进退自如。

3. 限制因素少

实体店铺的经营常会受到营业时间、营业地点、营业面积等因素的影响，而网络店铺不受这些因素的限制。只要服务器不出问题，网络店铺可以 24 小时、365 天不停地运作，无须专人值守，仍可照常营业。消费者可以在任意时间段登录网络店铺进行购物。

由于网络店铺基本不受经营地点的限制，消费者群体也来自于网络，因此网络店铺的卖家在家中也不会影响到网店的经营。网店的商品库存量也不会被店面面积限制，只要商家愿意，网络店铺中可以摆放成百上千的商品。

4. 消费市场大

网络店铺开设在互联网上，只要是上网的人都有可能成为网络店铺中商品的浏览者与购买者。消费者可以是全国的网民甚至是全球的网民。只要网络店铺的商品有特色，并且宣传得当、价格合理、经营得法，每天就会有相当数量的访问流量，从而极大地增加销售机会，取得良好的销售业绩。

5. 宣传费用低

对于开设实体店铺的商家来说，一般需要在广告方面投入大量的资金，对店铺进行宣传包装以吸引消费者。而网络店铺的宣传费用则低廉很多，少量的费用就可以吸引大量的网上购物者。例如，在淘宝网中进行宣传时，商家只需要少量的费用，就可以让自己的商品成为某个搜索关键字中排名靠前的商品，从而吸引大量的网上消费者浏览该商品。

> **🕮 知识点滴**
>
> 开设网店并不是有百利而无一害的，也需要一定的约束机制加以保证。店铺的产品分类、管理等问题对商家和消费者双方都意味着一定的风险性。因此，买卖双方必须遵守交易平台的规定。网络店铺都要依附于一定的交易平台。此外，就是诚信问题。目前，电子商务法规和支付体系还不是很完善，所以诚信成了很多网上消费者望而却步的直接原因，是否待人诚恳、讲究诚信成为能否经营好网络店铺的重要因素。

1.1.3 网店的经营模式

在了解网络交易平台后，用户应该根据自身实际情况，选择一种适合自己的经营方式。网络经营商的经营方式主要有以下 3 种。

1. 网店与实体店结合

网店与实体店结合是指网上店铺与开设的实体商铺相结合的经营方式。这类网店因为拥有实体店铺的支持，在商品的价位和销售的技巧方面都更高一筹，也更容易取得消费者的认可与信任。一般的网络商城都是网店与实体店相结合的。

2. 全职经营网店

经营者以网上店铺为获利的唯一来源，因此经营者将全部的精力都投到网站的经营上，将网上开店作为自己的全部工作。

3. 兼职经营网店

经营者将经营网店作为自己的副业,经营网店只是为了增加收入,或是作为一种爱好。其主要的经营人员以在校学生和时间比较宽裕的职场人员为主。

1.1.4 信用评价规则

淘宝网会员在使用支付宝服务成功完成一笔交易后,双方均有权对对方交易的情况进行评价,这个评价亦称为信用评价。

评价分为"好评"、"中评"、"差评"3 类,根据不同的评价对应不同积分,具体为"好评"加 1 分,"中评"不加分,"差评"扣 1 分。

在交易中,作为卖家,其信用等级根据积分可分为 20 个等级。其中,4 ~ 250 分为红心等级,251 ~ 10000 分为蓝钻等级,10001 ~ 500000 分为蓝冠等级,500001 分以上(含 500001 分)为皇冠等级,如下图所示。

积分	等级
4分-10分	♥
11分-40分	♥♥
41分-90分	♥♥♥
91分-150分	♥♥♥♥
151分-250分	♥♥♥♥♥
251分-500分	◆
501分-1000分	◆◆
1001分-2000分	◆◆◆
2001分-5000分	◆◆◆◆
5001分-10000分	◆◆◆◆◆
10001分-20000分	♕
20001分-50000分	♕♕
50001分-100000分	♕♕♕
100001分-200000分	♕♕♕♕
200001分-500000分	♕♕♕♕♕
500001分-1000000分	♔
1000001分-2000000分	♔♔
2000001分-5000000分	♔♔♔
5000001分-10000000分	♔♔♔♔
10000001分以上	♔♔♔♔♔

每个自然月中,相同买家和卖家之间的评价计分不得超过 6 分(以淘宝订单创建的时间计算)。

超出计分规则范围的评价将不计分。若 14 天内相同买卖家之间就同一商品评分,则多个好评只计 1 分,多个差评只记 -1 分。

店铺评分生效后,宝贝与描述相符、卖家服务态度、发货速度 3 项指标将分别平均计入卖家的店铺评分中,物流公司服务评分不计入卖家的店铺评分中,但会计入物流平台中。

买家的级别划分与卖家类似,根据积分将买家分为 20 个等级,积分越多,等级越高,如下图所示。

积分	等级
4分-10分	♥
11分-40分	♥♥
41分-90分	♥♥♥
91分-150分	♥♥♥♥
151分-250分	♥♥♥♥♥
251分-500分	◆
501分-1000分	◆◆
1001分-2000分	◆◆◆
2001分-5000分	◆◆◆◆
5001分-10000分	◆◆◆◆◆
10001分-20000分	♕
20001分-50000分	♕♕
50001分-100000分	♕♕♕
100001分-200000分	♕♕♕♕
200001分-500000分	♕♕♕♕♕
500001分-1000000分	♔
1000001分-2000000分	♔♔
2000001分-5000000分	♔♔♔
5000001分-10000000分	♔♔♔♔
10000001分以上	♔♔♔♔♔

1.1.5 淘宝投诉规则

卖家在交易过程中如有违规出价、付款未发货、拒绝履行承诺的服务、网上描述不符,拒用支付宝诱惑买家买货等情况,可向淘宝网提供聊天记录等相关证据对对方进行投诉,淘宝网依据不同行为将给出不同的处理结果。

因此在淘宝网中,买卖双方都要遵循基本的交易规则和道德规范,创造良好的网上市场交易环境。

1.2 注册电子邮箱和淘宝会员

要在淘宝网开店，首先要是淘宝会员，在注册成为淘宝会员前，还要准备好一个电子邮箱，本节来介绍注册电子邮箱和注册淘宝会员的方法。

1.2.1 注册电子邮箱

在淘宝网开店前，先要注册成为淘宝网用户。正常情况下，注册时填写信息，同意服务条款并提交后，会有邮件发到用户的注册邮箱，收到邮件后，还需要激活网站账户才可成功注册会员名。而且为了确保安全，相关网站都会将注册码与验证信息等资料发送到相关邮箱中。此外，在进行账户密码修改操作时，电子邮箱也是最常用且最安全的辅助工具。

因此，在注册成为淘宝网会员前先要注册一个电子邮箱。

现在很多网站都提供免费的电子邮箱服务，比较常用的有以下几种。

▶ 网易邮箱：国内最早提供电子邮箱的服务商，用户可使用 Outlook、Foxmail 等电子邮件客户端收发和管理邮件。

▶ 新浪邮箱：收发邮件速度较快，用户可以将图片和文件分别存储到网络相册和网络文件夹中。其具备垃圾邮件过滤器，邮箱容量有 1GB、2GB 等多种标准可供选择。

▶ QQ 邮箱：QQ 邮箱是腾讯公司 2002 年推出的，向用户提供安全、稳定、快速、便捷的电子邮件服务，已为超过 1 亿的邮箱用户提供免费和增值邮箱服务。

▶ 139 邮箱：139 邮箱是中国移动提供的新一代电信级服务质量的电子邮件业务，是以手机号 @139.com 为后缀的免费邮箱。它具备常规互联网基础邮箱功能，又充分发挥手机的优势，让用户可以方便直接地通过手机短信、彩信或者 WAP 上网等方式，随时随地收发和管理邮件，将办公移动化进行到底。

下面以新浪邮箱为例介绍申请免费电子邮箱的方法。

启动浏览器，在地址栏中输入网址 http://mail.sina.com.cn，然后按 Enter 键打开【新浪邮箱】首页。

单击【立即注册】链接。打开注册免费邮箱页面，填入注册的基本信息。

填写完成后，单击【立即注册】按钮，即可成功注册邮箱，自动转入邮箱主界面。主界面上方会显示新注册邮箱的地址为 my_smallapple@sina.com。

知识点滴

在注册新浪邮箱时，需要使用手机进行激活，用户按照提示输入自己的手机号码进行激活即可。

1.2.2　注册淘宝会员

注册淘宝会员非常简单，只需要提供必要的身份证明并填写相应的信息即可完成注册。在淘宝网的会员注册过程中，为了注册的顺利进行，应注意以下几点。

▶ 进入淘宝网新会员注册页面后，根据提示填写基本信息，会员名、密码和邮箱等信息一般都为必填项目。

▶ 会员名的要求：淘宝网的会员名一经注册便不能更改，因此填写会员名时应仔细。会员名由 5 ～ 20 个字符（包括小写字母、数字、下划线和中文）组成，一个汉字为两个字符。

▶ 在填写电子邮箱时最好输入一个常用的电子邮箱地址，因为淘宝会向邮箱发送确认邮件和所有交易的邮件。

▶ 输入校验码时，要确认输入法是在英文的半角状态，只有在这个状态下输入校验码才有效。

▶ 若没有收到确认信，不要关闭启动账户的页面，可以在该页面中更改电子邮箱地址，然

后单击【重新收取激活信】超链接进行尝试。

要注册淘宝会员，可按照以下步骤进行。

启动浏览器，在地址栏中输入淘宝网的网址 http://www.taobao.com，按 Enter 键打开淘宝网首页，然后单击【免费注册】链接。

打开下图所示界面，然后单击【使用邮箱注册】链接。

知识点滴

本节以邮箱注册为例，来介绍注册淘宝会员的方法。

打开下图所示界面，输入自己的电子邮箱地址和验证码，然后单击【下一步】按钮。

打开下图所示界面，输入自己的手机号码，然后单击【免费获取校验码】按钮。

将手机上收到的校验码输入到【校验码】文本框中，然后单击【下一步】按钮。

打开下图所示界面，提示验证邮件已发送到用户的邮箱中。

单击【立即查收邮件】按钮，登录自己的电子邮箱，然后单击【完成注册】按钮进行验证。

验证成功后打开下图所示界面，设置登录密码和淘宝会员名。

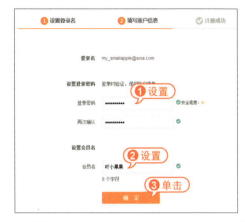

单击【确定】按钮，打开下图所示界面，完成淘宝会员的注册。

1.2.3 设置个人账户信息

对淘宝会员个人账户信息的编辑主要包括设置用户的真实姓名、性别、生日和头像照片等。

【例1-1】设置个人账户信息。 视频

步骤 01 启动浏览器，在地址栏中输入网址 http://www.taobao.com，按Enter键打开淘宝网首页，然后单击【亲，请登录】链接。

步骤 02 打开登录页面，输入淘宝账户名和密码，然后单击【登录】按钮。

步骤 03 登录淘宝网，自动转入淘宝网首页，然后单击页面上方的【我的淘宝】链接。

步骤 04 进入【我的淘宝】页面，单击【账户设置】按钮。

步骤 05 打开下图所示页面，然后单击左侧的【个人资料】链接。

步骤 06 打开下图所示页面输入个人基本资料，然后单击【头像照片】链接。

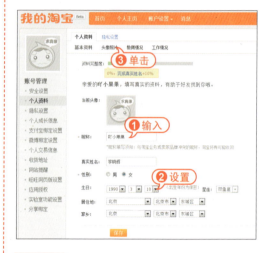

步骤 07 打开头像设置页面，该页面中有两种设置头像的方式，一种是本地上传，一种是直接使用摄像头拍照。本例单击【本地上传】按钮。

步骤 08 在打开的【选择要上载的文件】对话框中选择作为头像的图片，然后单击【保存】按钮。

步骤 09 调整图片的选择范围，然后单击【保存】按钮。

步骤 10 保存成功后，完成头像的设置，此时个人主页的效果如下图所示。

1.2.4 设置密码保护

为了防止淘宝会员的账号被不法分子窃取，淘宝网提供了密码保护功能，通过该功能可以更有效地保护自己的会员账户的安全。

【例1-2】设置密码保护。 视频

步骤 01 启动浏览器，登录淘宝网，然后单击页面上方的【我的淘宝】链接。

步骤 02 进入【我的淘宝】页面，单击【账户设置】按钮。

步骤 03 打开下图所示页面，然后单击【密保问题】右侧的【设置】链接。

步骤 04 打开下图所示页面，单击【立即添加】按钮。

步骤 05 打开下图所示页面，然后单击【点此免费获取】按钮。

步骤 06 输入收到的手机校验码，然后单击【下一步】按钮。

步骤 08 单击【下一步】按钮，打开下图所示页面，确认无误后，单击【确定】按钮，打开添加成功页面，完成密码保护的设置。

步骤 07 打开下图所示页面，设置安全保护问题和答案。

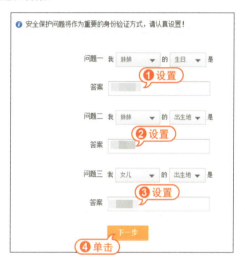

> **知识点滴**
>
> 密码保护设置完成后，用户应牢记密码保护问题和答案，当账户密码被盗或者忘记密码时，可通过密码保护问题进行申诉和找回。

1.3 使用支付宝

支付宝是淘宝网推出的网上安全支付工具，是淘宝网用来支付现金的平台。支付宝交易是指网上交易的买卖双方，接受支付宝公司作为网络交易中介，使用支付宝公司为买卖双方提供的网上交易管理系统以及信用中介(代收付货款等)服务的网上交易。支付宝就像商店里的管理员，用户在淘宝网上的所有商务活动都需要通过它来进行协商和管理。所以，用户要在淘宝交易必须要成为支付宝会员。

1.3.1 开通支付宝账户

支付宝账户的注册与开通通常有以下两种情况。

▶ 已注册淘宝网账户的用户。系统会自动生成一个支付宝账户，账户名就是注册淘宝会员时提交的电子邮箱，其对应的密码和淘宝会员密码相同，这时可以通过淘宝网站注册开通。

▶ 没有淘宝账户的用户，可以直接在支付宝网站注册支付宝账户，通过它可以在其他支持使用支付宝支付的商务网站中进行交易。

> **知识点滴**
>
> 本节根据第一种情况，也就是使用注册淘宝网账户的时候自动生成的支付宝账户进行激活。

启动浏览器，进入支付宝网站，网址是 www.alipay.com，然后输入用户名和密码。

单击【登录】按钮，打开下图所示页面，首次登录支付宝时，要求用户填写支付宝相关选项和真实身份信息。

填写完成后，单击【确定】按钮，打开下图所示页面，要求用户输入银行卡卡号。

输入完成后，单击【同意协议并确定】按钮，打开下图所示页面，然后输入手机收到的校验码。

单击【确认，注册成功】按钮，打开下图所示页面，此时，支付宝账户成功开通。

1.3.2　支付宝实名认证

要在淘宝网上进行商务活动，首先要对申请的支付宝账户进行实名认证。

支付宝实名认证服务是由支付宝（中国）网络技术有限公司提供的一项身份识别服务，它同时核实客户身份信息和银行账户信息。通过支付宝实名认证后，可以在淘宝网上开店、出售商品和增加支付宝账户拥有者的信用度。此外，进行支付宝认证后还可以参加一些支付宝会员的优惠活动，利用这些活动可以提高支付宝账户拥有者的信用度。

支付宝实名认证有如下优势。

▶ 支付宝实名认证为第三方提供，更加可靠和客观。

▶ 由众多知名银行共同参与和支持，更具权威性。

▶ 同时核实客户身份信息和银行账户信息，极大地提升了其真实性。

▶ 认证流程简单易操作，认证信息及时反馈，客户实时掌握认证进程。

要进行实名认证，可登录支付宝账户，单击主界面中的【未认证】链接。

打开下图所示页面，仔细阅读后，单击【立即认证】按钮。

在打开的页面中输入自己的真实身份信息，然后按照要求逐步进行操作，即可完成支付宝实名认证。

1.3.3　申请支付宝数字证书

随着网络的普及，人们面对和处理的都是一些数字化的信息。针对这一情况，需要一种方便快捷的数字凭证来确保账户的安全，支付宝数字

证书也就在这样的需求下诞生了。

支付宝数字证书是由权威公正的第三方机构（即 CA 中心）签发的证书。以数字证书为核心的加密技术可以对网络上传输的信息进行加密和解密、进行数字签名和签名验证，确保网上传递信息的机密性、完整性。

使用了数字证书，即使用户发送的信息在网上被他人截获，甚至用户丢失了个人的账户、密码等相关信息，仍可以保证其账户和资金的安全。

支付宝数字证书具有以下特点。

▶ 安全性：支付宝推出的双证书解决方案避免了传统数字证书方案中由于使用不当造成的证书丢失等安全隐患；支付宝会员在申请数字证书时，将同时获得两张证书，一张用于验证支付宝账户，另一张用于验证会员当前所使用的计算机，即使会员的数字证书被他人非法窃取，仍然可以保证其账户不受损失。

▶ 唯一性：支付宝数字证书会根据用户身份给予相应的网络资源访问权限；申请使用数字证书后，如果在其他计算机登录支付宝账户，在没有导入数字证书备份的情况下，只能查询账户，不能进行任何操作，以此增强账户使用安全性。

▶ 方便性：支付宝数字证书能即时申请、即时开通、即时使用；用户可以根据不同情况量身定制多种途径维护数字证书，如通过短信、安全问题等；另外，用户不需要掌握相关专业知识也可以轻松掌握使用数字证书。

> **知识点滴**
>
> CA(Certification Authority)是认证机构的国际通称，即证书授权中心，是指对数字证书的申请者发放、管理以及取消数字证书的机构。

无论是通过支付宝个人实名认证的账户，还是通过支付宝实名商家认证的用户，都可以申请支付宝数字证书。支付宝会员可以通过申请数字证书，增强账户的安全使用。

【例1-3】申请支付宝数字证书。 📹视频

步骤 01 启动浏览器，登录支付宝账户，然后打开支付宝安全中心页面，如下图所示。

步骤 02 单击【数字证书】后方的【申请】链接，打开下图所示页面，然后单击【申请数字证书】按钮。

步骤 03 打开下图所示页面，输入身份证号和验证码。

步骤 04 单击【提交】按钮，打开下图所示的页面，然后输入手机收到的校验码。

步骤 05 单击【确定】按钮，开始安装数字证书，安装成功后，打开下图所示页面，完成数字证书的申请和安装。

1.3.4 取消支付宝数字证书

用户可以申请取消数字证书。数字证书取消后不会影响该证书在银行系统的使用，但是用户的支付宝账户将会失去数字证书的保护功能。如有需要，用户可以重新申请证书。

【例1-4】取消支付宝数字证书。 📹视频

步骤 01 启动浏览器，登录支付宝账户，然后打开支付宝安全中心页面。

步骤 02 单击【数字证书】后方的【管理】链接，打开下图所示页面，然后单击【取消数字证书】按钮。

步骤 03 在打开的页面中选择取消的理由，然后单击【下一步】按钮。

步骤 04 打开下图所示的提示对话框，然后单击【确定】按钮，即可成功取消数字证书。

1.4 开通自己的淘宝店铺

卖家注册成为淘宝网会员，开通支付宝账户，并对支付宝进行实名认证后，就可以开设自己的淘宝店铺了。有了自己的店铺，卖家便可以发布与管理商品，开店做生意了。

1.4.1 为店铺起个好名字

在淘宝注册时，允许会员使用中文、英文和数字来命名，这个名字是不能修改的，但是店铺的名字可以根据自己的想法随时更换。

为网上店铺起个好店名，可以帮助卖家打开商品销路，产生名牌效应。只有取一个便于搜索的名字，才能在买家搜索时，及时进入他们的搜索范围。而一个高度概括且具有强烈吸引力的名称，对买家的视觉刺激和心理影响都会起到重要作用。它不仅能迅速吸引买家的目光，而且能给人以美的享受，从而使买家产生进店看一看的冲动。

下面总结了如何取个好店名的一些要点和技巧。

❯ 店铺名要包含 LOGO 店标名。如果卖家的淘宝店名能够刺激和维持店标的识别功能，店铺的整体效果就加强了。这样店铺名和 LOGO 店标名两者可以互相促进。

❯ 店名要简洁，有高度的概括力。简洁的名字便于和消费者进行信息交流。

❯ LOGO 上的店名，要读起来朗朗上口，响亮畅达。这样的店铺只要买家打过一次交道，就可以记住，忌 LOGO 上的店名读起来拗口、吃力。

❯ 店铺名要尽量包含人们容易搜索的关键字信息。这样人们在搜索店铺时就容易搜到该店铺。

❯ 店铺名可以包含店主 ID 名。如果店主能在论坛活跃起来，成为论坛名人，店铺也会随之成为名店。

❯ 店铺名应该能尽量反映商品的种类。这样的好处是买家一看到店铺名字，就能清楚地知道具体是卖什么的，便于记忆。但注意不要明确经营产品的性能和用途，那样会不利于店铺的进一步发展。

❯ 店铺名可以经常更改，要有潮流感，能打动各时期买家的心。

▶ 如果卖家经营某一固定类型的产品，面向一些固定阶层的顾客，还可以面向顾客起店铺名。

▶ 店铺名可以取得有一定的寓意。店名要让买家能从中得到愉快的联想，而不是消极的联想，但是不要过分追求联想，而将店名复杂化。

▶ 店名尽量要起得格调高雅一些。店名的格调可以反映出店主的素质和经营头脑，**格调高雅**，会使买家的心理附加价值大大增加。相反，一旦店名落入了低俗，只会惹人生厌。

▶ 店铺名应该用字吉祥。生意场上无论买方还是卖方，都是希望能够大吉大利。

⊙ 实战技巧

在生意场上拼搏，有自己的"金字"招牌固然重要，但不是光起了一个叫得响亮的好名，就会生意兴隆。要想使卖家的店名成为名店，很大程度上取决于卖家经营的产品的质量、价格和售后服务，只有卖家的商品和服务确实给买家带来了实惠，才有可能成为名店。

1.4.2 申请店铺

在淘宝网上申请一家独立店铺，虽然目前不需要任何费用，但卖家必须通过支付宝实名认证（非支付宝关联认证账户），并通过开店考试才可启用店铺。需要注意的是一张身份证只能开一家店铺，而且不允许重复铺货式开店。

启动浏览器，登录自己的淘宝网账户，单击【卖家中心】链接。

进入卖家中心，单击【马上开店】按钮。

打开下图所示的页面，提示用户要免费开店必须经过两个步骤，分别是：开店条件检测和申请开店认证。

从上图可以看出，"开店条件检测"和"支付宝实名认证"已经通过，只需进行"淘宝开店认证"即可。

认证操作结束后，需要等待淘宝客服人员进行审核。

用户通过"淘宝开店认证"后，即可成功开通自己的店铺。

⊙ 实战技巧

进行认证时需要上传证件照片，所上传的照片一定要清晰可辨，否则不容易通过。

📎 **知识点滴**

什么是重复铺货？答：除淘宝分销系统用户外，其他卖家通过同时经营多家具有相同商品的店铺，达到重复铺货的目的，淘宝判定此开店方式为重复铺货式开店。这种行为，严重干扰卖家正常经营秩序，并破坏买家的购物体验，属于违规行为。淘宝卖家被认定为重复铺货式开店的，淘宝将对其经营的所有店铺中出售的相同商品进行计件处理，判断标准、扣分标准以及处罚标准参照重复铺货执行。

1.4.3 开通淘宝旺铺专业版

店铺申请成功后，就可以发布宝贝和装修店铺了。为了使用更多店铺功能，用户需开通专业版淘宝旺铺。

登录自己的淘宝账号，进入卖家中心，在【软件服务】区域单击【订购服务】按钮。

📎 **实战技巧**

为扶植淘宝新卖家，一钻以下卖家可以免费使用淘宝旺铺专业版，一钻以上卖家若要使用淘宝旺铺专业版，需要支付月功能使用费。

打开淘宝卖家服务页面，然后选择【店铺/装修】菜单下的【旺铺】链接。

打开下图所示页面，然后单击【淘宝旺铺】链接。

打开下图所示页面，选择要订购的周期，然后单击【立即订购】按钮。

打开下图所示页面，单击【同意协议并付款】按钮。

打开下图所示对话框，单击【去支付宝付款】按钮。

会员名：永恒的10ve
应付总价：**50.00** 元

您的账户余额不够完成此次支付，淘宝将引导您至支付宝页面完成剩余款项付款。

使用支付宝账户支付 **50.00** 元

①单击

去支付宝付款

进入支付宝支付页面，输入支付密码，然后单击【下一步】按钮。

知识点滴

淘宝旺铺专业版订购完成后，用户即可对店铺进行装修了，关于店铺装修的方法可参考本书第8章的内容。

按照提示支付完成后，打开下图所示页面，提示用户订购成功。

1.5 实战演练

本章主要介绍了在淘宝网开店需要了解的基本常识以及开通自己淘宝店铺的方法。本次实战演练主要介绍如何安装支付宝数字证书。

一个支付宝账户在一台电脑上申请了数字证书后，如果要在其他电脑上使用证书，需要安装数字证书才可以正常使用支付宝账户。

【例1-5】安装支付宝数字证书。 视频

步骤 **01** 如果已经申请了支付宝数字证书，那么第二次在其他电脑上登录支付宝账户时则会提示用户安装数字证书。

步骤 **02** 首先登录自己的支付宝账户，然后打开支付宝安全中心页面。

步骤 **03** 单击【数字证书】后方的【管理】链接，打开下图所示页面，然后单击【安装数字证书】链接。

步骤 **04** 在打开的页面中，输入验证码，然后单击【提交】按钮，系统会向用户的手机发送短信校验码。

装数字证书。

步骤 05 在打开的页面中，输入手机收到的短信校验码，然后单击【确定】按钮，即可成功安

专家答疑

▶▶ 问：开网店要具备哪些能力？

答：有些人开网店是为了兴趣和爱好，只是为了体会一份卖出商品的乐趣，而有些人将网上开店作为自己的事业，希望以此为生。那么要开一个盈利的网店，需要经营者具备以下个人能力。

▶ 良好的市场判断能力。可以选择合适销售对路的商品，并根据市场动向、流行趋势调整策略方针与经营方式，推广合适的商品。

▶ 良好的价格分析能力。既要进到价格较低的商品，又要将商品标出一个适宜的出售价格，从而在增加竞争力的同时又保障了自己的利益。

▶ 良好的网络推广能力。可以通过各种方式让更多的浏览者进入自己的网店，而不是坐等顾客上门。

▶ 热情的服务意识。秉承顾客至上的原则进行服务，可以通过良好的售后服务为自己培养忠实的客户群体。

▶▶ 问：开网店要做好哪些心理准备？

答：网上开店有节省租金，启动、运营成本低，人流量大，区域覆盖面广，商品信息不受时空限制，传播速度快等优点。这些优势促使成千上万的网民涌上网络平台开设店铺。

尽管网上开店前景无限好，但新开店铺能够站稳脚跟生存下来的并不多。很多卖家因最初的几个月收益不理想就放弃努力了，甚至连自己的账号都懒得登录了。

之所以出现这种情况，是因为很多人开店时的心理准备不足，认为网上开店很简单，只要把商品发布上架，就可以坐着收钱了。其实不然，网上开店和网下开店一样，机遇与风险并存。要想成为一个成功的卖家，开店前的心理准备非常重要。

▶ 专心、用心。开店的初期对于新手卖家来说比较辛苦，每天在没有信誉度的情况下，要不厌其烦地回应每位上门的顾客，才有可能获得一份利润微薄的交易订单。另外，网店不同于实体店，网店只有通过文字、图片体现卖家的用心程度，以及对顾客的关注。顾客从这些细节中，看到卖家的用心，并建立了信任感，才能不断提高小店的信誉和销售业绩。

▶ 积极、快乐的心态。要把经营网店当做一种快乐，让相隔遥远的买卖双方不再感到陌生。这样在网店交易时，才能让双方互相信任与理解。如果卖家能时常保持积极、快乐的心态，在日常交易中多一份平和体谅，让顾客感到卖家的用心、贴心和对其的尊重，就不怕没有好评和回头客了。

▶ 坚持、持之以恒。网上开店起步是艰辛的，刚开始总会有这样或那样的问题困扰卖家，哪一方面注意不到都会使浏览量上不去，从而导致销售量下降，最终影响店铺的生存状况。这时需要卖家有恒心、耐心、信心和平常心，并付出比别人更多的努力。同时总结经验，吸取教训，每天进步一点点。这样坚持到底，就一定会获得成功。

▶ 宽容、和气生财。网上交易的买卖双方都是在虚拟的空间进行交流，买家想用较低的价钱买到最好的东西，而卖家又想利益最大化。这样一来，买卖双方时常会有些摩擦、争执，这都是很正常的情况。这就要求卖家经常抱有宽容之心，换位思考去体谅对方，而不是发生一些不理智的言语冲突。宽容的胸襟可以为卖家带来更多的商机。

▶ 上进心。网上创业与网下经商在许多方面有很多不同，面对每天不断更新的资讯，卖家只有不断学习新知识，每天进步一点，不断吸取经验和教训，养成对新生事物的适应能力，才能生存下来。

▶ 必胜的决心。因为网上创业门槛低，所以竞争越来越激烈。在淘宝网上，同样一款商品就可以找到成百上千的卖家，在这样激烈的竞争条件下，如果没有决心，只是等待商机，指望天上掉馅饼，那是不可能成功的。要想在网上创业成功，一定要下定决心，排除万难，做最后的胜利者。

▶▶ 问：什么是商品要素？商品要素不匹配主要包括哪些类型？

答：商品的标题、主图、实物细节图片、商品价格、物流方式、邮费及售后服务等都视为商品要素。商品要素不匹配的几种类型如下。

▶ 商品的价格或邮费，违背市场规律和所属行业标准（例如，"雪纺连衣裙"，一口价1元，平邮100元）。

▶ 商品的价格和描述价格严重不符（例如，商品发布一口价为1元，但是却在宝贝描述中标注产品其他价格。手机数码类商品，发布为单机的价格，在宝贝描述中标注套餐1、套餐2等价格）。

▶ 以过高或过低的价格发布赠品或者店铺积分兑换的商品（例如，赠品和店铺积分兑换的商品，建议不要单独发布，直接在其他出售的商品中说明即可；如单独发布，则请以该商品的实际价格发布，或发布在其他类目下）。

▶ 彩妆/香水/护肤/美体及珠宝首饰/流行饰品/珠宝配件类目下，超大超小规格类商品不允许发布。（例如，面膜粉按1克卖，眼霜按1000个卖，精油按1公斤卖，珍珠按颗卖）。

▶ 除虚拟商品（不包括网络游戏账号商品）和服务性质商品外，其他商品以无图片的形式发布。

▶ 发布缺乏必要要素的商品（例如，商品标题、商品描述中只有无含义的数字和字母）。

▶ 发布必要要素相互不符的商品（例如，商品标题是"925纯银小海星戒指"，但是商品图片却是一根项链的图片）。

▶ 在服装类目（包括男装、女装/女士精品、运动服/运动包/运动配件、女鞋、男鞋、运动鞋、女士内衣/男士内衣/家居服、服饰配件/皮带/帽子/围巾/箱包皮具/热销女包/男包）下，卖家发布商品时未使用实物拍摄图片（实物拍摄图片定义，即该件商品本身的拍摄图片，不包括杂志图片、官方网站图片及宣传图）。

▶ 珠宝/钻石/翡翠/黄金类目商品管理规则补充。商品的图片必须实物实拍。钻石的重量、净度、颜色不同，就不能用同一张图片发布，不能以钻石鉴定证书代替钻石，不能以钻石鉴定证书加钻石小图代替原图，必须以商品实物图来发布。

▶ 数码类商品管理规则补充。发布二手的数码类商品（包括手机、笔记本、PDA、数码相机、数码摄像机共 5 个二级分类），必须以所发布的该商品的实物照片发布商品，不能使用官方网站的图片，以便于买家辨别。

▶ 拍卖商品由卖家承担运费，但描述中出现邮费自理等信息。

▶▶ 问：设置安全性高的密码，应该遵循哪些原则？

答：应遵循的原则如下。

▶ 密码设置尽量复杂，不要有规律，一定要使用英文字母加数字或符号的组合密码。千万不能因为怕自己忘记而设置过于简单的密码，这样很容易导致账户的不安全。一定要养成习惯，把自己的密码都记录在笔记本上，方便查询。

▶ 不用自己的会员名或者会员名的一部分作为密码。

▶ 不用别人很容易得到的电话号码、生日、身份证号等个人信息作为密码。

▶ 不要使用自己的姓名、配偶的姓名、宠物的名字等作为密码。

▶ 不要使用与淘宝或自己嗜好有关的词或短语作为淘宝、支付宝密码。

▶ 不要使用邮件地址中的一部分作为密码。例如，电子邮件是 accbbe@sina.com，而将 accbbe 作为密码。

▶ 密码长度至少为 6 位以上，使用不含空格的多个词，如 63258jzm#$。

以上安全密码设置原则适用于所有网上密码的设置。例如，银行卡密码只需要 6 位就够了，但网上银行密码就可以设置 6 位以上的复杂密码。

▶▶ 问：确保网上支付安全应注意哪些问题？

答：大家在享受网上支付的便利的同时，也往往对其安全问题存在麻痹心理。其实，网络中的种种安全漏洞，随时都可能"病发"，从而使用户遭受重大损失。如何确保网上支付安全呢？下面给出几点建议：尽可能记住银行的网站网址，由于很多钓鱼网站注册的网址与正规银行网站地址相似，不要轻易单击这些网站的弹出式广告链接，稍有不慎，相关的账号信息就可能被盗取；记住支付宝网址(http://www.alipay.com/)，如果发现网址有改动，应到支付宝平台的官网上查询确认；对于陌生人有关账号信息的询问，一律拒绝，如果是好友询问，最好通过电话等形式进行确认；在网上支付出现异常问题时，不要慌乱，首先拨打银行客服电话，要求修改密码或暂停账号使用，如遇到紧急情况，可以在网上银行入口多次输入错误密码，使银行计算机强行锁定该账户；上网时不要上一些来历不明的网站，不要随意打开电子邮箱中的不明邮件，更不要随便下载邮件中的附件；注意定期给电脑查杀病毒和木马；开启系统的自动更新，并及时为操作系统打补丁，以免系统漏洞被侵入；不要在网吧、机房等网络公共场所使用网上支付功能；输入账号和密码时，尽量使用软键盘进行密码输入，防止密码被键盘记录软件记录；尽量使用银行的数字证书和 USB Key(如工行的 U 盾、农行的 K 宝等)。

读书笔记

第2章

赚钱攻略之寻找优质货源

要想网店能够赚钱，物美价廉是关键，怎样才能做到物美价廉呢？这就需要有好的货源。初次经营网店的卖家可以通过实地寻找货源，也可以依靠网络寻找货源省下进货开支。有了好的货源就不愁网店没有生意了。

2.1 进货须知

要想经营好网店，拥有物美价廉的货源是首要条件。找到一个好的进货渠道，店铺的销售和后续服务才能得到保证，才能有好的销售业绩和长远的发展前景。因此，选择货源对于所有卖家来说都是非常重要的。

2.1.1 进货的定位

对于许多新手卖家来说，在网上开店很容易，选择进货却很难。所进货物的市场前景、利润空间、进货数量、进货质量，库存和流动资金的比例的控制，补货时间和补货数量，以及供货商的承诺，都需要有一定的选择标准，如果没有准确的定位就会从根本上影响商品的销售与店铺的生存。

1. 从市场和消费群体需求定位

进货之前要深入了解市场和消费者群体的需求，对市场走向有足够的了解，熟知流行趋势、业内信息及市场动向等。这就需要卖家有很好的判断力，结合市场走向和消费群体这两方面去决定商品的款式和数量。

进货比的就是卖家的眼光和决断，卖家要对自己选货的眼光有绝对的信心，也要有投资风险意识和心理承受能力。进货过程中要对批发商表现出足够的诚意，并给予批发商充分的信赖，用批发数量来争取到优惠的批发价格。

2. 从商品经营模式定位

批发和零售的经营模式都能赚取利润，但是批发和零售最大的区别是，以批发模式销售单件商品的利润低，只有通过加大销量才能赚钱，而零售模式销售单件商品的利润高，但销量要比批发模式小。

开店初期，由于对市场还不够了解，大部分经营者不会进太多的商品，只选择每种商品都只进一小部分作为样品，通过样品的销量逐渐了解消费者和市场的需求，一旦发现该商品的需求量很大，销售火爆，再去联系供货商进行补货，这样做相对稳妥、风险小，所以这也是很多卖家起步时常用的进货方式。

但这种方式有一个缺点，就是一次进货量较小导致很多批发商不愿意合作，即使同意合作，进货的价格也要比大批量进货高出很多，从而导致商品的成本提高，必然导致销售时的价格缺乏竞争力，很多顾客就会因为价格过高而放弃购买，无形中干扰了经营者对此产品市场前景的判断。

3. 分析市场定位

第一次开店的新手卖家会比较茫然，不知道从哪里做起。因此，卖家首先需要为自己找到一个市场定位，如果从经济投入方面衡量，想先进行小投资，再慢慢做调整，那么经营的方向和定位是很重要的。

商品的价位，决定着消费群体。若针对白领阶层的消费群体，可进一些品牌服装、化妆品、首饰、箱包以及限量版的饰品，价位可略高，但是品质要好，最好是开专卖店，给顾客一种专业的感觉，可信度更高；若针对学生消费群体，就要款式时尚漂亮、价格实惠，主要是靠薄利多销来营利。

4. 从进货数量定位

进货数量包括进货金额、商品的种类以及每款商品的数量等，只有十多件商品的店铺和有上百件商品的店铺相比，后者显然对于买家来说选择的余地更大、更具吸引力。当卖家对市场和消费群体有一定的把握和认识后，就可以锁定某个种类的商品，把有限的资金集中投入到有限的种类中，这样就可能因单件商品的大批量进货，而得到供货商给予的最低批发价格。

在锁定某些种类的商品时，每款的数量又可细分为店铺里上架的数量、库存储备的数量和两次进货期间实际的出货数量。网店经营和传统经营有所不同，基本上不需要实物陈列，如果没有开设实体店或提供上门取货服务的话，陈列数量和库存数量应该相等。

2.1.2 进货的要点

了解了进货的定位，再来了解进货的要点，卖家应注意如下几点。

1. 做好进货前的准备工作

在进货之前，先去做一个市场调查，通过各种渠道查询商品的基本情况、质量鉴别方法、批发价格及运费等信息；接下来走访一些实体店，了解同类商品中不同品牌的柜台售价，再比较一下网上的售价，核算出销售这类商品可能的获取

利润空间；通过交流来辨别哪些批发商的服务真诚、热情、讲信誉，为以后的合作打下一定基础；准备好与供货商洽谈时具体的合作细则。

2. 学会和批发商打交道

与批发商打交道最重要的是不讲外行话和不做过头事。刚开始进货时，最好就在本地的批发市场进货，每一次进货量少一点，进货的次数可以多一些，争取与批发商建立良好的关系，成为批发商重视的老客户，这样拿货也会更方便，补货有时也能享受到批发价格。同时，还可以与他们寻求更深层次的合作，让自己的货源更稳定，商品更丰富，且市场竞争力更强。

3. 把握进货时间

如果是在批发市场进货，人们一般都会选在早上去，因为时间很充裕。但实际上，早上批发市场里人特别多，以实体店经营者为主，如果此时去进货，批发商很忙，没有太多时间接待客户。尽量在批发商空闲的时间段去进货，增加与批发商面对面的交流，从他们那里了解商品的第一手资料，这样对产品的销售非常有用。

4. 学会讨价还价

批发商都很关心客户的进货量，在开始进货时，可以告诉批发商进货量很大。这样，批发商

会给出一个适当的进货价格。这时，先别急着下单，拿走一张名片，并在上面记下中意的款式和价格，然后货比三家。在保证进货数量的前提下，得到一个满意的进货价格。

5. 学会降低风险

进货时，应仔细挑选货物，耐心看样品，查看做工是否精细、质量是否过关，从而降低商品换货的概率。整理货品时一定要记住货号，多向批发商询问销量较大的商品的信息，尽量选择大多数客户都喜欢的款式，而不是全凭自己的喜好做选择。如果对商品的材质和性能不熟悉，应当场咨询批发商。对于一些不能立刻从外观分辨出好坏的商品，应与批发商事先达成出现质量问题可换货的协议。

6. 掌握一定的进货技巧

进货时，可以手里拿一些进货单，带上批发时可能用到的口袋和小推车。进入店铺前先看看商家的门牌，然后再进去，批发商就会以为这是来补货的老顾客，态度会好很多，一般也不会随便乱报价格。

多收集一些商家的名片，并在名片上记录商

品的款式，进行详细登记和整理，在遇到批发商无货的紧急情况时即可通过电话询问别家。

2.1.3　进货的禁忌

无论是网上进货，还是到批发市场进货，卖家都需要注意一些细节。这些细节会直接影响到卖家与供货商的关系，从而影响店铺的经营和发展。

▶ 不要贪多。刚开始经营店铺还不能完全把握顾客的品味，因此，最好多款少量地进货。看看顾客的反应再进行补货。不能盲目地因为货源不足，而过多地进货，若出现压货的情况，将得不偿失。

▶ 不要贪便宜。刚开始经营店铺还不能完全把握整个市场的行情，不要因为商品便宜，在不可以打开包装袋查看商品的情况下，就购买这种商品。购买这种商品可能会因残次量太大致使最后得不偿失。因此，应尽量避免这样的情况发生。

▶ 尽量在同一家批发商拿货。即使发现别家比他们的便宜，也尽量去和同一家谈，表达想长期合作的意愿，争取拿到便宜的价格。如果在网络上进货，在同一家拿货，也可以在一定程度上节省运费。

▶ 不要在批发商店里慢慢检查商品。从批发商处进货后，先将数量清点清楚，然后尽量减少检查商品的时间，这样可以增加与批发商之间的信任。在购入商品之前约定调换货品的条件，回去后发现商品有问题就可以马上调换。

▶ 不要因很小的价格差距与批发商纠缠不休。批发商单件商品的利润很低，全靠批量销售来赚取利润，所以商品价格的下调不可能像零售一样，一般调整都在2%～5%之间，如果坚持要求获得更多优惠的折扣，会引起批发商的反感，不愿合作。

▶ 不要盲目代销。尽管代销的进货风险很小，减小了资金压力和风险。由于没有库存和资金压力，所以经营者不会用心想办法把东西卖掉，销售动力不如自己备货的店主，业绩也难有所突破。但代销所付出的时间成本也是经营成本之一，因此对于想把网店开好的经营者来说，最好不要选择代销。

> 不要舍近求远。能够在本地批发市场进货最好就在本地进货。有时舍近求远，在其他地方进货，可能会出现价格比本地市场便宜的情况，但卖家也要考虑容易出现运费较高及残次品较多等风险。

2.1.4 初次进货的数量

对于初次进货，卖家往往有些漫无目的，不知道该进多少货，进些什么货合适，经常会碰到拿完货回到家再次翻瞧，对一些货品又有些不满意的情况。

为了避免这样的情况发生，有以下几点建议可供经营者参考。

> 每次不要带太多现金，强制性地对进货量有所控制。

实战技巧

确定进货金额最简单的方法就是将整个店铺单月所有的经营和管理费用加起来，然后除以利润率，得出的数据就是每月要进货的金额。

> 不要失去主张，完全被批发商意见所左右。有的新手去拿货，因为不了解和不熟悉市场行情，所以看到别人拿什么货自己就拿什么货，批发商说什么好销售就按批发商的意见迅速购进，这样完全没有自我主张的进货态度往往会造成货品混乱、不易搭配，更无从谈个人风格，所以进货之前一定要分析好经营方向，是走低档还是中档路线；把握好店铺品味，以服装为例，应确定是以休闲为主还是以正装为主。

> 注意季节性。以进服装为例，服装进货的时间一般会比市场提前 2 ～ 3 个月，所以不要看现在是炎炎夏季，但批发市场的生产厂家们已

经在忙着准备秋衫了。如果卖家还在大张旗鼓地进夏季尾货，在为占了厂家换季的便宜而得意时，卖家拿回来的货也可能会因转季卖不上价，或需求少导致销售不理想。

2.1.5 保证进货利益最大化

批发和零售最大的区别是：批发商卖单个商品的利润低，只有通过大量的出货才能赚钱，而零售商卖单个商品的利润高，但出货量要比批发商少。

开店初期，大多经营者由于不想压太多的商品，因此他们会选择每种商品都只进一小部分作为样品，通过样品去渐渐了解消费者的市场需求。当发现该商品的需求量很大时，再决定去补货。虽然这样做相对稳妥，风险要小，但这种方式也有一个缺点，就是当向批发商提出购买单件产品时，要不就是没有人愿意给货，要不就是即使给货，价格也要比批发价格高出很多。这样一来，这件商品较高的进货价格加上利润，必然会导致价格没有竞争力，很多顾客都会放弃购买，无形中干扰了卖家对这个产品市场前景的判断。

因此，在开店之前需要深入了解客户人群的需求，对自己的选货眼光有绝对的信心，进货过程中给予批发商足够的诚意和信赖，用进货数量

来为自己争取好的批发价格。

1. 关于进货种类

进货商品种类第一次应该尽可能多，因为需要给顾客多种类产品的选择。当对顾客有了一定了解的时候，就可以锁定一定种类的商品了，因为资金是有限的，只有把资金集中投入到有限的种类中，才可能使某种产品进货量大，要求批发商给予更低的批发价格。

当锁定某些种类的产品时，单个商品种类的数量可以细分为陈列数量、库存数量和周转数量。陈列数量就是放在货架上的数量，库存数量就是仓库里面备货的数量，周转数量就是在两次进货期间实际的出货数量。从有多年经营经验的经营者得出的结论看，起码每个单品的数量要有 3 个才能够维持一个比较良性的商品周转。

当经营者进的一件商品出现了热销的时候，很快就需要为这个商品单独补货，这时从所花费的时间和资金上看，都是得不偿失的。而不补货，又只好眼睁睁看着顾客失望地离开。但如果进了 3 件同样的商品，在销售完这 3 个产品的期间其他的商品也很可能需要补货，这样就可以一次性

去补货来提高补货的效率，从而节约补货开支。

2. 关于批发商的支持

能影响到批发商的支持的因素有两个。第一个是首次进货金额，如果首次进货金额太少，批发商就会认为经营者没有实力，或者对方对他的产品信心不足；第二是补货的频率，如果经营者经常到批发商那里去补货，即使数量不多，但批发商还是认为他的货物周转快，能够为他带来长期的效益。批发商对经营者的支持表现在一旦有新货会尽快通知他，而且可能下次进货的时候他会自动把价格调整下来。还有就是批发商如果认为对方是重要客户，一般都会向他透露近期哪类商品热销，了解这些行情会让你对市场和客户判断更准确。

2.2　解决货源问题

有了货源，网店才能顺利开张。但对于初次经营网店的卖家来说，寻找货源一直是困扰他们的最大难题。要想网店能赚钱，货源很关键。货物的质量和价格都影响着网店的销售。

2.2.1　从批发市场进货

大多数卖家都会想到从批发市场进货，这是大家熟悉的一种进货方式，也是迅速取得货源的有效途径。

1. 批发市场进货的优缺点

开设网店的最初阶段，由于销售量不大，很多新手卖家都会选择从当地的批发市场进货。在进货前，首先要认识批发市场存在的一些优缺点。

优　点	缺　点
能够亲身接触商品实物	商品在质量和做工方面鱼龙混杂、参差不齐，需要有一定的鉴别能力
批发价格相对于市场价格便宜	商品定价不规范，需要有一定的议价能力；有些批发市场的起批量较大，成本较高
商品款式丰富，选择余地较大	需要和多个批发商保持合作，并且需要卖家有一定的市场意识

(续表)

优 点	缺 点
熟悉市场行情，了解流行趋势	从批发市场进货的卖家多，容易造成某一商品的高重复率，不利于竞争
批发商一般比较稳定	容易出现货物出门，概不负责的情况，应注意和批发商谈好调换货等问题

2. 寻找批发商

批发商有一级、二级甚至三级批发商。大批发商适合于网店已经有些规模，有一定实力的中等卖家。一级批发商一般都是直接由厂家供货，很容易用搜索引擎找到，并且他们能提供稳定的货源，货品的利润空间较大。但是一级批发商因为订单较多，所以换货麻烦，并且一般不退货。如果找一级批发商进货，有可能出现售后服务跟不上的情况。

知识点滴

与大批发商交易，在订货前，一定要将商品细节和服务方式确定好。如果订货数额较大，最好能签订规范的售货合同，以免以后发生经济或其他纠纷。

二级甚至三级批发商，适合刚刚起步的小卖家。这些小批发商大都是从零售业转为批发，他们对自己批发的商品，以及顾客的需求比较了解，而且掌握商品的流行趋势。

由于这类批发商自己刚起步，没有固定的客户群，没有知名度，为了争取回头客，起批量要求不高，价格一般也不会过高。并且，还可以就价格和换货等售后服务问题和他们谈条件。

但是小批发商常常信誉度不明，不能从第三方得到诚信证明，所以在与小批发商交易时，先从小批量合作开始，等了解了他的行事方式和服务态度后，再进行大规模合作。

在与批发商打交道的过程中，还要注意，在各大批发市场，批发商之间也是有合作的。有些小批发商本身没有货，他会从别的批发商手里拿

到商品，再批发出去。这样，跟他打交道，肯定会增加进货成本。要避免这种现象，就要不怕麻烦，多跑几个批发市场，不漏掉任何机会，才能确定进货源头，避免上当受骗。

知识点滴

不同级别的批发商各有利弊，卖家要根据现实状况慎重选择，选择重点在于自身的实力。

一般来说，每个批发商都会有主打商品，这类商品都是他们从关系好的厂家直接进货，价格上具有一定的优势。如果不嫌麻烦，找多个批发商，分别批发他们的主打商品，可以得到许多实惠；如果嫌麻烦，还是找售后服务较好的批发商，避免今后在退换货时发生纠纷，浪费时间和金钱。

知识点滴

在选择批发商时，要尽量找对方愿意承担质量问题的批发商。这样他们出货时一般会仔细检查商品质量，就算有问题，对方也会承担。

3. 与批发商沟通

在与各类批发商打交道时，应该注意一些细节，这样可以帮助卖家成功达到目的。

▶ 要注意个人形象，要落落大方、不拖泥带水，要充满自信，并给人以"做大事"的信心和感觉。

▶ 说话要内行、有水平、有见地，不要被人小看。

▶ 要善于和批发商交朋友，投其所好，争取好的价格和调换货的好处。

▶ 对价格不要过于计较。如果为了小钱和批发商讲来讲去，会让他看不起。如果卖家能与批发商合作直爽一些，会赢得更多的合作机会。

▶ 如果是新开店，进货较多，可说服批发

商为卖家开业铺货，垫付货款。这样进货比较多，可以受到批发商重视，卖家可以在下一次进货时把上次的欠款还清。这样，不仅可以充分利用批发商的资金优势，还可以赢得良好的信誉。

❯ 在调、换货等售后服务问题上，要事先与批发商达成一致，以免以后出现经济纠纷。协议内容可以是什么货品能换、什么货品不能换、换的周期是多长等。

❯ 要相信自己的眼力和直觉，不要过分相信批发商的话。例如，服装批发商在向客户推荐款式时，总是会说，这个款式销量很好，某商品马上售空等，这其实是批发商的一种手段。如果因此而轻信，很容易造成货品积压。

❯ 与批发商的每一次货款交易，都要保留好凭证，如进货时对方开具的发货单等，最好用专门的夹子存放。如果对批发商有欠款，一定要在还清欠款后，请对方开具收条并妥善保管。对方如因种种原因，再次要求还款时，要保证有依据说明货款已经还清，否则容易造成经济纠纷。

知识点滴

平时逛街的时候要留意市场动态，留意各个小店，看看最近流行什么，看看哪些小店有自己需要的东西等。

❯ 从批发商处直接进货，虽然价格略高一点，但是因为可以少量进货，且服务态度又比较好，所以这是很多新手卖家的首选。另外，一些实体小店也是网店卖家一个不错的选择。这些实体店一般位置比较偏僻，因此商品价格也比较低，而且质量还不错。最重要的是这些小店里的商品，

在批发市场上不常见到，所以跟这些小的实体店店主商谈批发时，进货价可商量的余地较大。

4. 批发市场进货技巧

在批发市场找到货源后，可先进少量的货试卖。如果销量好，再考虑增加进货量。

下面总结了批发市场进货的一些技巧，以供参考。

❯ 即便是第一次来进货，也要装成是熟客的样子，跟批发商讨价还价。

❯ 在批发市场进货，要注意观察辨别出批发市场上的"托儿"，这些"托儿"都是批发商找来的一些假装来进货的人。

❯ 即使是在同一个批发市场进货，同样的货也要多比比、多逛逛、多问问。

❯ 进货要到货物比较集中、种类较多、客流量大的地方。

❯ 批发市场商品品种丰富，但是多了一个批发商环节，会导致价格偏高，另外可能在买卖中对批发商的信誉不是很清楚，有可能上当受骗。

5. 注意事项

作为怀揣梦想辛苦创业的新手卖家来说，开店容易，但进货难，特别是要进到合适的货物。下面总结了作为一个新手卖家，从批发市场进货时需要注意的事项。

❯ 不宜与同城同行一起进货。不宜与同城同行一起去进货主要是避免造成所进货品重复而带来不必要的竞争。此外，在进货时，主观思想

也会受他人的影响而偏离。商场如战场，竞争是无情、残酷的，所以这个细节不可不考虑。

❯ 穿着打扮与交谈技巧。新手去进货时，一般那些批发商都能从他的语言和打扮上看出个大概，因为大多穿得跟平时一样，手上也没有标志性的拿货小推车，问价时喜欢问多少钱一件，这件怎么卖，或可以拿几件等，批发商通常会有意地加价，因此建议如果货不多用不上小推车的话，可以手上拿 1～2 个批发市场中最常见的大塑料袋（最好以黑色为主，因为装的是什么谁也看不到），问价时以"怎么批"或"打包多少"为主，不要问多少钱一件等市场上零售的问法。

❯ 多家问价。在批发市场，衣服、鞋帽、包包和饰品等店铺林立交错，让人眼花缭乱、目不暇接，所以鱼目混珠假扮厂家而投机取巧的大有人在，行话就叫"炒货"，碰到此类情况，最简单有效的应对方法就是第一次去先不要急于拿货，多问多看多转，把市场行情摸清，做到心中有数才能游刃有余。

❯ 钱货要当面清点。这里所说的清点有两层含义，一是当面清点好货款，二是当面清点好货品。清点货款时，要注意避免收到假币这种情况。清点货品时，要尽可能细致地检查（在人头攒动的批发市场，特别是紧俏新品被人疯抢时，少发货，以及发错颜色、尺码、款型的事经常发生），遇到有问题的货品应当立即调换。如果是大量地批发货品，虽然厂家承诺有问题可以调换，但很多拿货的人不会有耐心去一件件细致检查，而这里的检查是针对新手网店店主这样的小卖家

来说的，数量不多又没时间经常去，完全可以做到当面检查、当面调换，把瑕疵和损失概率降到最低。

❯ 记下中意店铺的联系方式。每个店家的风格都会有所不同，所以淘货也会受到这样的主观影响。去批发市场淘货，如果遇到适合自己风格的店铺，建议留下名片，作为今后长期合作考虑的对象。这样，与店铺联系也比较方便，一些诸如进货、退货、补货等情况可以通过电话联系。

2.2.2 寻找厂家进货

从正规的厂家进货，货源更加充足。如果长期合作的话，一般都能争取到滞销换货的条件。但是，厂家要求的起批量非常高，以外贸服装为例，厂家要求的批发数量至少要近百件甚至上千件，达不到这个数量不但拿不到最低的价格，甚至可能连合作机会都争取不到。

因此从厂家进货，一般不适合小量批发的新手卖家。如果卖家有足够的资金储备，并且认准不会有压货的危险，或不怕压货，就可以去找厂家进货。

如果卖家选定的经营产品在网下不算热销，或者商品本身有一定的品牌效应，最好能到厂家拿到最低价格的货源。如果卖家能得到厂家的支持，既可以提升网店的专业形象，又可以顺利开展网上业务。但是，这种进货途径需要卖家具备独到的眼光，只有这样，卖家才能尽量避免压货的局面。

实战技巧

厂家进货虽然可以使拿货价格最低，并且货源充足，但因厂家发货都是跑量，所以卖家可能会有压货的风险；另外，商品卖出以后，换货有时会很麻烦。这些利弊都需要新手卖家在进货前考虑清楚。

2.2.3 寻找代理商进货

寻找代理商，实质就是寻找批发商。所不同的是代理一般只是经营一个品牌，并且，这个品牌在消费者中已经有了知名度。网上经营这类产品会比较顺利，因为许多网上消费者在搜索物品时，搜索品牌名是最为方便的。

寻找品牌代理商，最简单的方法就是去产品的官方网站，查询所在地一级代理的信息。其实，在淘宝网上很多大卖家，就是某类产品的省一级代理，或者就是厂家。找到代理后，谈好价格，尽量利用他的产品资源。卖家需要做的就是把他的商品图片和信息上传到自己的小店，而不必存货到家，由代理商替自己发货。现在，淘宝网上存在的许多加盟连锁店，也是这样取得的货源。

2.2.4 寻找外贸尾单货源

国内的外贸加工企业在完成国外的订单后，将剩下的一部分产品在国内另行处理和销售，这些剩下的产品就是外贸尾单货。外贸尾单货的进价低，利润很可观，是当下十分抢手的货源。

1. 外贸尾单的种类

目前，市场上的外贸尾单通常可以分为外贸原单、外贸跟单、外贸追单和外贸仿单4种。

> 外贸原单是一些出口时在质检中没有达到品牌商的要求而被品牌商退回，或因加工方交期延误被退回的，但并不影响外观和使用的货品。一般情况下，一些国外知名品牌是不允许有外贸原单货流入国内市场的。因此，外贸原单大都为国外一些不知名品牌或在国外知名但在国内不被人熟知的品牌。

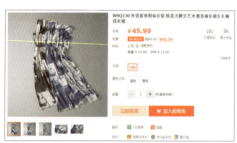

> 外贸跟单是指厂家用完成出口订单后剩余的部分面料和辅料，按照外贸的款式生产的未经检验的货品。这类货品在品质上基本和尾单货没有太大区别，但在一些材料的做工和质地上无法与国外的相提并论，一些专业人士还是一眼就能辨别出其中的不同。

> 外贸追单是当加工的原料已经用完，品牌商需要追加订单的时候，国内的加工厂商自行采购一些相似的面料按照原单进行加工而成的货品。这类外贸尾单货虽然无法与原单相比，但质量还是可以得到保证的，毕竟厂家也希望可以和品牌商并驾齐驱。

◉ 外贸仿单是厂家选用和订单相似的面料进行仿制而成的商品。由于其利润的可观性，如今服饰一类的仿单品在市场上很泛滥，产品质地也是参差不齐。

> **知识点滴**
>
> 外贸仿单在品质上分为超A货、A货、B货、C货。超A货和A货在原版的仿真度上较高。

2. 外贸尾单的优点

目前，外贸尾单货之所以受到很多网店卖家的青睐，是因为外贸尾单在销售中具有以下几个优点。

◉ 价格较低。一些加工外贸尾单的厂家为了清理库存，回笼资金，会以极低的价格处理外贸尾单货品。然而，正是因为外贸尾单的价格极低，一些厂家会要求买家全部包下所有尾货。这对于销售渠道狭窄的经营网店的卖家来说还是存在很大压力的。

◉ 品质有保证。外销商品从下单到加工、检验，再到出口，每个流程都比国内的商品生产都要严格很多，且由国外品牌商提供原料和设计方案。即使是一些被退货的产品，品质也是有保证的。

◉ 走在时尚尖端。外销的商品主要针对的是国外市场，在流行时尚方面，国外市场的流行趋势一直是国内市场的风向标，引领着国内的潮流动向，如日系风、英伦风、欧美风等，时下备受年轻人追捧。

3. 外贸尾单的缺点

虽然外贸尾单货无论在品质还是价格上都有着绝对的优势，但也并非人们想象中的那么超值。其实，外贸尾单货也存在着一些缺点。

◉ 假货较多。由于外贸尾单货在品质、时尚性和价格上都具有很大的优势，使其成为如今市场上炙手可热的货源品种。因此，许多厂家会打着"外贸尾单"的旗号出售自己的库存。若用户没有一点外贸知识，就很容易上当受骗购入无法适销的产品。

◉ 一般真正的外贸尾单货数量有限，能争取到外贸尾单货的机会不多。况且，一些出口外销的生产厂家长期与外商交易，有一定的资质和门槛，不屑与个体经营者交易。因此，对于网店卖家来说，要拿到外贸尾单货并不是那么容易。

4. 判断外贸尾单货的方法

对于一些缺乏专业知识的新手卖家来说，判断外贸尾单货的真假是较为困难的一件事。那么，如何才能鉴别出真正的外贸尾单货呢？下面就介绍几种简单的鉴别方法以供参考。

◉ 看面料和辅料的质量。真正的外贸尾单服饰面料一般都是进口的，以天然材质为主，如真丝、牛皮和纯棉等，且手感很舒适。

◉ 看面料细节。有些面料带有印花图案，外贸尾单服饰通常会采用先进的印染技术，在印花工艺流程上相对复杂和考究。若一时无法鉴别，可以先到正品的专卖店体验一下真货，再做出比较。

◉ 一般一些知名的国外品牌不会将当年的新款以外贸尾单的形式在外销售，通常在拥有品牌授权资质的专卖店才可能出现。因此，若看到市场上外贸尾单中有某品牌的新款样式，大多都为仿制品。

2.2.5　寻找民族特色货源

中国的经济发展让越来越多的人开始关注中国，关注中国文化。一些具有中国传统民族特色的工艺品开始以全新的姿态展现在流行的舞台上，并且创造着巨大的经济财富。

我国有着自己特有的传统和文化，民族特色工艺品为我国的民族文化增添了许多亮丽的色彩，同时也蕴含着无限商机。

▶ 文化价值。丰富多彩的风俗民情，是一个活的历史博物馆。在这样丰富的文化背景下，民族特色商品店不再是单纯地销售产品，而且也在传递一种民族文化。

▶ 原生态价值。民族特色工艺品大都为纯手工制作，保留传统的制作工艺。在作品的背后，可以看到一个民族的民风民俗、历史文化以及祖先赋予他们的勤劳和智慧。

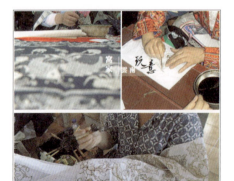

▶ 实用价值。很多人都把传统文化产品当成观赏品，而忽略其实用性。其实，很多民族特色工艺品在实用性上一点不比普通的商品差。

当然，民族特色工艺品也有其局限性，不仅要考虑商品的来源和销路，还要考虑其成本和顾

客的心理价位等。

▶ 民族特色工艺品具有地域性，如果亲自找货源，进货价格加上运输费用会导致成本较高。

▶ 民族特色工艺品主打特色文化，不符合一些顾客的品位。

▶ 民族特色工艺品对国外的顾客更具吸引力，但目前联系国外客户的途径并不多，对新手来说比较困难。

2.2.6 寻找地域特色货源

所谓"靠山吃山、靠水吃水"，利用地理优势来寻找和发展地域特色货源，也不失为一个好方法。

沿海地区拥有丰富的水产资源，盛产的各类海鲜，是人们餐桌上的美味佳肴。一些干制海产品更是味道鲜美，深受人们的喜爱。

沿海地区的卖家可以充分利用沿海的资源优势，将一些海产品干制后拿到网上出售，如鱿鱼干、鱼干等干制海产品，这些海产品都是网上十

分畅销的休闲食品。

野生香酥小黄鱼 舟山特产即食海鲜...
22.53元

特产食品进口越好吃零食熟食肉食...
9.00元
优惠购 点击此处购买约省0.11元
邮费:10.00 月销量 483件

在我国的一些依山地带,山区特产通常是当地居民发展经济的优势资源。如茶叶、黑木耳、山核桃以及一些山笋等,都是山区特有的"珍宝"。

目前很多山区特产都以真空包装出售,是比较适合在网上销售的一种产品。

2.2.7 自创货源

随着互联网的发展,一些以网络为依托的虚拟货源也在网上兴起。凭借自己的智慧,运用网络技能自创无形货源,也是开网店赚钱的一种好方法。

虚拟货源之所以受到很多人的欢迎,是因为其具有以下几个特点。

🔸 成本低,除了需要具备一些软件外,基本不需要任何投入。

🔸 无须进货,无库存,经营项目较灵活,一种项目经营效果如果不佳,可以及时更换其他项目。

🔸 卖家可以充分发挥个人才能,做出受买家欢迎的宝贝。

目前网络虚拟商品主要有游戏币、手机话费充值、个性签名、网店装修以及专业设计等,这就需要卖家懂得一些网络技术,具有一定的设计能力。

2.3 通过互联网寻找资源

网上货源品种多，货物周转渠道少，价格也相对便宜，对于卖家来说依靠网络寻找货源可以省下一笔进货开支。随着电子商务的发展，网上进货必将成为一种进货的主流方式。

2.3.1 网上进货的优势

作为网络时代的网店卖家，依靠网络寻找货源已是众多卖家必学的"生意经"。网上进货主要具有以下几项优势。

❯ 紧跟时尚潮流。网络总是掌握着最新的流行资讯，各种时尚信息一搜便知，只要看看商品的点击率和成交量就可以知道哪种商品最受欢迎。

❯ 成本低。网上进货不用卖家亲自去货源地取货，可以省下进货时的路费、食宿费等额外费用，使进货成本大大降低。

❯ 灵活自如。卖家可以根据库存量调整进货计划，随时在网上购进货品，补充库存。进货选择余地较大，而且还可以享受批发价。

❯ 货物价格便宜。由于省略了中间商和代理商，因此货物的价格往往比本地区市场要便宜。

有了网络这个平台，不仅扩大了商品的销售渠道，也给网店卖家提供了更加多元化的货源，只需用鼠标轻轻单击，就可轻松找到想要的货源。

2.3.2 巧用百度搜索货源

百度是目前公认的全球规模最大的中文搜索引擎，它提供了简单易用的免费服务，用户可以

在瞬间得到相关的搜索结果。网店卖家可以利用百度搜索引擎搜索自己想要的货源信息。

【例2-1】 使用百度搜索引擎搜索货源。

📹 视频

步骤 01 打开百度网页，在搜索栏中输入货品的关键词。

步骤 02 单击【百度一下】按钮，即可搜索到许多关于该货品的信息。

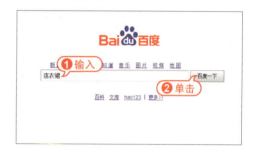

步骤 03 在搜索结果中，用户可寻找对自己有用的信息。

步骤 04 在浏览器的地址栏中输入网址http://www.baidu.com/gaoji/advanced.html，然后按下Enter键，可以进入百度高级搜索页面，在该页面中用户可对搜索条件进行更加详细的限制。

知识点滴

　　使用高级搜索功能可以极大程度地缩小搜索范围，并可以按照个人意愿进行搜索。

2.3.3　在行业批发网站找货源

　　如果卖家想要经营一些比较常用的商品，如服装、饰品、箱包等，一般在网上都有专门的批发网站。

　　行业批发网站是专业网站，资讯比较全面且供求信息比较多，也比较新。下面列举一些比较知名的行业批发网站供卖家参考。

网站名称	网址和特色
聪慧网	www.hc360.com 货源充足，堪称中国第二行业网站
中国服装网	www.efu.com.cn 专业的服饰销售及批发网站
中国饰品网	www.jewelchina.com 提供各大饰品企业信息资讯，安全可靠，是国内知名的饰品门户网站
中国批发网	www.zgpfw.com 主要面向礼品公司、精品店、网店、淘宝卖家、外贸公司及各级批发商的小商品配送网站

2.3.4　在阿里巴巴找货源

　　阿里巴巴是全球最大的网上采购批发市场，拥有近千万的注册会员，其货源储备相对完整，批发商实力雄厚，适合于大量采购的成熟卖家。

　　如果当地没有合适的批发市场及其他进货渠道，也可以选择在阿里巴巴网上寻找进货渠道。在现实生活中，要找到好的并且适合自己的厂家并不容易。当然如果想找行业龙头老大也是很容易的，但是很可能因为进货量不能满足厂家要求，最终不能如愿。但是在阿里巴巴就容易多了，只要具备一定的网络基础知识，就可以很容易地找到所有相关行业的厂家资源。在这些厂家资源中，通过优胜劣汰就有可能"淘"到优质的货源了。

　　另外，从阿里巴巴进货，很多中小城市的卖家就不用千里迢迢地跑到大城市去考察货源、拿货、发货了。在许多有关淘宝的经验中，都提到从阿里巴巴进货是个好方法。

　　这种方法对于许多苦于没有货源的新手来说，确实很有吸引力。下面就详细讲解如何从阿里巴巴进货。

1. 搜索商品信息

　　淘宝网卖家可以通过阿里巴巴的主页来搜索商品信息，而且在淘宝专属货源基地进货也会相对安全。

　　【例2-2】通过阿里巴巴主页搜索货源。

　　📹视频

　　步骤 01　启动浏览器，在地址栏中输入网址 http://www.1688.com，然后按下Enter键，打开阿里巴巴的主页。

步骤 02 在主页面的搜索文本框中输入要查找的货源名称，如输入"连衣裙"。

步骤 03 单击【搜索】按钮，即可查找到相应的产品信息。

步骤 04 单击所需进货的产品，然后单击联系人名称旁的阿里旺旺图标。

━━ 🔖 **知识点滴** ━━

　　在搜索进货产品时，阿里巴巴会将所有有关的搜索产品信息都分类，只要单击相应类别就可以看到具体商品信息，以及货品主人的情况介绍了。

步骤 05 添加进货商家为阿里旺旺联系人，然后通过阿里旺旺进行交谈。

2. 阿里巴巴淘货源

　　阿里巴巴淘货源是阿里巴巴旗下的一个商品批发网站，提供原材料、工艺品、家居日用品、服饰和小商品等货源的批发。

【例2-3】 通过阿里巴巴淘货源页面搜索货源。

▶ 视频

步骤 01 启动浏览器，在地址栏中输入网址 http://pifa.1688.com，然后按下Enter键，打开阿里巴巴淘货源的主页。

步骤 02 在阿里巴巴淘货源页面的搜索栏中直接输入需要进货的商品信息关键字，如输入"围巾"。

知识点滴

"淘货源"是阿里巴巴全新打造的一个淘宝卖家进货平台，为淘宝600万卖家提供具有淘宝特色的专属货源，帮助淘宝卖家快速、方便地采购到合适的产品。

步骤 03 单击【搜索】按钮，即可查找到相应的产品信息。

步骤 04 在搜索结果页面上方的【所有类目】区域中，用户可设置具体的筛选条件。

步骤 05 本例在【类目】区域选择【丝巾】、【图案】区域选择【点式】、【颜色】区域选择【粉色】，如下图所示。

步骤 06 此时，系统将自动按照用户的选择筛选出符合条件的商品。

步骤 07 单击要订购的商品，可查看商品的详细信息。

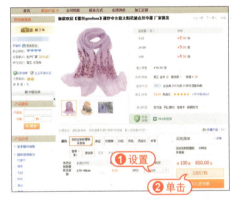

步骤 08 在【采购量】微调框中设置要订购的数量，然后单击【立即订购】按钮。

步骤 09 填写收货地址和订购信息，然后单击【提交订单】按钮，按照提示继续付款后，即可成功订购该商品。

知识点滴

在【给卖家留言】文本框中可以输入留言信息。

2.4 加入淘宝供销平台

供销平台是淘宝网为卖家提供的一个货源批发平台。卖家只需一个淘宝账号就可以选择需要的货源进行下单，使用支付宝支付货款即可批发到优质货源。

2.4.1 加入供销平台的优势

随着淘宝规模的不断扩大，淘宝供销平台(http://gongxiao.tmall.com)应运而生，搭建起厂商和客户之间的桥梁，使得供应商能够充分利用分销商的资源进行商品销售。

供销平台中的货源分为经销货源和代销货源。经销货源方便卖家低价采购；代销货源是卖家以代销的方式从供货商那里采购货品，货物放在供货商的仓库里，所有权仍归供货商，在销售过程中，由供货商向买家发货，系统实时分账。

对于供货商而言，加入供销系统可以迅速搭建起高品质的网络渠道，挑选数百万优质卖家帮忙销售。依托淘宝网的高效管理平台，供应商可以进一步降低产品成本，保证库存同步。相比传统的分销方式，通过淘宝的供销平台还可以限制和监控零售价格，达到规范市场的目的。此外，供销平台会自动生成采购单，可以有效地防止串货等问题。

供销平台上的供应商通常采取免费加盟、一件代发货等服务，使分销商零库存、零风险，其渠道加盟成本和经营成本降到了最低；此外，加入淘宝供销平台的供应商一般都属于优质供应商，其商品质量以及提供的售后服务都有一定的保障，相对而言风险较低。

知识点滴

随着网店的日益增多，一些有稳定货源的网店也看好网店代理的前景，开始大量招收代理网店，网上分销店铺开始如雨后春笋般迅速扩张。因此，淘宝网上出现一些店铺所售商品相同，甚至连商品的描述内容也一模一样的现象就让人见怪不怪了。为了取得良好的销量和足够的利润，分销商一定要修改商品原本的名称，使自己的商品避免雷同，要尽量做到独一无二。

因为不用亲自进货，也无须对商品进行过多的管理，网络代销受到了很多大学生和白领人士的喜爱。

作为当下较为普遍的一种网络开店的销售形式，网络代销自然有它一定的优势。对于新手卖家而言，淘宝供销平台具有以下几方面优点。

> 卖家无须为进货资金发愁，不需要亲自进货。

> 不存在商品压货的风险，即进即销，在商品售出之前，卖家无须承担任何费用。

> 商品供货商提供商品图片，卖家不需要修图，网站下载即可上传。

> 商品供货商提供完备的商品说明。在商品说明中，提供全面的商品介绍，包括尺码、尺寸、颜色、面料和品牌介绍等，并有客服随时回答商品的相关问题。

> 商品供货商以代销卖家名义代为发货，卖家只需向供货商提供买家相关收件信息，供货商即可直接将商品寄给买家。

> 供货商提供货源，商品种类丰富、全面，可供选择余地较大。

网络代销作为一种商品销售的新模式，为许

多网上开店的卖家提供了新的出路。然而，网络代销还是有风险的。分销模式主要存在以下几个缺点。

▶ 代销卖家见不到商品实物，不能为买家提供品质的保证，退换货情况较为普遍。

▶ 卖家没有亲自接触过商品实物，无法回答买家的询问，服务很难做到位，很难得到买家的好评。

▶ 同一商品供货商旗下拥有代销商少则数家，多则几十甚至上百家，并且有统一的经营模式定位，很难有突破，竞争十分激烈。

▶ 供货商和卖家在售货与发货上各司其职，若供货商在发货上出现差错，代销卖家很容易招致买家不满。

▶ 买家用支付宝付款后，卖家向供货商支付了货款，如遇邮寄中货物被损坏、快递途中丢失货品、商品与描述不符和商品被人冒领等情况，其支付的货款将有风险。

▶ 一旦出现货物的质量问题，代销卖家无法确保供货商能兑现售后承诺，买家怨声载道，卖家得不偿失。

另外，代销卖家在销售商品时也会受到价格的限制，即必须遵守供货商的定价规则，不能随意调整价格。这虽然在某种程度上避免了恶意竞争，但是代理商的商品没有价格优势，很难得到买家的垂青。当货源商的知名度扩大，买家容易发现供货商并直接和货源商成交，这直接导致代理网店卖货更难，利润更低。另外，因为普通代理、加盟代理和VIP贵宾代理享受不同的代理折扣价和服务，所以，对于不同代理，利润也有所不同。尤其对于新手卖家来说，代理店的利润非常微薄。

2.4.2 选择一家好的供应商

做好网店代理的关键在于选择一个好的产品和一个好的供应商。

首先，新手卖家可以参考以下要点选择一个好的代理项目。

▶ 擅长的主营行业。卖家选择自己熟知行业的商品是促进自身成长及提高订单产量的必备条件。

▶ 产品质量可靠。能够保证产品质量和保障消费者权益，是分销商和供货商合作的前提，也是避免出现交易纠纷的前提。

▶ 选择售价低、利润大、竞争小的商品。这种商品可减少积压货款，降低资金风险，获得更多利润。

▶ 选择功能简单、使用简便的商品。这能避免分销商因看不到实物，无法为买家解决问题的尴尬。

▶ 选择网下设有专卖店的高价格、高利润的品牌商品，以及对买家来说网上买更实惠的商品。

其次，有了好的商品还不够，还需要有好的分销政策和供应商。

▶ 做网店代理不用缴纳任何费用。不承担货款回收风险，不用垫压货款。

▶ 详细的产品描述。供应商应该提供完整、详细而且具有细节图的产品描述，避免分销商只能凭想象向买家介绍商品。

▶ 良好的售后服务。供应商良好的售后服务可以确保消费者在收货后如果遭遇到产品质量问题或运输问题能够得到良好解决。

▶ 累积销售额越高，供应商返回的额外利润越高，避免有实力和无实力的分销商使用同一个代销价。

▶ 供应商绝对不做零售。分销商不用和供应商竞争，不会被利用来变相为供应商做免费广告。

▶ 良好的库存管理。避免出现买家下单之后，供应商缺货，并且无法及时补货，造成分销商被差评的情况。

▶ 运费优势。如果供应商收取的快递费用高于市场平均价格，将会对生意的成交造成阻碍。

▶ 配送时间。了解供应商大致的订单处理流程、配送时间，结合自身经营习惯，做好完美搭配。

▶ 渠道激励。除了商品的毛利外，成熟的供应商还会不失时机地为分销商提供销售返点、推广支持，以及提供节假日特价产品等配合分销商进行销售。

▶ 店铺装修制定。一家成熟的供应商会提供关于供应商品品牌方面的装修或者推广方面的素材，与分销商达到双赢效果。

▶ 配置分销商客服。商品的问题咨询、快递问题、订单相关问题的沟通和售后服务渠道沟通等都需要供应商的客服来协助分销商完成。

2.4.3 在供销平台搜索货源

确定了经营项目类型后，就可以通过供销平台来搜索货源了。

【例2-4】通过卖家中心进入供销平台搜索货源。 视频

步骤 01 登录淘宝网首页，然后单击【卖家中心】链接。

步骤 02 在卖家中心左侧的列表中，单击【货源中心】类目下的【分销管理】链接。

步骤 03 打开供销平台页面，然后单击【供销首页】链接。

步骤 04 进入【天猫-供销平台】的供销首页后，可以根据商品分类搜索货源，或在搜索栏中直接输入商品名称搜索货源。

2.5 网上进货的技巧

虽然网上进货给卖家带来了便利和实惠，但卖家在进货时如果不多加留意，很容易被网上的不良商家欺骗。本节来归纳总结一些网上进货的防骗和交易技巧。

2.5.1 网上进货防骗技巧

对于新手卖家来说，在通过网络进货时，一定要提高自己的安全意识，防止受骗。用户可参考以下几点。

1. 查看公司/个人经营资质

正规的公司销售网站一般都有公司简介或公司的注册号和资质证书等相关资料。在进货前最好能电话联系到网络供货商，若能在其实体店查

看则更保险。如果是以个人名义注册的批发商，则要查看其是否具有约束机制，如淘宝网规定使用支付宝进行交易，若该商户不使用支付宝进行交易，则要三思而后行。

2. 商家是否有不良记录

要验证该批发商是否属于正规注册商家，可以在网上对其进行相关搜索，包括介绍、宣传和注册信息等，如果有违规的不良记录或顾客投诉信息，也能通过搜索有所了解。淘宝批发商可查看其店铺信用等级以及买家评价等信息。

3. 谨防价格陷阱

虽然网上进货价格相对便宜，但商家还是会保留一定的利润空间，若价格与市面上的相差太大，则需谨慎。

4. 以低价物品成交

第一次向批发商进货时可以先尝试性地购进一些低价的商品，有了第一次交易的经验可以增进对该商家的了解，对其销售、发货、服务等方面有深刻的体会和感受。如果一切都还满意，则可以放心与其进行下一次交易。

2.5.2 网上交易技巧

随着互联网时代的到来，网上进货已逐渐成为一种趋势。网上进货虽然对卖家来说可以省下不少进货成本，但往往一些卖家由于贪图网上进货价格便宜，不懂得进货的技巧，给自己造成很大的损失。

1. 找可信度高的网站

在网上搜索批发网站时，如不多加注意，很有可能进入带有病毒的网站或恶意网站。因此，卖家最好选择一些正规的货源网站。

如果淘宝卖家一开始没有网上进货的经验，那么可以去淘宝社区搜索一些有进货经验的卖家写的帖子进行借鉴。如果能够联系到发帖的卖家并咨询一些可信度较高的货源网站就更好了。

2. 关注批发细节

网站进货要注意仔细辨别货源图片，避免进到一些以图片冒充实物或实物与图片有极大落差的商品。

3. 多与网络批发商交流

多与批发商交流，在交流中可以了解批发商的真实性。确实觉得可信之后，再与对方进行交易，避免上当受骗。

2.6 进阶练习

本章主要介绍了新手卖家在开店初期的货源寻找问题，用户可以参考本章内容来寻找优质货源。本次进阶练习主要介绍有关淘宝供销平台的相关知识，主要包括如何查找商品、如何查看招募书和如何申请合作等操作。

【例2-5】在供销平台查找货源、查看供应商招募书，并申请与供应商合作。 🔲 视频

步骤 01 登录淘宝网首页，然后单击【卖家中心】链接。

步骤 02 在卖家中心左侧的列表中，单击【货源中心】类目下的【分销管理】链接。

步骤 03 打开如下图所示页面，然后在搜索文本框中输入要搜索的商品名称，如本例输入"太阳镜"然后单击【搜索】按钮。

步骤 04 在打开的页面中显示搜索结果，用户可选择感兴趣的商品。

步骤 05 单击感兴趣的商品链接，可查看该商品的详细信息。

步骤 06 单击【查看供应商招募要求】链接，

可查看该供应商的招募书。

步骤 07 如果符合招募条件，并有意向与该供应商合作，可单击【申请合作】按钮。

步骤 08 在打开的页面中可查看该供应商的详细介绍和具体分销细则。

步骤 09 在页面的最下端可输入给该供应商的留言，然后选中【同意以上服务条款】复选框。

步骤 10 单击【提交申请】按钮，可提交代销的合作申请书，此时只需等待供应商确认即可。

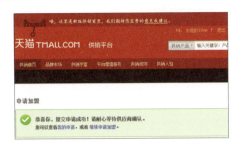

步骤 11 如果想撤销申请，则进入【我的供

销】页面，找到【我的供应商】列表，在【我发出的申请】标签中单击相应的【撤销】链接即可。

专家答疑

» 问：什么是品牌代理？

答：品牌代理是电子商务中比较常见的一种经销模式。所谓品牌代理，是指由品牌商授权，在品牌授权商和授权经营商之间充当中间人的角色，负责协助双方寻求共同利益，处理好双方之间关系的公司或个人。目前，很多企业开始注重品牌意识，极力宣扬品牌文化，品牌代理的商品种类越来越多元化，从服装、食品等日用品到各种数码产品。通常加盟正规的品牌，代理商需要支付一定的加盟金，这是代理商取得某一品牌经营权的必要投资，一般在签约时应一次性支付。

» 问：品牌代理有哪些优缺点？

答：由于代理商必须与品牌的风格保持一致，因此在品牌标志、商标、店名、经营标准、产品和服务的标准及经营方针等方面都会有一整套统一模式，代理商只要按照这一模式经营即可，无须在产品的开发和宣传上花很多的精力。

代理商拥有商品的经营权，其核心是开拓市场，市场越广阔，销售量越大，代理商赚取的利润也就越大。它不需要动用自己的流动资金，不需要拥有大量库存，承担的风险相对较小。此外，产品有品牌的保障，较正规，在质量上也会让人比较放心。

虽然做代理商有很大的发展空间，但还是存在一些缺点。目前产品代理主要由厂家授权总代理，总代理再在各地区寻找区域代理商，只要中间有一个部门脱节，就有可能造成上下游之间的信息不对流，无法真实地反映商品的销售情况、市场行情以及产品库存，无法有效地制定品牌阶段计划等问题。由于代理加盟店通常有一整套品牌经营模式，无须代理商自己制定和策划管理方案，这就使得一些代理商缺乏长远打算，忽略了对店铺的后期监管和维护。很多品牌代理商在成功代理一个品牌后，又迅速开始加盟其他品牌的代理，这样就可能会出现人力资源不足、资金周转不灵等方面的问题。

» 问：网络代销要注意哪些问题？

答：无论是在网络还是一些媒体杂志上，随处可见加盟品牌代理的广告信息。面对众多的品牌，很多人都不知所措。代理商对于品牌的选择关系到自身的销售业绩。要想成为品牌代理要注意以下问题。

● 了解该品牌，了解厂家，了解产品。要加盟代理一个品牌，必须对该生产企业、品牌理念以及产品性能等有一个全面的了解，包括企业类型、规模、信誉以及品牌的影响力和主要消费群等。一是为了避免代理陷阱，二是为了看看自己是否有能力为该品牌做代理。

▶ **认识到代理存在的风险。** 成为品牌代理也并非加盟就可以高枕无忧，代理商除了要承担一部分如成本、库存和人力等自身经营的风险外，还要承担来自生产企业带来的风险。例如，厂家本身产销协调不准确、货品供应安排不合理，导致缺货、断货，不仅会给代理商带来很大的损失，也可能使代理商苦心积累的客户关系因此受到伤害。此外，还有诸如产品的质量问题、企业的诚信问题、更换代理或缩小代理区域等风险，需要代理商做好充分的心理准备。

▶ **注重契约文化。** 在和企业签订代理协议时，要明确代理的区域、时限，供应产品的清单、价格、货款支付方式、退换货条款和销售奖励；出现产品质量问题，厂家需如何取证，在多长时间内处理；厂家市场控制不力造成其他代理商串货，需提供哪些证据给厂方确认，如何弥补损失，需要多长时间；市场上出现假货，厂方如何处理等。

▶ **关注库存量。** 库存量太大，流动资金被占用，产品一旦跌价或企业更换代理，损失很难估量；库存量过小，客户要货得不到及时供应，就要承担一定的违约责任。这就需要代理给自己设定一个安全库存数，当然这要根据自己的销售情况而定，对一定时期内的销售情况做一个观察、总结。代理商切忌不要被某一时期过高或过低的产品销售量而误导，因为某些产品的销售量会受一定季节和时效的影响，要注意其变化的因素，不要因为产品销售一时增加而盲目加大库存量，一旦销售回落，产品就会积压，不利于销售。

▶ **与厂家搞好关系。** 在与厂家的合作中，要处理好与厂家的关系，明确代理的职责和权利，遵守相关协议，不要为蝇头小利违反商规，给厂家造成不好的印象。

≫ 问：与批发商打交道应注意哪些细节问题？

答：(1) 要注意个人形象，老板要有老板的样子。说话要有水平、有见地，千万不要说外行话，以免被小看。(2) 要了解批发商的性格，投其所好，与之交朋友，从而得到更多价位上的和调换货的好处。(3) 凡事不要太计较，要记住自己是做大事的人，如果为了一两元而和批发商讲来讲去，只会让人看不起。谁都喜欢直爽的人，在与批发合作时直爽一些，会赢得更多的合作机会。(4) 如果是新开店，进货较多，距离不远可以考察的话，可以让批发商给你开业垫付货款，这样进货比较多可以受到批发商重视，可以在下一次进货时把上次的欠款还清。(5) 在调换货的问题上，与批发商一定要事先达成一致，以免造成日后纠纷，什么可以换，什么不能换，换的周期是多长，自己和批发商都要做到心中有数。(6) 作为新手，一定要通过交流看清批发商的性格特点，进而选择你认为可以信任的批发商合作。如果发现批发商太狡猾，要及时脱身，以免因为对行业不熟悉而受骗。(7) 不要过分相信批发商的话。例如，他们为你推荐的款式，总是说销量很好，或者说会马上售空，这其实是批发商的一种手段，如果因此而轻信，很容易造成货品积压。商场上只有永远的利益，不要轻信任何人。(8) 与批发商的每一次货款交易，都要保留好凭证。例如，进货时对方开具的发货单等，最好用专门的夹子存放。如果对批发商有欠款，一定要在还清欠款后请对方开具收条，收条更要妥善保管。对方如因忘记对账再次要求还款，要有依据说明货款已经还清，否则容易造成经济纠纷。

第3章

赚钱攻略之商品发布技巧

　　店铺成功创建后，就可以在店铺中发布宝贝了，在发布宝贝之前先要设置宝贝分类和运费模板，并将宝贝描述所需的图片上传到图片空间中，这样在上传宝贝的时候才不至于手忙脚乱。

3.1 设置宝贝分类

宝贝分类就是淘宝网为卖家设计的专柜陈列区。卖家现在要做的就是为宝贝量身定做一些柜子，这样当宝贝上架时，可以分门别类地摆放。

3.1.1 添加父分类

对于店铺中的宝贝，可以为其设置总的分类，这个分类称为父分类。

【例3-1】为店铺中的宝贝添加父分类。

视频

步骤01 登录淘宝网并进入卖家中心，单击左侧【店铺管理】分类下的【宝贝分类管理】链接，进入宝贝分类管理页面。

步骤02 单击【添加手工分类】按钮，打开一个新的分类文本框，然后在文本框中输入新分类的名称。

步骤03 输入完成后按下Enter键，或者单击【保存更改】按钮，即可保存新建的分类。

3.1.2 添加子分类

为了对店铺中的宝贝进行细分，在父分类下还可以添加子分类。

【例3-2】为店铺中的宝贝添加子分类。

视频

步骤01 登录淘宝网并进入卖家中心，单击左侧【店铺管理】分类下的【宝贝分类管理】链接，进入宝贝分类管理页面。

步骤02 单击要添加子分类的父分类名称前方的三角形按钮，展开该父分类，然后单击其中的【添加子分类】按钮，打开一个新的分类文本框。

步骤03 在该新分类文本框中输入子分类的名称。

步骤 04 输入完成后按下Enter键，或者单击【保存更改】按钮，即可保存新建的子分类。

步骤 05 使用同样的方法，用户可添加更多的父分类和子分类。

方的 ⬆ 或 ⬇ 按钮即可。

要删除宝贝分类，只需单击分类名称后方的【删除】按钮即可。

3.1.3 管理宝贝分类

对宝贝分类的管理主要包括调整宝贝分类的位置以及删除宝贝分类等。

要调整宝贝分类的位置，则单击分类名称后

3.2 设置运费模板

运费模板就是为一批商品设置同一个运费。当卖家需要修改运费的时候，这些关联商品的运费将一起被修改。如果卖家在发布商品时不想使用运费模板，可以在发布商品时不选择运费模板。一般来说，建议卖家按照商品的类别、体积和重量来设置运费模板，以便管理。

3.2.1 设置按件数计算邮费的模板

用户可以设置一个按照件数来计算运费的模板，当发布的宝贝需要按件数来计算运费时，就可以使用该模板。

知识点滴

在设置运费模板前，先要确定使用哪家快递，并要十分清楚地了解该家快递的资费问题。关于快递的相关知识可参考本书第5章中的内容介绍。

假设卖家的发货地在上海，主要使用平邮、申通和 EMS 这 3 种发货方式，那么运费模板的设置方法如例 3-3 所示。（本章所有关于运费的内容介绍都以此假设为基础。）

【例3-3】设置按件数计算运费的运费模板。

📹 视频

步骤 01 登录淘宝网并进入卖家中心，单击左侧【物流管理】分类下的【物流工具】链接，然后单击【运费模板设置】标签。

步骤 02 单击【新增运费模板】按钮，打开运费模板设置界面。

步骤 03 在【模板名称】文本框中输入模板的名称，在【宝贝地址】下拉列表框中设置宝贝所在地址，在【计价方式】区域选中【按件数】单选按钮。

步骤 04 在【运送方式】区域选中【快递】复选框，展开设置界面。

步骤 05 由于运费根据目的地的不同而有所不同，因此【默认运费】本例暂不设置。

步骤 06 设置分区运费，单击【为指定地区城市设置运费】链接。

知识点滴

除了特殊指定的区域，其他地区都使用默认运费。

步骤 07 单击在打开的界面中的【未添加地区】后方的【编辑】按钮。

步骤 08 打开【选择区域】界面，选择目的地区域，然后单击【确定】按钮。

实战技巧

单击区域名称右边的倒三角按钮，可设置更为详尽的市级和县级区域。

步骤 09 返回下图所示的界面，在运费数值框中设置指定区域的运费。

步骤 10 继续单击【为指定地区城市设置运费】链接，然后单击在打开界面中的【未添加地区】后方的【编辑】按钮。

运送到		首件(件)	首费(元)
上海、江苏、浙江	编辑	1 单击	5.00
未添加地区	编辑	1	

步骤 11 打开【选择区域】界面，选择目的地区域，然后单击【确定】按钮。

步骤 12 返回下图所示的界面，在运费数值框中设置指定区域的运费。

步骤 13 使用同样的方法，为其他地区设置相应运费。

步骤 14 设置完成后，选中EMS复选框。设置EMS的分区运费。设置完成后，效果如下图所示。

步骤 15 单击【保存并返回】按钮，完成按件

数计算运费模板的设置。

3.2.2 设置按重量计算邮费的模板

用户还可根据宝贝的重量来设置按重量来计算运费的模板。

【例3-4】设置按重量计算运费的运费模板。
▶视频

步骤 01 登录淘宝网并进入卖家中心，单击左侧【物流管理】分类下的【物流工具】链接，然后单击【运费模板设置】标签。

步骤 02 单击【新增运费模板】按钮，打开运费模板设置界面。

步骤 03 在【模板名称】文本框中输入模板的名称，在【宝贝地址】下拉列表框中设置宝贝所在地址，在【计价方式】区域选中【按重量】单选按钮。

步骤 04 在【运送方式】区域选中【快递】复选框，展开设置界面。

步骤 05 设置分区运费，单击【为指定地区城市设置运费】链接。

步骤 06 单击在打开的界面中的【未添加地区】后方的【编辑】按钮。

步骤 07 打开【选择区域】界面，选择目的地区域，然后单击【确定】按钮。

步骤 08 返回下图所示的界面，在运费数值框中设置指定区域的运费。

步骤 09 继续单击【为指定地区城市设置运费】链接，然后单击在打开界面中的【未添加地区】后方的【编辑】按钮。

步骤 10 打开【选择区域】界面，选择目的地区域，然后单击【确定】按钮。

步骤 11 返回下图所示的界面，在运费数值框中设置指定区域的运费。

步骤 12 使用同样的方法，为其他地区设置相应运费。

步骤 13 设置完成后，选中EMS复选框。设置EMS的分区运费。设置完成后，效果如下图所示。

步骤 14 单击【保存并返回】按钮，完成按重量计算运费模板的设置。

3.2.3 删除和修改运费模板

运费模板设置完成后，用户还可对其进行修改和删除等操作。

例如，单击【我的申通快递模板（按重量）】后方的【删除】链接，可删除该模板。

单击【我的申通快递模板（按重量）】后方的【修改】链接，可打开修改界面对运费模板进行修改。

💡 **知识点滴**

单击【复制模板】链接，可以复制该模板。

3.3 管理图片空间

图片空间是淘宝网为卖家提供的一个图片存储空间，用户可将宝贝图片上传至图片空间中，在编辑宝贝描述时，可直接从图片空间插入宝贝图片。目前标准版的图片空间为用户提供30M的免费容量。

3.3.1 上传宝贝图片

用户在编辑宝贝描述前，可先将所需图片上传至图片空间中，上传完成后，在编辑宝贝描述时，就可以轻松插入图片空间中的宝贝图片了。

➤ 【例3-5】在图片空间中上传宝贝图片。

🎬 视频

步骤 **01** 登录淘宝网并进入卖家中心，单击左侧【店铺管理】分类下的【图片空间】链接，进入图片管理页面。

步骤 **02** 单击【上传图片】按钮，打开图片上传界面。

💡 **实战技巧**

该界面中为用户提供了两种上传图片的方式，【高速上传】和【普通上传】。要使用【高速上传】功能需要下载高速上传控件。

步骤 03 单击【下载安装控件】链接，开始下载控件。

步骤 04 下载完成后，双击安装程序，根据安装向导安装控件。

步骤 05 根据安装向导完成安装后，单击【完成】按钮，完成高速上传控件的安装。

步骤 06 此时，刷新网页并重新单击【上传图片】按钮，打开下图所示的【上传图片】界面。

步骤 07 在上传图片界面的【高速上传】区域单击【点击上传】按钮。

步骤 08 打开下图所示页面，选中要上传的图片，然后单击【选好了】按钮。

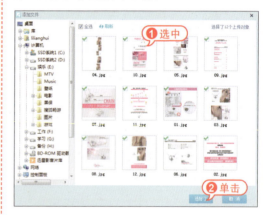

步骤 09 打开下图所示页面，然后单击【立即上传】按钮。

实战技巧

单击【还要添加】按钮，可以继续添加要上传的图片；选中【自动压缩以节省空间】复选框，可自动压缩图片；选中【压缩至淘宝推荐画质(节省空间画质优秀)】复选框，可在保证画质的前提下自动压缩图片。

步骤 10 开始上传选中的图片。

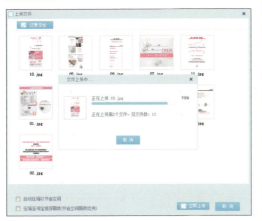

知识点滴

网速好的情况下，可以获得更快的上传速度。

步骤 11 上传完成后打开下图所示界面，单击【确定】按钮完成图片的上传。

步骤 12 返回图片空间首页，此时在图片空间中即可看到刚刚上传的图片。

3.3.2 新建分类文件夹

为了便于管理图片空间中的图片，用户可在图片空间中建立多个分类文件夹，以便于将图片分门别类进行存放。

【例3-6】在图片空间中新建一个文件夹，并将其命名为"精美饰品系列"，然后在该文件中建立"项链"子文件夹。▣·视频

步骤 01 登录淘宝网并进入卖家中心，单击左侧【店铺管理】分类下的【图片空间】链接，进入图片管理页面。

步骤 02 单击【新建文件夹】按钮，打开【新建文件夹】对话框。

步骤 03 在【请输入文件夹名称】文本框中输入新文件夹的名称"精美饰品系列"，然后单击【确定】按钮。

步骤 04 完成文件夹的创建后，在左侧列表中单击该文件夹名称，进入该文件夹界面。

步骤 05 在该文件夹界面中单击【新建文件夹】按钮。

步骤 06 打开下图所示对话框，在【请输入文件夹名称】文本框中输入新文件夹的名称"项链"，然后单击【确定】按钮。

步骤 07 此时完成文件夹和子文件夹的创建，效果如下图所示。

3.3.3　删除分类文件夹

对于不想使用的图片或文件夹，用户可将其删除，以节省图片空间。

在图片空间左侧的列表中右击要删除的文件夹，然后选择【删除】命令，打开提示对话框。

在提示对话框中单击【确定】按钮，即可将目标文件夹删除。

> **知识点滴**
>
> 选择【移动】命令，可以移动文件夹的位置，选择【重命名】命令，可以重命名文件夹。

3.3.4　移动图片

用户可将图片移动到相应的文件夹中以方便管理。

【例3-7】将例3-5中上传的图片移动到【项链】文件夹中。 ▶视频

步骤 01 登录淘宝网并进入卖家中心，单击左侧【店铺管理】分类下的【图片空间】链接，进入图片管理页面。

步骤 02 选中例3-5中上传的所有图片。

> **实战技巧**
>
> 按住Shift键依次单击图片，可选中多个图片。

步骤 03 单击【移动】按钮，打开【移动到】对话框。

步骤 04 在【移动到】对话框中选中【项链】文件夹，然后单击【确定】按钮。

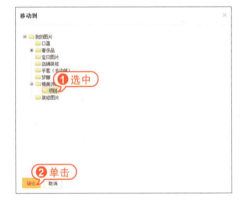

步骤 05 即可开始移动图片，移动完成后，打开【项链】文件夹，即可看到移动后的图片。

3.3.5 编辑宝贝图片

为了方便用户编辑图片，淘宝网图片空间自带了一个图片编辑工具，使用该工具可方便地编

辑图片。

【例3-8】使用图片空间自带的图片编辑工具，编辑宝贝图片。 视频

步骤 01 登录淘宝网，进入卖家中心，并进入图片空间。

步骤 02 在【百宝箱】下拉菜单中选择【美图秀秀】选项。

步骤 03 打开下图所示页面，单击【授权】按钮。

> 🅗 **知识点滴**
>
> 授权成功后，才可以使用美图秀秀来编辑宝贝图片。

步骤 04 授权成功后，自动打开下图所示界面，然后选择要编辑的图片。

步骤 05 选择完成后，单击【确定】按钮，打开图片。

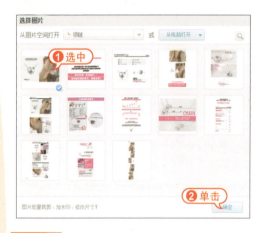

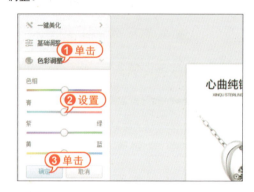

步骤 10 在【色彩调整】参数列表中可对图片的色彩进行调整，单击【确定】按钮，可完成调整。

步骤 06 单击【基础调整】按钮，展开【基础调整】参数列表。

步骤 07 在【基础调整】参数列表中可对图片的【亮度】、【对比度】、【色彩饱和度】和【清晰度】进行调整。

步骤 08 调整完成后，单击【确定】按钮，完成修改。

步骤 11 单击【旋转】按钮，打开【旋转】参数设置界面，在该界面中可对图片进行旋转操作。

步骤 12 单击【裁剪】按钮，打开【裁剪】参数设置界面，在该界面中可对图片进行裁剪操作。

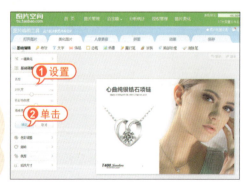

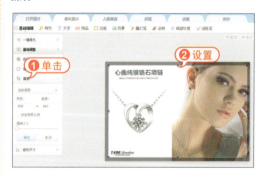

步骤 09 单击【色彩调整】按钮，展开【色彩调整】参数列表。

🖋 **实战技巧**

拖动图片四周的8个小圆点，可调整图片的裁剪范围。

步骤 13 全部编辑完成后，单击【保存】
按钮。

步骤 14 打开下图所示页面，在【选择分类】
下拉列表中选择要保存的位置，在【图片标题】
文本框中输入图片标题，然后单击【保存】
按钮。

步骤 15 打开下图所示对话框，单击【确定】
按钮，完成图片的保存操作。

3.4 开始发布宝贝

做好以上准备后，就可以在店铺中发布宝贝了，发布宝贝的方法很简单，卖家可以发布一口价商品、拍卖商品或者是个人闲置商品。

3.4.1 发布宝贝的方式

淘宝网为卖家提供了一口价、拍卖和个人闲置 3 种宝贝发布方式。

➋ 一口价是卖家以固定的价格出售宝贝，拍下价格即为成交价格。

➋ 拍卖是卖家出售宝贝时就设置宝贝起拍价、加价幅度，拍卖结束后的价格才为最终成交

价格。拍卖又分单件拍和荷兰拍。卖家需根据自己的情况来选择发布方式。

➋ 个人闲置是为了方便卖家发布二手闲置商品。该商品发布后会在淘宝二手市场出现。

3.4.2 发布一口价宝贝

当拥有淘宝网账户，准备好出售的宝贝资料后，就可以发布宝贝了。但没有通过支付宝实名认证的账户，无法发布全新宝贝，只能发布二手

与闲置宝贝。

【例3-9】在淘宝店铺中发布一口价宝贝。

🎬 视频

步骤 01 登录淘宝网，进入卖家中心，单击左侧【宝贝管理】分类下的【发布宝贝】链接，打开发布宝贝页面。

步骤 02 在打开的页面中，单击【一口价】标签，选择一口价的发布方式。

步骤 03 继续选择要发布商品所在的类目，然后单击【我已阅读以下规则，现在发布宝贝】按钮去发布宝贝。

步骤 04 在打开的【宝贝基本信息】页面中，选择【全新】宝贝类型。

步骤 05 在【宝贝属性】区域根据要求填写宝

贝基本信息，包括宝贝品牌、货号、链子材质、链子样式、图案和风格等。

步骤 06 向下拖动滚动条继续设置运费、宝贝标题、一口价和颜色分类等。

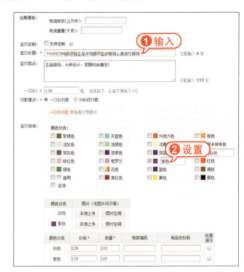

步骤 07 向下拖动滚动条，继续设置宝贝的【商家编码】参数。

步骤 08 接下来设置宝贝图片，单击【图片空间】标签，可直接从图片空间插入宝贝图片。

🖐 知识点滴

此处设置的是宝贝的主展示图片，图片长宽比一般为1:1。

步骤 09 向下拖动滚动条，可设置宝贝描述文字，单击【插入图片】按钮，可插入图片。

🖐 知识点滴

在宝贝描述区域，用户可直接从图片空间插入宝贝图片。

步骤 10 向下拖动滚动条，可设置宝贝的分类、运费模板和售后保障等信息。

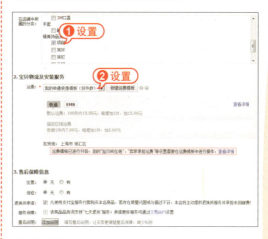

步骤 11 接下来可设置宝贝的上架时间和有效期等相关信息，设置完成后，单击【发布】按钮。

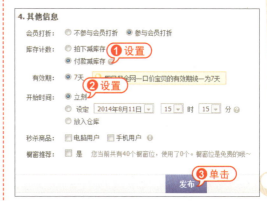

🖐 知识点滴

宝贝有效期是发布商品从开始到结束的时间。淘宝规则规定掌柜发布的商品有效期为7天，出售中的宝贝是无法修改宝贝有效期的，下架以后才可以更改。自2010年9月2日起，所有的卖家都享受自动上架功能，取消宝贝到期下架的功能，这给用户提供了极大的方便。

步骤 12 如果宝贝信息填写无误，即可成功发布宝贝。

3.4.3　发布二手与闲置宝贝

所谓二手宝贝，通常来说是旧的，用过的，或者说新买来又转让出去的，但有时也有特殊情况。例如，库存产品本来是全新的，但因为款式过时或其他原因，卖家也可能定为二手宝贝进行出售。

闲置宝贝是指卖家个人持有，由卖家自用或从未使用的闲置物品，不包括由专业卖家出售或者代售或其他商业性销售的物品。

要发布二手与闲置宝贝，可在宝贝发布页面单击【个人闲置】标签。

转至淘宝二手市场页面，在该页面中按照要求填写宝贝相关信息并发布即可。

3.4.4　发布拍卖宝贝

要发布拍卖宝贝，用户在宝贝发布页面单击【拍卖】标签，然后参照发布一口价宝贝的方法填写宝贝基本信息，最后进行发布即可。

3.5　管理店铺中的宝贝

店铺中上传了大量宝贝后，可以通过卖家中心的后台管理页面对宝贝进行管理，包括橱窗推荐、编辑宝贝、下架和上架宝贝等。

3.5.1　编辑宝贝

宝贝发布后，如果用户想更改宝贝信息，可重新编辑宝贝。

【例3-10】编辑店铺中已发布的宝贝。　视频

步骤 01 登录淘宝网，进入卖家中心，单击左侧【宝贝管理】分类下的【出售中的宝贝】链

接，打开出售中的宝贝列表界面。

步骤 02 单击要编辑的宝贝后方的【编辑宝贝】链接，进入宝贝编辑页面。

步骤 03 编辑完成后，单击【确认】按钮，可重新发布编辑后的宝贝。

3.5.2 下架宝贝

如果宝贝卖光了，或者暂时缺货，可将宝贝下架。

【例3-11】将店铺中缺货的宝贝下架。 视频

步骤 01 登录淘宝网，进入卖家中心，单击左侧【宝贝管理】分类下的【出售中的宝贝】链接，打开出售中的宝贝列表界面。

步骤 02 选中要下架的宝贝前方的复选框，然后单击【下架】按钮，即可将选中宝贝下架，下架后的宝贝将被存放在仓库中。

3.5.3 上架宝贝

仓库中的宝贝需要上架时，用户可将其重新上架销售。

【例3-12】将仓库中存放的宝贝重新上架。 视频

步骤 01 登录淘宝网，进入卖家中心，单击左侧【宝贝管理】分类下的【仓库中的宝贝】链接，打开仓库中的宝贝列表界面。

步骤 02 选中要上架的宝贝前方的复选框，然后单击【上架】按钮。

步骤 03 即可将选中的宝贝上架，上架后的宝贝将会出现在【出售中的宝贝】列表中。

3.5.4　使用宝贝体检中心

对于违规发布的宝贝，淘宝网会对卖家店铺进行处罚，卖家可通过宝贝体检中心来检测已发布宝贝是否违规。

登录淘宝网，进入卖家中心，单击左侧【宝贝管理】分类下的【体检中心】链接。

如果有违规宝贝，将在打开的页面中显示违规的宝贝，如果没有违规宝贝，将显示下图所示的页面，卖家可放心经营。

✋ 实战技巧

宝贝违规严重者可能会受到关店的处罚，因此系统会在宝贝发布一小时内进行检测，卖家应及时关注系统信息，以免遭受不必要的处罚。

单击【建议优化】按钮，系统会自动列出需要优化的宝贝信息。如果没有需要优化的宝贝，将显示下图所示信息。

3.6　掌握宝贝发布小技巧

在淘宝网发布宝贝后，怎样才能让自己的宝贝被买家搜索到？怎样才能让自己店铺中的宝贝在网上最大概率地展示出来呢？这就是本节要讲的内容——宝贝发布小技巧。

3.6.1　合理安排上架时间

很多开网店的新手总会认为新商品的上架时间越早越好，商品一到货，就迫不及待地发布商品。其实不然，很多有经验的卖家另有妙招，他们的成功经验就是：选对商品发布时间，才能让买家第一时间搜到你的商品。要选对商品发布时间必须做到以下几点。

1. 熟悉淘宝的搜索时间排序

有过淘宝购物经验的人都知道，在淘宝网搜索商品时，淘宝网会根据商品的上架时间来进行排序，商品离下架时间越近，排的位置就越靠前。也就是说剩余时间越短，商品就越靠前，越容易

被买家看到。

了解到淘宝网店搜索时间排序后，就应该学会充分利用这种时间排序来优化自己的宝贝排名。

实战技巧

对于新手卖家来说，到货的商品不要同时发布，最好分几次发布，因为如果同时发布商品的话，一个星期就只有一天排在最前面，如果分隔几天发布就不同了，那样一来一个星期商品就会有多次排名靠前的机会。

2. 抓住商品发布的黄金时段

买家上网也是有黄金时间段的，只有抓住这个黄金时间段发布商品，才能够增加商品的"曝光率"，从而提高成交量。因此，要正确把握商品发布时间，还要考虑到在什么时候上网的人最多。

据统计，一天中上网人数最多的时段是 10:00—11:30、15:00—17:30 和 19:30—22:00，这几段时间非常重要，在这期间上网的人最多，所以发布商品信息一定要在这些黄金时间段。这样在人最多的时候，你的商品浏览量就会提高，从而带动成交量的增加。

即便是抓住黄金时间发布商品信息，为达到最佳的效果，在具体操作中，还要注意在黄金时

间段内，也要每隔半小时左右发布新商品。这样做的原因是为了避免同时发布造成的同时消失。如果隔天来发布，那么在整个黄金时间段内，都有商品获得排名靠前的机会，这样当然可以为网店带来可观的浏览量。

当然最难做到的就是每天都坚持在黄金时间段内发布新商品，这要求掌柜不仅有充分的时间，而且还要有足够的商品支持自己这么做。这样做以后，每天都有新商品上架，那么一周后也就每天都有商品下架，周而复始可形成良性循环。

知识点滴

对于那些商品数量巨大的卖家来说，还可以在其他更多时间段发布，只要卖家坚持下来每天这样做，那么每天的黄金时间段内都会有自己商品获得最佳排名。这样一来，浏览量想不暴增都难。

3.6.2 使用橱窗推荐功能

橱窗推荐位是淘宝卖家的特色功能，是淘宝免费提供给卖家展示/推荐宝贝的位置之一。合理利用这些橱窗推荐位，将大大提高宝贝点击率。

简单来说就是，假如卖家有 100 件宝贝，那么在浏览的类别里，只有 15 个能被展示出来，而买家如果想看卖家店里更多的宝贝，则需要进到卖家的店铺进行查看。

和现实生活中实体店铺的道理一样，每个店铺都有一个橱窗来展示自己店里的好东西，以留住买家。所以充分利用橱窗，是吸引买家的关键。

【例3-13】将选中的宝贝设置为橱窗推荐。

视频

步骤 01 登录淘宝网，进入卖家中心，单击左侧【宝贝管理】分类下的【出售中的宝贝】链接，打开【出售中的宝贝】列表界面。

步骤 02 选中要推荐的宝贝前方的复选框，然后单击【橱窗推荐】按钮。

步骤 03 即可将该宝贝设置为橱窗推荐宝贝。

3.7 宝贝定价的"艺术"

宝贝的定价是淘宝交易时买卖双方都最为关注的焦点，买方希望价廉物美，卖方则希望利润最大化，交易的成功最终是建立在双方平衡点之上。所以对于卖家而言，在定价时做一些艺术处理就显得非常重要了。掌握这方面技巧，既可以使卖家保证利润，又能让买家觉得实惠。

3.7.1 定价的常用方法

定价的方法主要有成本导向定价法、竞争导向定价法和数字美学定价法3种。

1. 成本导向定价法

成本导向定价法是最常见也最普通的一种定价方法，如果用公式来表达就是：成本＋利润＝价格。

成本导向定价方法的本质就是以进货成本为依据，加上期望利润值来确定所出售商品的价格。

譬如某件商品成本为 20 元，卖家想赚 10 元，那么就要定价 30 元。因此如果某个商品以"零利润"的口号进行宣传，那么就应该意味着卖家将要放弃"利润"这一部分。

在成本导向定价法中，成本并不等同于商品的进货价格，还应该包括店铺运营成本，虽然淘宝店铺在运营成本这方面已经较实体店省了不少，但是店铺装修费用、购买服务费用、雇佣的

小二工资等都是应该均摊到成本中。

2. 竞争导向定价法

竞争导向定价法就是参考同类商品的定价来确定定价。例如，销售耳机的卖家打开淘宝搜索榜，在搜索相同型号的耳机之后，发现别人的销售价格是 565 元，那么该卖家稍微降低一点价格，定销售价格为 558 元，就会更具有竞争力。

实战技巧

当然，竞争导向定价法的使用和各个店铺的具体情况有关，所以建议用户综合考虑个人成本以及售后服务、运费等多方面因素的影响后，再按此方法进行定价。

3. 数字美学定价法

根据研究发现，在生意兴隆的商场中商品的定价所用的数字，按照其使用的频率排序，先后依次是 5、8、0、3、6、9、2、4、7、1。这种现象不是偶然的，究其根源是顾客消费心理作用，而这种心理与"数字美学"有很大关系。

带有弧形线条的数字，如 5、8、0、3、6 就容易被顾客接受；而不带有弧形线条的数字，如 1、7、4 等相比较而言就不太受欢迎。

另外，数字美学也受到国情的影响。例如，在我国很多人会喜欢 8 这个数字，并认为该数字可以带来财运；4 字因为与"死"同音，所以被

忌讳；250 这样的数字由于让人不太愉快，所以消费者也不喜欢。

3.7.2 定价的技巧

定价技巧是卖家在价格定位时需要掌握的重要窍门，技巧应用得当，可以让卖家在保证原有价格和利润的基础上照样获得消费者的青睐。

1. 分割定价法

分割定价法是一个比较实用的定价技巧，这个方法其实属于一种心理策略，可以造成买家在心理上的价格便宜感。举个例子：有一批茶叶每公斤 10 元钱，那么卖家报价的时候报成每 50 克 0.5 元，消费者就比较容易被吸引。

在淘宝网中，运用分割定价法的商品本身大多也可以被"分割"，主要以食品、化妆品等消耗商品为主。

如下图所示的店铺页面中，大多数的食品只标注了品名和价格（而且是特价），并没有标注单位重量。

在店铺页面中如此低廉的价格再配以诱人的食品图片，已经可以激起买家的消费欲了，卖家这方面的阶段性目的已经达到。接下来，有兴趣的买家自然会单击图片或者文字链接查看具体的商品情况。

如下图所示，用户可以注意到其实这种食品的价格是每 250 克售价 9.90 元，并不是传统的

"每斤 XX 元"的模式。此时虽然买家已经恍然大悟，但是在查看宝贝的过程中如果依然觉得宝贝很好，最终也会拍下。

值得注意的是，这里卖家用的是 250 克。这也是一种非常聪明的数字运用，相比 0.25 千克、半斤等，这个数字要显得大得多。总之，使用分割定价法的原则就是：运用数字换算，让表示价格的数字尽可能看起来小，让表示分量的数字则尽可能看起来大。

知识点滴

分割定价法的适用范围是有限的，如服装、鞋帽等商品就无法使用。另外，在某个宝贝的具体标题中还是应该将宝贝的具体单位描述清楚，否则给买家留下不诚信的印象就适得其反了。

2. 非整数定价法

人们去商场购物的时候会发现很多商品的价格都不是整数，如 96.9 元、98.8 元等，其实这都是商家的故意所为。经过研究发现，非整数的定价更能够激起消费者的购买欲望，消费者总是在心理上有带零头的价格比整数价格要低的感觉。作为淘宝店家，为了迎合消费者的购物心理，在定价的时候也不妨多采用非整数。

如下图所示的连裤袜，定价为每双 26.98 元，可以让消费者在心理上感觉这个价格不是随便定的，而是经过仔细计算得到的，从而对卖家的价格更信赖。

实战技巧

在使用非整数定价法时，面对 100 元、1000 元这样的大整数时，应该尽可能向下降一些使价格低一位。99 元和 101 元虽然仅相差两元，但给消费者的感觉就会完全不同。当然，实际使用的时候卖家应该充分考虑到实际利润问题，如果已经是零利润销售了，也没有必要为了突出价格而做亏本买卖。

3. 特价促销法

适当在店铺中使用特价商品进行促销是一个不错的办法，可以利用消费者喜欢贪小便宜的心理，事先将某些宝贝的价格定得非常低作为特价品。如下图所示的就是一个价格很低的手机保护壳。

这个价格是非常低的，在搜索榜上很有竞争力，但如果消费者只买这一个宝贝的话就会觉得很不合算。为什么呢？因为宝贝价格只有 2.30

元，而快递费就要 6 元！这时，卖家可适时地在宝贝下面再提供一些其他宝贝的图片链接。

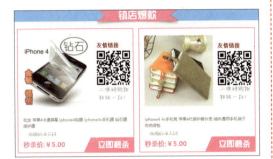

实战技巧

在使用淘宝旺旺与客户交流的时候，也可以贴心建议买家多买几样，如果店铺能够提供"买XX件商品包邮"、"满XX元包邮"等服务的话就更好了。如此一来，通过一个特价商品，卖家打开了一条成交之路。

4. 安全保守法

如果卖家对商品的定价还没什么经验，实在不知道怎样定价的时候，那么可以搜索淘宝网上其他的同类卖家，看看他们的定价如何，自己取一个比中间值稍低的价格作为定价。

这样做的好处是比较安全，卖家可以省些心，最终也可以获得一个比较平均的利润。这种方法适合那些价格比较稳定、不太容易浮动的商品。

5. 分级定价法

在为商品定价的时候，应该首先考虑到消费者的承受能力。作为一个聪明的卖家，应该可以

根据消费者的购买能力将商品分为高、中、低 3 个档次，这样可以使每一个消费者到店铺中都能够产生"总有一款适合您"的贴心感觉。

在具体操作中，卖家可以首先考虑各类顾客的需求，再结合销量情况来对商品进行分类，然后再为产品定价。

知识点滴

不要害怕高价会将买家吓跑，商品价格是否合理取决于消费者是否可以接受。只要消费者可以接受，再高的价格也没有问题。

3.7.3 高价定位与低价定位法则

商品的定价大有学问，如果定价太低，容易让买家对商品的质量产生怀疑，由于买家看不到实物，过低的定价会让买家以为便宜没好货，害怕上当受骗。另外，过低的定价也会导致商品的利润变低，对卖家来说无利可图。表面看上去店铺生意兴隆，实际则是亏损严重。

反之，如果商品定价太高，虽然利润有了保证，但是却有可能吓跑顾客，得不偿失。卖家不仅难以获得期望的利润，而且不利于打开市场。消费者一定会货比三家，再三考虑才会做出购买决定。没有成交量的店铺，即使商品价格再高，也难以赚到钱，最稳妥的办法就是将商品的价格定到适中。

1. 高价定位法则

高价定位法则主要是针对一些买家攀高的心理实施的。采用高价策略，将商品价格定得很高，以便在短期内获取尽可能多的利润。同时高价格还可以满足买家求新、求异和求品味的心理。

实施高价定位法则可从以下几个方面进行考虑。

● 买家高度决定的高价定位。许多买家会追求自己独占某些奢侈品，所以某些情况下高价

位也是增加需求的重要因素之一，而降价则会导致需求的下降，因为降价意味着商品拥有者社会地位的降低。因此当店铺的目标买家是上流社会人士时，必须高价定位商品。

▶ 商品品质决定的高价定位。在商品的价格与需求关系中存在着一种便宜没好货的效应，消费者通常把高价看成是优质商品和优质服务的标志，因而在商品价格较高的情况下，也能起到刺激和提高需求的效果。很多情况下，消费者都会以"一分价钱一分货"、"好货不便宜，便宜没好货"的观念去判断商品的质量，因此高价也可让消费者产生高级商品、优质商品的印象。

▶ 服务水平决定的高价定位。就像商品的高价位能体现商品的高品质一样，高价位也能体现高水平的服务。对于以高价定位的店铺，除了要时刻关注消费者对商品的反应，不断提高商品质量，增加商品功能外，还要提高服务水平，增强消费者对商品使用的安全感和依赖感。另外高价位提供的高水平服务也能满足一些消费者的需求。

> **知识点滴**
>
> 采用高价定位策略时要十分慎重，只有具有独特功能、独占市场、仿制困难且需求弹性小的商品，才能在较长时间内保持高价，为卖家带来利润，否则价格太高会失去买家。

2. 低价定位法则

现在许多商家都在采用低价定位法则，低价定位法则总强调把价格定得低于正常价格，但高于其竞争对手大打折扣后的价格。

最成功的零售商沃尔玛就是使用的这一低价策略。低价位定价法则在通常情况下是非常有竞争力的。但是并非"价格低廉"就一定好销售。这是因为过于低廉的价格会造成对商品质量和性能的"不信任感"和"不安全感"。买家会认为，"那么便宜的商品，恐怕很难达到想象的质量水平，性能也未必好"。

因此要运用好低价定位法则需做到以下几点。

▶ 进货成本低，业务经营费用低。低费用才能支撑低价格。

▶ 存货周转速度快。所有商品都能被卖掉，经常降价尽管使得利润受损，但商家可以尽快把商品销售出去。

▶ 顾客对商品的性能和质量很熟悉，价格便宜会使顾客大量购买。例如，日常生活用品、食品等。

▶ 能够向顾客充分说明价格便宜的理由，让顾客产生信赖感。

▶ 商店必须在顾客心目中享有较高的信誉，不会有经营假冒伪劣商品之嫌。

3.7.4 商品涨价的技巧

很多店主都希望商品价格能维持现状，尽量少涨价，因为涨价必定会在一定程度上影响商品的销量。但是当买家熟悉的商品采购成本上涨时，如果销售价格不涨，反而会觉得不可思议，这时买家就会怀疑商品质量是否存在问题，从而影响购买。

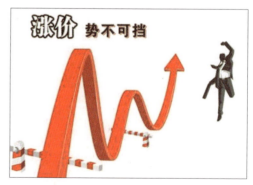

商品涨价的方法很多，作为店主不能过于害怕商品涨价，要在营销中做到即使商品涨价也不会遭到买家反对，还会吸引买家上门，这就必须针对不同时期、不同商品以及不同买家的心理，采取适当的提价技巧。

1. 公开采购成本

当商品的采购成本上涨时，必须要提高商品的售价。为了减轻买家的抵触心理，可以将商品的采购成本适当地向买家公布，说服买家接受商品涨价的事实。

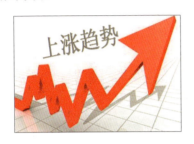

2. 部分商品不涨价

商品涨价时，可选择部分商品涨价，部分商品不涨价。因为商品全部涨价容易遭到买家抵制。对于部分涨价的商品，随着时间的推移，买家会对原来无法接受的价格逐步适应，销售量也会逐渐稳步上升。

3. 选择适当的涨价时机

涨价要抓住适当的时机，错过了这个时机，价格就难以提高了。概括来说，涨价的最佳时机有以下几个。

> 当买家知道商品采购成本上涨时。

> 季节性商品换季时，如冬季商品换成春季商品时。

> 年度交替时。

> 传统节日或传统习俗时期。

知识点滴

以上几种情形，买家对商品价格的关注度较低，对商品本身的关注度更高，这时涨价不容易遭到买家抵触。

4. 注意涨价幅度

在购买商品时，买家一般对商品涨价的原因不感兴趣，只关心上涨后的价格是否和自己的心理价位接近，因此当需要调整的商品价格幅度较大时，可采取分段调整的方法，一次涨价的幅度不宜过大。

从经济学角度看，一次涨价的幅度不宜超过10%。

3.7.5 商品降价的技巧

降价又可称为商品特卖、打折销售、让利酬宾、折扣优惠等，是商家使用最频繁的促销方式之一，也是影响消费者购物最重要的因素之一。

降价看上去很简单，但有的商家运用起来从中获益，有的却受到损害。降价已成为营销战中的一把双刃剑，它可以克敌，也有可能伤己。因此，有必要对降价的规律和技巧，进行深入分析和研究。

1. 降价要师出有名

在商品降价前，要巧立名目找出一个合适的降价理由，不能让顾客认为是商品卖不出去或质量不好才降价。通常来说，商品降价有以下几个常见理由。

> 季节性降价。

> 重大节日降价酬宾。

> 商家庆典活动降价。例如，新店开张、开业一周年、开业100天、销售突破若干万元或若干万件等，都可以成为降价的理由。

> 特殊原因降价。例如，实体店拆迁、网店改变经营方向等。

知识点滴

有的商家虽然一年四季降价不断，但每次都是名正言顺，事出有因，降价次数虽然多了点，但也没有损害商家或商品形象。

实战技巧

有的商家打出的降价招牌上写着"清仓大甩卖"、"降价处理"等给人不良印象的字眼，次数多了就容易有损商店形象，给人一个卖廉价处理商品的低档商店的印象。因此即使降价，也应尽量使用"折扣优惠价"、"商品特卖"、"让利酬宾"等给人较好印象的字眼。

2. 控制好成本

网上开店的目的就是要把商品推销出去，最大限度地占有市场，增加商品的销量和市场占有率，同时尽可能多地赚取利润。影响赚钱的因素很多，其中成本因素很重要。因此，在降价营销时不能盲目降价，应该在考虑商品成本的基础上进行适当的降价促销。

3. 控制好降价幅度

降价幅度对销售的效果会产生重大影响，根据以往的经验，降价幅度在 5% 以下时，几乎没有促销效果，降价幅度至少要在 10% ～ 20% 才会产生明显的促销效果。但是降价幅度超过 40% 时，必须向消费者说明大幅降价的理由，否则消费者会怀疑这是假冒伪劣商品而不敢购买。

4. 降价要取信于民

信誉好的商场降价顾客信得过，信誉不好的商场降价顾客信不过，所以在现实中不同的商家同样搞降价促销，效果也会大不相同。

另外，知名度高、市场占有率高的商品降价的促销效果好；知名度低、市场占有率低的商品降价促销效果差。

5. 降价的几个小技巧

在降价的操作技巧上，要注意以下问题。

▶ 一家店铺中少数几种商品大幅度降价，比很多种商品小幅度降价促销效果好。

▶ 把降价文字直接放置在宝贝图片上，最能吸引消费者立刻购买。

▶ 在降价广告上，应注明降价前后的两种价格或标明降价金额和幅度。

▶ 消费者购物心理有时候是"买涨不买落"。当价格下降时，他们还持币观望，等待更大幅度的降价。当价格上涨时，反而纷纷购买，形成抢购风潮。因此商家要把握时机利用消费者这种"买涨不买落"的心理，来促销自己的商品。

▶ 有的店铺在广告中宣布全部商品一律5 ～ 9 折，但实际上只有几种商品打 5 折，其他全部 9 折，以此来吸引顾客光临。

▶ 有的店铺先提价，再打折，实际上没有降价，而是涨了价。但广告中仍以降价招揽顾客。

▶ 有的店铺在降价海报中说"原价 X 元"。这种所谓的"原价"，有可能是过去使用过的最高价格，也可能在极少数顾客中卖过的价格。以这种最高价作为降价的基础，降价的幅度当然会很大。

▶ 有的店铺不说明原价是多少，也不说明降价幅度是多少，只在降价标签上写道"今日降价至 9.98 元"，而昨天的价格可能是 10 元，仅仅降了 2 分钱，但消费者看了他们的降价标签却可能认为原价较高，自己得到了较大优惠。

▶ 有的店铺利用顾客市场信息不灵，把自己不是最低的价格说成是全网最低价，或把自己的商品价格说成是出厂价，以此来吸引顾客购买。

▶ 有的店铺对降价商品实行"不二价"，并把写有"还价免言"的字眼写在商品图片上，或规定降价商品售出后一律不准退换。很多消费者也糊里糊涂地认为：商品没有打折时可以讨价还价，打折后就不好再"杀"价了，或认为降价商品既然商家已经打了折，不能退换也是合情合理的。

3.8 进阶练习

本章主要介绍了如何在店铺中发布宝贝和宝贝发布的小技巧，本次进阶练习通过几个具体实例来使读者进一步巩固本章所学的内容。

3.8.1 设置默认水印样式

淘宝网图片空间提供了自动添加水印的功能，用户可使用该功能为图片自动添加水印。在使用该功能前，用户应先设置一个统一的默认水印样式。

【例3-14】设置默认水印样式。 视频

步骤 01 登录淘宝网并进入卖家中心，单击左侧【店铺管理】分类下的【图片空间】链接，进入图片管理页面。

步骤 02 选择【百宝箱】|【设置水印】命令，打开水印参数设置界面。

步骤 03 用户可设置文字水印和图片水印两种水印方式。

步骤 04 本例打开【添加文字水印】标签，在【水印文字】文本框中输入要添加的水印文字，接下来可分别设置水印的字体、字号、透明度、样式和颜色等参数。

步骤 05 使用鼠标拖动水印文字，可设置水印在图片中的位置。

步骤 06 设置完成后，单击【保存】按钮，可保存设置的水印。

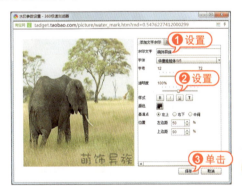

知识点滴

打开【添加图片水印】选项卡，可上传一张图片作为图片水印；打开【水印开关】选项卡，选中【开启】复选框，可自动为上传的图片添加水印。

3.8.2 删除宝贝

对于宝贝描述信息严重错误或者店铺以后都不再出售的宝贝，用户可将其删除，以优化宝贝存储空间。

【例3-15】删除不需要的宝贝。 ▶视频

步骤 01 登录淘宝网并进入卖家中心,单击左侧【店铺管理】分类下的【出售中的宝贝】链接,进入出售中的宝贝界面。

步骤 02 选中要删除的宝贝前方的复选框,然后单击【删除】按钮。

步骤 03 打开确认对话框,单击【确定】按钮,即可将选定宝贝删除。

3.8.3 设置橱窗宝贝排序方式

对于橱窗推荐的宝贝,用户可根据需要设置其排序方式。

【例3-16】设置橱窗推荐宝贝的排序方式。 ▶视频

步骤 01 登录淘宝网并进入卖家中心,单击左侧【店铺管理】分类下的【出售中的宝贝】链接,进入出售中的宝贝界面。

步骤 02 单击【橱窗推荐】按钮右侧的下拉按钮,选择【橱窗设置】命令。

步骤 03 打开【橱窗设置】对话框,在【宝贝推荐顺序】下拉列表框中选择宝贝排序方式,本例选择【按人气】选项,选择完成后,单击【确定】按钮,完成设置。

专家答疑

>> 问:发布了宝贝,为什么店铺中却没有显示?

答:在发布宝贝后,可以查看到宝贝的信息,由于宝贝发布有滞后现象,需要过一段时间才能显示,但时间不会太长,通常会在30分钟左右。

>> 问:什么是广告商品?

答:广告商品是商品描述不详、无实际商品、仅提供发布者联系方式以及非商品信息的商品。广告商品被系统识别后会立即降权,并直到修改正确后才会取消处罚。广告商品包括已出售或仅供欣赏的商品,或信息中出现"拍前请询问价格后才能购买"或"不询问就拍下不发货"等字样的商品等。

>> 问:什么是滞销商品?该如何处理滞销宝贝?

答:宝贝首次上架时间超过90天且最近3个月内没有卖出过任何一件,该类宝贝将被划分为滞销商品。滞销商品不会进入搜索库,使用全标题无法搜索到。

如果卖家觉得这些滞销商品中，有的商品还想继续出售，建议卖家重新编辑这些宝贝后发布。如果卖家觉得这些商品没用了，也不想再继续销售了，可以选择删除。如果卖家很忙，暂时没有时间仔细打理这些滞销商品，那么可以暂时放着不动它，等有时间了再去打理。但滞销商品如果不重新编辑，是无法被搜索到的，也就是说这些滞销商品将无法在搜索结果里展现。所以为了店铺商品能更多地被展现，为了宝贝能更好地出售，建议多抽时间打理滞销宝贝。

问：发布宝贝时有哪些注意事项？

答：发布商品时要注意以下 4 个方面。

⟩ 商品规格。在发布商品的时候，若只选择一张单纯的照片，就算能拍出很漂亮的效果也是不够的。此外还要详细注明商品的产品规格、邮资费用、换货条件等相关信息。

⟩ 产品照片。为了使顾客能够直观地了解商品，上传一些漂亮的商品照片是十分必要的。需要注意的是，产品的照片是为了让买家直观地了解产品而不仅仅是为了吸引眼球，因此，照片一定要真实，不然会让买家在收到货后有被欺骗的感觉。

⟩ 邮资费用。填写邮资时切不可因压低商品价格而抬高邮资，这样会流失大量的客户。

⟩ 发布时间。买家通常在搜索商品的时候都是先看快到期下架的商品，越快下架的商品越排在前面，也就越容易被买家搜到。因此，设定上架时间为 7 天，并且每天都要有新货上架，这样就表示每天都有商品下架了。每天的早上 10:00—11:30、下午的 2:00—5:00 与晚上的 8:00—10:00，这 3 个时间段是每天网购的高峰期，如果这 3 个时间段都有商品下架，可以大幅度提高商品被搜索到的概率。

问：如何查看图片空间的容量？

答：登录淘宝网并进入卖家中心，单击左侧【店铺管理】分类下的【图片空间】链接，进入图片管理页面。单击【首页】按钮，即可查看图片空间的容量以及使用情况。

问：哪些闲置物品适合出售？

答：闲置商品是指卖家个人持有，由卖家自用或从未使用的闲置物品，不包括由专业卖家出售、代售或其他商业性销售的物品。由于没有压货的风险，也不用考虑物品的成本，有什么卖什么，将其放在网上出售，物尽其用，是一个不错的选择。然而，闲置物品通常也会因为其款式过时或已落伍、品质无法保证、不能退换货等缘由而很难销售出去。通常，适合出售的闲置物品一般有以下几类。

⟩ 物品不能过于陈旧的，最好是完好无损的。

⟩ 有艺术性和观赏性的，具有收藏价值的，如一些字画、雕塑、摆设和纪念品等。

⟩ 闲置书籍，这类商品主要以价格取胜。

⟩ 使用率不高的婴儿用品，如婴儿车、婴儿床等。

⟩ 名牌服饰、包包、香水、化妆品等国内很难买到的高档奢侈品。

总体来说，可供出售的二手闲置物品很多，但无论是哪类物品，二手物品在功能和品质上都无法与一般的商品相提并论。因此，卖家要想靠卖闲置物品来赚钱，就必须确保物品具有一定的卖点和价值。

» 问：如何更改宝贝分类？

答：要更改宝贝分类，可先登录淘宝网并进入卖家中心，单击左侧【店铺管理】分类下的【宝贝分类管理】链接，进入宝贝分类管理页面。单击【宝贝管理】按钮，打开宝贝分类管理页面，选中要更改分类的宝贝名称前方的复选框，然后单击【批量分类】下拉按钮，在打开的界面中选择宝贝的新分类，然后单击【应用】按钮，即可成功更改宝贝分类。

读书笔记

第4章

赚钱攻略之写好宝贝描述

对应光盘视频

例4-1 为图片添加边框
例4-2 制作多图组合图形

宝贝描述是买家获得商品属性信息的重要来源，顾客买不买店里的宝贝，在很大程度上也取决于宝贝的描述是不是具有足够的吸引力。因此，宝贝描述对于淘宝店铺来说至关重要。本章主要介绍如何写好宝贝描述。

4.1 宝贝描述的整体原则

在编写宝贝描述时，要注意两个总体原则：一是要有流畅的文字叙述；二是要有一个正确清晰的整体结构。

4.1.1 流畅的文字描述

要写好宝贝描述，需要注意以下几个方面的问题。

▶ 描述语句要符合基本语法。

▶ 错别字会让顾客觉得店主粗心或者是对顾客不尊重，应尽量避免错别字。

▶ 文字叙述要有亲和力，不能太生硬。

▶ 一定要有欢迎词。

▶ 可以通过编辑器设置文字的大小、颜色和粗细等属性。

▶ 文字大小的设置以2～3种为宜，不易太多而显得杂乱。

▶ 多用自己的话来进行文字表达，不要抄袭他人文字。

▶ 文字叙述应尽量准确，避免产生歧义，增加顾客疑虑。

▶ 对顾客要使用尊称。

▶ 介绍宝贝的语言应尽量准确和精细，产品的细腻的文字叙述是打动顾客心理和情感的重要因素。

卖家可以根据店铺的特点和自己的文字组织能力来灵活变化文字描述。总的来说，文字描述可分为以下几大类。

文字特点	示例(泰迪熊毛绒玩具)
实用型	这款泰迪熊毛绒玩具造型逼真可爱、触感柔软、不怕挤压、方便清洗，既可当做小孩玩具，也可用做房屋装饰，更是馈赠佳品。
情感型	2013年林嘉欣大抱熊是送给女朋友的最佳礼物，无论是哪天收到这个可爱精致的大熊熊，您的她都会甜蜜蜜的哟，让你们的爱情长长久久、幸福永伴！

(续表)

文字特点	示例(泰迪熊毛绒玩具)
技术型	设计师采用了米白色、浅棕色和深棕色三种超柔材料，对熊熊轮廓的把握极为精准，把熊熊憨厚、温顺和可爱的特点发挥到了最佳状态！同时熊熊做工精湛，相信一定会带给您不一样的感觉！
热闹型	情人节要来啦！火热预定中……
朴实型	这是一款可爱的毛绒玩具，无论是大人还是小孩，都会喜欢。
引导型	只要你一看到它、摸到它、抱到它，你就一定会爱不释手。
俏皮型	哥哥姐姐们，我好孤单，快来带我回家吧！我很乖的哦，求包养！

4.1.2 正确清晰的整体结构

文字写好了，图片也做好了，那么怎么才能把它们有机地结合在一起呢？这就需要有一个正确清晰的整体结构布局。

在宝贝描述中，图片与文字穿插结合，可以形成良好的叙述效果。另外，图文结合应注意保持图文整齐，不杂乱；图片使用统一规格，不要出现左右错位或大小不一的情况。

一般来说，一个完整的宝贝描述包括以下层次结构：欢迎词→宝贝描述图文→关于宝贝的补充说明→优惠说明→运费及快递说明→售后服务说明→联系方式。

在撰写宝贝描述时，要多参考成功店铺的优秀描述，为自己寻找灵感。

4.2　优化宝贝标题

在淘宝网，影响淘宝站内搜索结果排名的诸多因素中，宝贝标题绝对是最重要的一个因素。对于卖家来说要想让自己的宝贝被买家搜到，写好宝贝标题是关键的一步。本节就来介绍如何优化宝贝标题。

4.2.1　宝贝标题的最佳组合方式

淘宝网每天都会有大量商品上架，想要提高自己商品的成交量，首先要让自己的商品脱颖而出。而买家要想在众多商品中尽快找到自己想要的商品，一定会使用关键字进行搜索。

在淘宝网以"发卡"为关键字进行搜索，所有名称里包含"发卡"两个字的商品都会出现在搜索结果里。

因此，商品名称里一定要有对商品属性的简单描述。例如，需要购买羽绒服的买家一定会用到"羽绒服"这个关键字，需要购买牛仔裤的买家会输入"牛仔裤"来搜索商品。

商品关键字的设定，直接影响商品的浏览量，进而影响商品的成交量。商品的关键字组合主要有以下几种方式。

- ▶ 品牌、型号+商品关键字。
- ▶ 促销、特性、形容词+商品关键字。
- ▶ 地域特点+品牌、型号+商品关键字。
- ▶ 品牌、型号+促销、特性、形容词+商品关键字。
- ▶ 店铺名称+地域特点+商品关键字。
- ▶ 品牌+促销、特性、形容词+商品关键字。
- ▶ 信用级别、好评率+店铺名称+促销、特性、形容词+商品关键字。

> **知识点滴**
>
> 这些组合无论如何变化，一定包含商品关键字，因为买家在搜索时首先使用的就是商品关键字。在这个基础上再增加其他关键字，可以使商品在搜索时得到更多的入选机会。至于选择什么关键字来组合最好，需要我们通过分析市场、商品竞争程度和目标消费群体的搜索习惯来最终确定，从而找到最合适的组合方式。

4.2.2　注意宝贝标题的使用禁忌

宝贝的标题关键字是不能乱用的。淘宝网对宝贝命名有很多规则，如果违反了这些规则，宝贝就会被删除甚至受到处罚。所以，在研究宝贝名称之前一定要去了解、熟悉、理解相关的规则。本节来介绍比较重要的对标题优化不利的6个要素。

▶ 关键词堆砌。有的卖家在一个宝贝标题中放上好几个同类的关键词。例如，卖靴子的，有靴子、长靴、长筒靴、高筒靴、雪地靴、平跟靴、平底靴，这样的堆砌效果往往会适得其反，因此标题关键词要注意一个度，切忌不要过分去用。

▶ 滥用符号。关键词用符号括起来会导致宝贝在淘宝的搜索结果中权重下降。

▶ 重复标题。新开店铺里同质商品比较多，几十个宝贝标题都一样，有的卖家标题都是直接复制粘贴的，还有人说标题半年都没改过，这些都是对标题优化不利的。

▶ 触犯淘宝禁区。指的是标题中不要出现山寨、高仿以及其他禁用词语。

▶ 滥用品牌词。例如，宝贝卖的不是耐克、阿迪达斯，标题出现耐克、阿迪达斯。

▶ 注意敏感词。不要混淆著名品牌，如XX同款、类似XX等。

4.2.3 让宝贝标题更吸引人

淘宝网对宝贝标题的字数是有限制的，一般在30个汉字(60个字符)以内。在成百上千的搜索结果中，也许你的宝贝很便宜，质量很好，宝贝描述也是精心设计的，但是，如果宝贝标题不吸引人，其他的一切就完全失去了意义。

在编写宝贝标题时，最重要的就是要把产品的核心卖点用精炼的语言表达出来。可以列出1～5个卖点，然后选择最重要的3个，想方设法将它们融入宝贝标题中。

要把宝贝的竞争优势、特色和卖点融入宝贝标题中。只有切中买家所想，让买家动心，才能产生效果。下面来介绍撰写具有吸引力的宝贝标题的注意事项。

▶ 只有确实需要的东西，买家才会购买，所以宝贝标题不要让人产生误解，应该简明、准确，让买家一目了然。一个完整、全面的标题能够让买家清晰地解读宝贝，而且宝贝也更容易被

搜索到。

▶ 吸引消费者眼球的感官词的使用也是有技巧的。如果是皇冠店铺，或者店铺信誉比较高，就可以使用类似"皇冠信誉"、"百分百好评"等关键字。新手也可以使用"特价"、"促销"、"超值"和"新品上市"等关键字。另外还可以使用一些具有煽动性的感官词，如"疯抢"、"月销万件"、"限量"、"限时""热销"、"明星推荐"、"淘宝销售冠军"、"镇店之宝"、"亏本热卖"、"秒杀包邮"和"保证100%正品"等。用好这些能够调动人情绪的关键字，对提高店铺的成交量是非常有帮助的。

▶ 除非店铺名和品牌名一样，不然就不要把店铺名或者关于店铺的描述放在宝贝标题中。因为宝贝标题只是介绍产品，所以没有必要让店铺的名字占用宝贵的标题字数。

4.2.4 选择宝贝关键字的技巧

如果商品中包含某一关键字，当买家搜索这个关键字时，很可能会搜索到你的商品，从而为你带来无限商机。本节将介绍如何有效地设定关键字，使商品被更多的买家看到。

1. 选择有效的关键字

选择合适的关键字是建立店铺高访问量的第一步。在收集所需的关键字之前，要了解买家如何使用关键字进行搜索，要思考买家会使用哪些

关键字，以及这些关键字与你出售的商品是否有直接或者间接的关系。

另外，卖家应该学会换位思考，假设自己是买家，自己可能会搜索什么关键字？那么这个关键字可能就是理想的关键字，要把这个关键字尽量放在商品名称里面。

2. 选取关键字的技巧

> 选取关键字时，要认真思考并记下与店铺或商品有关的所有关键字。尽量站在买家的角度考虑，假如你是买家，你会怎样搜索？

> 多问问周围人的意见。例如，多问问你的家人、朋友、同学和邻居等人什么样的关键字适合描述你的商品，很可能会找出一些你没想到的关键字。

> 设置热门的关键字。如一些当下比较火的电视剧中的流行饰品、明星代言的商品等。如果有可能，应该合理利用这些关键字来为商品争取更多的销量。

> 参考其他网店。参照一些同类店铺，看一下他们的商品名称，这样有可能得到意想不到的关键字。

🅗 知识点滴

商品名称中尽量不要出现错别字，出现错别字会增加买家的搜索难度，如把"项链"写成"相连"，这样的失误在无形中就将商品淘汰了。

3. 关键字的设置原则

> 阐述商品的基本特征。例如，女装店铺的商品名称设置成"魅力女人漂亮完美连衣裙"，这里有效的关键字就只有一个"连衣裙"。此时卖家可以添加一些商品的基本特征，如颜色、图案、质地等。再如，一件漂亮的水晶工艺品名叫"心心相印"，如果发布商品时名称就用"心心相印"，则属于商品属性不明确，这

样的商品只能在进入商品分类后才会凭运气被买家发现，如果买家仅使用"水晶"、"工艺品"等关键字根本就搜索不到这件商品。

> 标明商品卖点。即使商品标题中含有"连衣裙"这样的关键字，但是由于竞争对手太多，很多卖连衣裙的店铺都排在你的前面，而淘宝网的默认排名又是"按人气排名"，凭什么你的"连衣裙"关键字能排在前面呢？这时需要将卖点标出来。可以选择将品牌作为卖点，并加上"专柜"字样，这样买家进行针对性搜索时，范围就缩小了，排名也就靠前了。

> 标明商品优势。可以在商品名称中添加"特价"、"包邮"、"让利"、"促销"等关键字来提高买家进入店铺的概率。

4.3 优化宝贝描述

新手卖家往往不会在宝贝描述上下工夫，殊不知宝贝描述的详尽与否关系着宝贝成交量的高低。本节来介绍如何优化宝贝描述。

4.3.1 撰写宝贝描述的注意事项

在淘宝网购物，影响买家是否购买商品的一个重要因素就是商品描述，因此很多卖家会花费大量的心思在商品描述的撰写上。但经过一段时间后有些卖家就会发现，虽然在商品描述的撰写上面花费了大量的时间，但是效果并不好，用户的转化率还是不高，原因是什么呢？主要还是商品描述信息不够详细。

好的商品描述可以大量节省回答买家提问所花费的时间，更可以留住不想咨询的"懒惰"买家。多花一些时间创作属于我们自己的全面而又精彩的商品描述，相当于请了10个客服，能让我们节省时间去做更多事情。

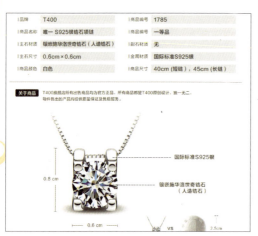

知识点滴

每写一个成功的商品描述就是一次成功的营销，要让看到描述的买家觉得这就是他一直想要的东西。卖家需要用尽一切办法为潜在客户寻找一个购买我们商品的理由，给他们一个合理的"借口"，让他们心甘情愿地购买我们的商品。

总的来说，在填写商品描述信息时要注意以下几个方面。

▶ 向供货商索要详细的商品信息。由于商品图片不能反映一些信息，包括材料、产地、售后服务、生产厂家和性能等，所以这些信息最好通过商品描述展示出来。另外相对于同类商品的优势和特色一定要详细地描述出来，这本身也是商品的卖点。

▶ 内容要全面。一定要站在买家的角度去思考。如果我们要买这样的商品，会关心哪些问题？例如，材质、尺寸、市场价、重量、颜色、适合人群、寓意、使用与保养注意事项、相关文化、基础知识、真假辨别、赠品、服务承诺和支付方式等。

▶ 商品描述一定要精美，要能够全面概括商品的内容、相关属性，最好再加入一些使用方法和注意事项，更加贴心地为买家考虑。

▶ 商品描述应该结合文字、图像和表格这3种形式来进行，这样商品看起来会更加直观，增加买家购买的可能性。

▶ 参考同行网店。可以去其他同行的皇冠店铺转一转，看一看他们的商品描述，要特别重视同行中做得好的网店。

❯ 在商品描述中可以添加相关推荐商品，如本店热销商品、特价商品和人气商品等，让买家更多地接触店铺的商品，增加商品的宣传力度。

❯ 条理要清晰。为了做到条理清晰，很多卖家会使用现成的模板。这样做虽然可以节省时间，但却未必能详尽地描述商品特性。在写商品描述时，要尽可能详尽地解释商品，减少顾客的疑问。

4.3.2 写好售后服务内容

商品名称、商品描述和商品图片，这些不仅是卖家和买家之间最初的关于商品信息的交流，也是卖家和买家之间交易的条款和契约。这是一件什么样的商品，是全新的还是二手的，它的具体商品信息有哪些，所有这些买卖双方关心的问题都应该真实、详细地体现在商品描述里。

例如，一双皮鞋，是真皮还是皮革，是头层皮还是二层皮，是什么颜色、什么尺码，适合什么样的人群穿，出现质量问题应该怎么解决，退货要求和退货费用都有哪些等。关于这件商品的所有疑虑，买家都需要从商品描述中找到详细的答案。所以，描述越详细，以后出现纠纷的可能性就越小，也越容易打动买家并促成交易。

🔖 知识点滴

一般除了商品的详细信息以外，买家还会关心商品的售后服务如何，如什么情况下可以退货、什么情况下可以换货，以及退货产生的邮费由谁承担等。不同地区及不同的物流方式会产生不同的邮费，对于邮费的说明相信每一个买家都会仔细查看。这些详细的说明对商品的成功销售能够起到积极的推动作用。

4.3.3 展示权威证书

在商品描述页面中放上相关的权威证书，可以让买家感觉我们的店铺很专业。如果是功能性的商品，还可以展示能够证明自己技术实力的资料。提供能够证明这不是虚假广告的文件，或者如实展示人们所关心的商品制作过程，这些都是提升店铺可信度的方法。

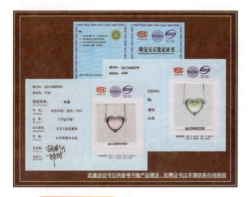

性太强，而买家留下的评价却是真实的。

实战技巧

如果所售商品在电视、报纸等新闻媒体上曾有报道，那么收集这些资料展示给买家也是一种很好的方法。

实战技巧

没有任何信息比在商品描述中添加买家的真实评价更有说服力。

4.3.4 上传买家真实评价

网店与实体店不同，买家无法直接地触摸到宝贝，心中难免会产生怀疑，所以，网店销售的重要一步，就是冲破买家的心理防线。

试穿体验 FIT		
试穿MM	身高/体重 试穿尺码	身材尺寸
模特	170 / 82 S	如图所示
l**7	156/43 S	
x**6	162/51 S	
佑**8	158/49 M	
h**3	158/52 M	
w**2	160/50 M	
m**r	160/55 L	
孔**3	165/56 L	
m**8	165/55 L	
j**2	162/53 XL	
月**经	165/55 XL	
l**2	165/66 XL	
零**4	164/67 XXL	
0**l	170/69 XXL	
赵**c	175/65 XXL	

淘宝网会员在使用支付宝成功完成每一笔交易后，双方均有权对对方的交易情况进行评价，这个评价亦称信用评价。良好的信用评价是交易成功的重要因素。已经购买了商品的买家的评价，可能会对正在犹豫是否购买商品的顾客起到决定性作用。因为卖家提供的商品信息可能宣传

4.3.5 展示店铺骄人成交量

一般消费者都有从众心理，成交量越大的商品购买的人往往越多。

店铺的成绩主要包括店铺销售总量、单品销售量、快速冲钻经历等，把这些内容添加到宝贝描述中，可以大大提高买家的购买概率。

4.4 优化宝贝图片

在网上购物时，买家对宝贝最直观的了解就是宝贝的图片展示，好的图片展示会让买家产生购买欲，而差的图片展示会让买家对宝贝的质量产生怀疑，进而放弃购买。

4.4.1 空间顺序的多图展示

在撰写宝贝描述时，要尽量在有限的空间内将宝贝全面地展示出来，让顾客轻松地了解到宝贝的各方面信息。空间顺序的多图展示指的是用户可根据商品属性的不同，将其分别从不同角度向用户进行全面展示。

1. 由外及内的多图展示

由外及内的多图展示如下图所示，展示了手机从外包装→打开包装→所有配件→单个配件的开箱过程。该过程模拟了实体店中真实购物的操作顺序。

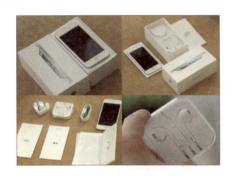

2. 由远及近的多图展示

由远及近的多图展示如下图所示，此图全面展示了拉杆箱在路上的使用效果、近景图片以及内部构造。

3. 不同角度的多图展示

不同角度的多图展示如下图所示，分别从正面、侧面、背面和底面展示了包包的视觉效果，模拟该包包在店里被顾客拿在手里前后左右翻转和把玩的欣赏过程。

4.4.2 产品使用的多图展示

产品使用的多图展示是指使用多个图片来展示产品的使用方法，给买家详细介绍产品的使用技巧。如下图所示展示了真空压缩袋的使用方法。

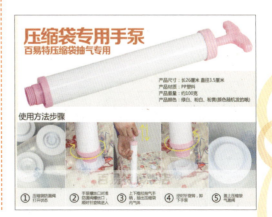

对于饰品类宝贝，卖家可以展示出宝贝在不同环境下的各种佩戴效果，让买家有亲自试戴的体验效果。

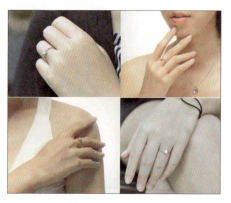

对于食品类的宝贝，卖家可以提供食品的后期加工的多图展示，为顾客提供后期烹饪方法，使顾客免除后顾之忧。

对于数码类产品，如单反相机，卖家可以提供一些拍摄的实用小技巧，顾客在浏览该宝贝时，看到这些小技巧也许就能多停留片刻，这就为成交埋下了伏笔。

4.4.3　产品细节的多图展示

宝贝的一些细节和特殊卖点，用多图的形式来展示，可以达到"实物与图片相符"程度的最大化。如下图中放大展示了连衣裙的细节做工，使顾客能够"近距离"地观察宝贝。

4.4.4　让宝贝图片生动起来

静止的图片也可以拍摄出活灵活现的效果。如果经过构思和设计，平面的东西也可以表现出各种三维空间中的元素。把这些方法运用到宝贝的拍摄和加工上，就能得到更好的欣赏效果。

1. 用图片表达声音

要使用图片来表达声音，可以根据宝贝的声音属性来选择一个参照物，根据参照物在不同声音环境下的不同反应，就可以表达各种声音的不同效果。

如下图所示，以听音乐时，用人物情不自禁表现出的动作来表达出音响设备高品质的声音效果。

2. 用图片表达时间

宝贝的时间属性可以通过日历、钟表、沙漏等计时工具来表达。

3. 用图片表达空间

宝贝的空间属性可以通过参照物来进行表达。如下图所示以卫星和地球模型为参照物来表示导航仪的信号覆盖范围。

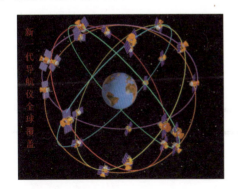

4. 用图片表达触觉

网购时，由于买家对宝贝只能看得见，而摸不着，因此会缺少手感和质感上的判断。此时，卖家可以利用图片尽量为买家表达出触觉效果。

如下图所示，以真人试戴来表达塑胶手套柔软和操作自如的特点。

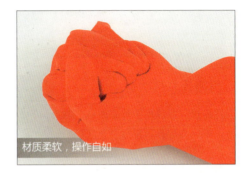

材质柔软，操作自如

以真实的拉伸照片来表达手套伸缩性好和不易撕破的特点。

伸缩性好，不易撕破

5. 用图片表达味觉

食品类的宝贝需要通过图片来表达味觉，从食品被拿到手中到撕开、夹住和切开等动作，都可以很好地满足味觉的表达需要。

如下图所示以人物快乐的表情来表达跳跳糖的入口效果。

如下图所示以竹笋干的实际装盘效果来引起

人们的食欲。

6. 用图片表达服务

　　服务也可以使用图片来表达，如可以用微笑的电话接线员来表达良好的售后服务，利用飞机来表达快递的速度等。

　　如下图所示利用一副斟茶动作的图片来表达店铺对顾客的欢迎。

4.5　各类宝贝的拍摄技巧

　　图片可以说是淘宝网上商品的灵魂所在，一张清晰、真实且美观的图片能够帮助卖家获取消费者的心，从而迈出成功销售的重要一步。在实际操作中，虽然某些宝贝卖家可以套用一下官方的图片，但大多数宝贝还是需要自己去拍照的，因此掌握拍照的学问，对卖家非常重要。另外，不同类别的商品，拍摄的技巧也不同。

4.5.1　服装类宝贝拍摄技巧

　　服装的拍摄方法需要注意以下几点。

　　❯ 背景简单整洁。

　　❯ 相机的镜头与被拍摄物中心对准，一般成90°。

　　❯ 要保证光线充足。

　　服饰拍摄方法大致可以分为卧拍、穿拍、挂拍3种，具体的技巧下面分别予以介绍。

1. 卧拍

　　卧拍是一种最方便的拍摄方法，只需要将宝贝放平，然后进行拍摄即可真实生动地反映宝贝的层次感和生动感了。

　　使用卧拍的技巧是，将宝贝放在一个固定的背景上拍摄，拍摄时要注意光线充足，相机对准宝贝中心即可。

2. 穿拍

穿拍是展示服装最理想的一种拍摄方法，尤其是通过模特穿着来展示服饰，可以将服饰的特性诠释得最为清楚。采用穿拍要注意寻找身材合适的模特，衣服要注意平整，背景要简单干净，光线要自然，有条件应该尽量给出多角度的拍摄效果。

3. 挂拍

挂拍就是把服饰挂起来拍摄，注意衣架不要太显眼，拍摄时要尽可能体现服饰的质感。

🔍 知识点滴

还有一种服饰的拍摄方法是使用假的人体模特拍摄，这种拍摄方式介于挂拍和穿拍之间，在拍摄时要注意背景简单、服饰平整、光线充足。

4.5.2 鞋类宝贝拍摄技巧

鞋类也是淘宝网上销量比较好的一大类目，鞋子由于是成双成对，因此拍摄的时候应该更加关注构图模式。

具体的拍摄技巧大致有两种，第一种是将鞋子以45°角摆放，一远一近，错落有致，使得整个画面显得饱满。

另外一种是将鞋子一反一倒进行摆放，这样可以使顾客看到鞋子的鞋底与材质，对鞋子质量更加放心，从而促成交易。

4.5.3　食品类宝贝拍摄技巧

　　食品是入口的，因此拍摄时要注意保持商品的整洁。

　　在此基础上，为了使宝贝显得可口诱人，拍摄时就应该多补光，具体的技巧是：左右各加一盏灯进行补光，然后尽量采用45°角俯拍，以体现食品的色泽和质感。

　　另外，对于一些高档食品，可以在拍摄时添加一些应景的小道具进行补充。例如，在巧克力边上放一个咖啡杯。

4.5.4　箱包类宝贝拍摄技巧

　　在拍摄箱包时，应该在包里放一些填充物，因为没有填充物的包会给人一种干瘪的不良感觉。

　　箱包的拍摄方法可以是平面拍摄，也可以让模特背包展示。另外，拍摄箱包时应当将细节展示到位，如拉链、LOGO和挂件等细节都需要展示。

另外，箱包的内部也很重要，在拍摄时应该给出箱包的内胆细节图片，让买家更清楚地了解包的内部构造。

在处理金、银、钻石类首饰的时候，应该注意反光问题。有摄影棚的情况下，这种问题比较好解决；如果没有摄影棚，可以用白色餐巾纸或者白布将相机包裹起来，然后留下镜头对焦拍摄即可。

4.5.5　饰品类宝贝拍摄技巧

饰品一般都比较小，因此买家挑选的时候会比较注重细节，如饰品的花纹、图案和篆刻等。拍摄时，最好将其放在室外或有充足阳光的地方，放在纯色背景(最好白色)上，采用相机的微距拍摄方式进行拍摄。

拍摄该类宝贝时要尽量使用单纯的光线和背景，可以适当加强闪光以表现宝贝的耀眼度。

当然，挂件类饰品也可以考虑用模特挂拍，效果也会不错。

翡翠和玉饰品的拍摄要注意体现宝贝的光泽、质感和晶莹度，因为这类宝贝的气质都是古色古香的，因此有符合其内涵的小道具或者背景

作陪衬效果会更好。

在拍摄时，应该注意光线分布是否均匀，底部可以打光，颜色的搭配要合理，还要尽量避免镜头和被拍摄物品放在同一垂直线方向。

不要使用广角镜头，以免宝贝拍摄效果夸张变形。

4.5.6　数码类宝贝拍摄技巧

在拍摄数码产品时，应尽量采用纯白或者纯黑的背景。如果宝贝是黑色的，那么采用白色背景；如果是白色的，那么采用黑色背景。

另外有一个技巧就是，由于数码产品的价值更在于内涵和功能，因此，可以考虑在图片的空白处添加较多的文字予以说明。

4.6　自制贴心小教程

在宝贝描述的时候，可以将客户可能会问到的一些问题，以图文说明的形式给出指导教程。这样做可以大幅度减小客服的压力，提高宝贝亲和力，还可以避免一些可能发生的售后问题。针对不同的宝贝特征，需要提供的教程也不同。

4.6.1　食品类

对于食品类商品而言，买家最关心的问题大多集中在产品质量上，如原料安全、保质期和具体营养成分等信息，卖家可以从这些方面予以考

虑，在描述宝贝时予以详细说明。

例如，一款牛肉干商品，在描述宝贝时，可以将产品原料及制作过程以图片形式展示，让买家买得舒心，吃得放心。

有些食品，消费者还会考虑其营养成分，卖家也可以给出图文介绍及食品的推荐适用人群，如下图所示为一款奶酪食品的介绍。

4.6.2 服饰类

服饰类商品经常会因为尺码问题导致退换货，买家也常会因为搞不清自己的尺码而问来问去，所以卖家可以考虑在介绍宝贝时附加一些尺码的具体知识，便于买家自行解决这一问题。

如下图所示的是西装尺寸的测量方法，以图文形式分别予以详细说明，另外还提供了对应的尺码列表，买家在阅读了这个"测量方法"专栏后对自己的尺码选择就会很清晰了。

实战技巧

在制作尺码对照表的时候，卖家还可以根据宝贝的具体情况，添加诸如"如宝贝实际尺寸偏差在2cm以内，属于正常范畴"等提醒字样，多给自己留一些后路，避免因尺寸不合适导致的纠纷。

另外，如果在描述宝贝时提供一些宝贝的使用保养教程是一个很讨巧的技巧，一方面可以展现卖家对消费者的关心和负责；另一方面还可以解决部分质量纠纷。例如，牛仔裤，不太懂清洗方法的买家购买后水洗几次就会掉色很严重，买家有可能以质量问题进行投诉。

如果卖家能在宝贝描述时就附带一些牛仔裤的保养和正确清洗教程，就会免去此类售后纠纷。

4.6.3 化妆品类

化妆品的使用效果因人而异，同样的一款产品，有些客户使用后效果很好，有些客户使用后达不到理想效果，甚至还会出现过敏等不良反应。有鉴于此，卖家为了博得用户好评，在宝贝描述时不妨多"科普宣传"一下。

以一款毛周角质精华液为例，卖家在宝贝介

绍时除了给出产品的基本图文信息，还可以给出主要成分的说明，并对每一种成分的作用进行说明，使消费者对该产品有深入的了解。

接下来，由于该化妆品主要用于治疗"鸡皮肤"，那么关于什么是"鸡皮肤"这样一个问题，卖家可以用图文形式予以介绍，以便于买家结合自己的肤质情况进行对照选择。

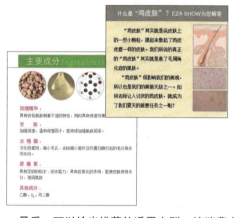

最后，可以给出推荐的适用人群，让消费者自行对号入座。

经过这些辅助的介绍，消费者对于该产品的性质和功效，以及自己是否适用等问题就会了解得很清楚了。

4.6.4 其他特殊商品类

还有一些其他类型的商品，光是宝贝图片和介绍文字是远远不够的，必须要附带具体的使用方法，这类商品一般都有着一定的使用难度，卖家必须提供相关辅助信息和教程。

魔术道具类商品就是一个很好的例子，无论宝贝图片多么诱人，如果买家不知道这些魔术道具的玩法也是没用的。因此从某种角度来说，魔术商品的价值很大一部分取决于操作方法上。

有些人所共知的操作方法可以考虑提供，如刘谦在春晚上表演过的两根橡皮筋对穿的魔术，由于手法已经是公开的秘密，卖家可以写在宝贝描述里或者提供解密视频链接。但为了遵守魔术师戒条，大多数魔术道具的使用方法是不可以在产品介绍时讲得太明确的，所以卖家只能以说明书或者光盘教学的方式提供给买家。

🔍 实战技巧

光盘自行刻录即可，说明书可以在进货时和厂商协商索取，也可以自己打印制作。另外，卖家还可以电子邮件的方式给买家发送相关资料。

4.7 实战演练

本章主要介绍了如何写好宝贝描述，本次实战演练通过两个具体实例来介绍如何使用光影魔术手来处理宝贝图片。

4.7.1 为图片添加边框

【例4-1】为宝贝图片添加边框。📹 视频

步骤 01 启动光影魔术手，打开要添加边框的宝贝图片。

步骤 02 在工具栏中单击【边框】按钮，在弹出的下拉菜单中选择【轻松边框】选项。

步骤 03 打开【轻松边框】对话框，在对话框的右侧选择一个边框并单击，即可将该边框应用到图片中。

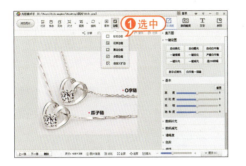

步骤 04 应用边框后，在对话框的左侧单击【添加文字标签】按钮。

步骤 05 输入文字标签的内容，并设置文字的字体、大小和颜色。在【定位】区域可以调整文字的位置。

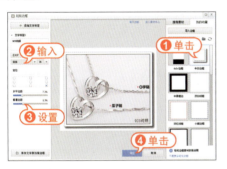

步骤 06 调整完成后，单击【确定】按钮，完成边框的添加，图片效果如下图所示。

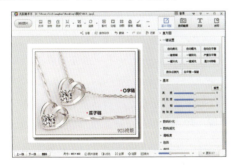

4.7.2 制作组合图

【例4-2】制作多图组合图形。📹 视频

步骤 01 启动光影魔术手，单击工具栏中的【拼图】按钮，在弹出的下拉菜单中选择【模板拼图】命令。

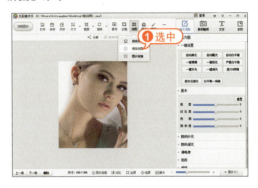

步骤 02 打开【模板拼图】对话框，然后选择如下图所示的模板。

步骤 03 双击模板中的模块，然后添加要拼图的图片。

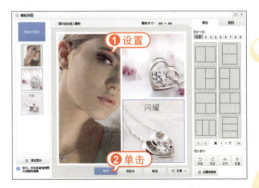

✍ 实战技巧

单击【清空图片】按钮，可以清空当前窗口的所有图片；在【底纹】选项卡中，可以通过选择不同的选项设置拼图的底纹样式。

步骤 04 使用鼠标拖动的方法可以调整各个图片的位置。调整完成后，单击【确定】按钮，完成拼图的制作，效果如右图所示。

实战技巧

在【模板拼图】对话框右下方的【图片操作】区域，可对图片进行向左、向右、水平和竖直翻转。

专家答疑

» 问：正确拍照的要领是什么？

答：正确拍照的要领有以下几点。持机方法要正确，正确持机是拍摄清晰照片的第一步，此外，正确的站立姿势可以稳定相机；三脚架要放稳，为了保持拍摄姿势的稳定，双脚不要并排站立，应该一只脚前跨半步，将重心放在另一只脚上；按快门速度要轻而快，尽力避免身体的晃动。

» 问：如何给小饰品拍照？

答：小饰品的拍摄直接影响到小饰品的销量，很多卖家对如何拍摄其实并不很清楚，总的来说拍摄小饰品要注意以下几点。

🔸 拍摄时间。小饰品需要用柔光，很多人采用摄影棚，但笔者认为饰品类的小商品，在自然光线下拍出的照片才最好看，有阴影未必是件坏事，这样看起来反而更加自然。因此拍摄小饰品可选择以下时间段：夏天的9:00—11:00，15:30—17:30(太阳落山时最好别拍，夕阳的红光会让照片出现偏色)，拍摄地点可以选择家里的阳台房间，或者是有大窗户的桌子。

🔸 拍摄背景。拍摄背景方面可以搭配需要拍摄的宝贝，首先卖家要了解自己的宝贝属于哪种气质，然后来选择适合的背景和颜色。如果选不好，就直接用白色或者黑色，因为无论什么样的饰品搭配这两个颜色都不会难看。

🔸 突出主题。拍摄不见得是全景，可以拍摄饰品的特殊部位，特别是不会为宝贝摆造型的卖家，每件宝贝都有一个主题部位，可以给它来一个特写。

🔸 拍摄角度。每件宝贝都有适合它们自己的角度，有的适合从上到下，有的适合从近到远，有的则需要从侧面，可以多试试每个角度拍摄的感觉，看看哪一种视觉效果更好。

🔸 了解自己手中的相机。要会正确调试自己手中的相机，知道如何使用微距，明确在什么情况下需要增加白平衡，在什么情况下需要减少白平衡等。这需要仔细阅读相机的说明书，多多学习照片的拍摄技巧。

第5章

赚钱攻略之降低物流成本

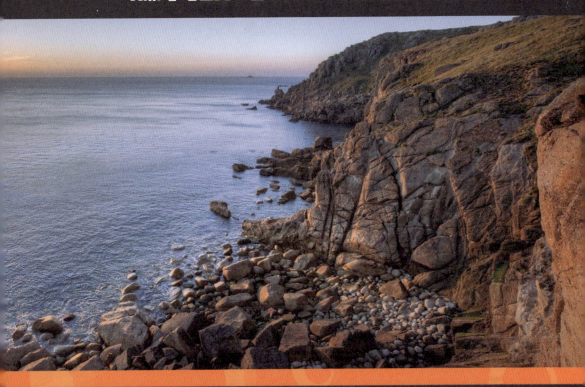

由于买家拍下的商品只有通过物流运输才能送到买家手中，因此良好的物流服务不仅能为买家省下很多运费，也能为卖家赢得顾客的好评。本章来介绍如何选择物流并降低物流成本。

5.1 了解淘宝主要发货方式

淘宝商铺最主要的发货方式有3种，分别是平邮、快递公司与EMS。本节就将详细介绍这3类发货方式的优缺点。

5.1.1 平邮发货

平邮是普通邮政包裹的简称，首重内6~7元即可(包括邮单费0.5元)，全国各地只要有邮局的地方都能收到，但是速度慢，邮局承诺一个月内送到，具体时间需要看路程的远近以及当地邮递员的素质和服务而定。

价　　格:	**99.00** 元
物流运费:	四川成都｜快递:10.00元 EMS:20.00元 平邮:10.00元
30天售出:	2件
评　　价:	暂无评价
宝贝类型:	全新｜105次浏览
支　　付:	快捷支付 网银支付　　　服务:

平邮正常时间是10~15天，届时邮局会给买家一张邮单，凭邮单和收件人的有效证件，按照邮单上的取货地址，买家去邮局领取即可。若超过3天不去邮局领包裹，需要缴纳一定的滞纳金。用户还可以拨打11185查询具体信息。

1. 平邮发货的优缺点

使用平邮方式发货的优点与缺点，分别如下所示。

▶ 优点：最普通、常见的邮寄方式，到达范围广，价格便宜。

▶ 缺点：速度慢、发货麻烦，有些商品需要购买邮局的纸箱，加大了成本，此外服饰等商品还需要自己缝制发货包裹。收货也较为麻烦，需收件人到邮局自取，不能及时跟踪(即不能在网上查询包裹的去向及收件人签收的情况)。

2. 平邮发货注意事项

平邮的关键是地址要详细并且邮编要准确。

这点很重要，邮编很容易影响到达时间。

平邮的时间很难控制，而且容易有突发事件而让买家没有收到邮单，不知道货物已经寄到。造成这种情况的原因有很多种，有的是当地邮局没有送，有的是学校里开信箱的同学没有送等。因此遇到时间过长，而迟迟未收到邮单的买家，卖家可以主动告诉买家发货单的邮单号，让买家直接拿着邮单号和有效证件去邮局领。

买家去邮局领时，告知邮局工作人员邮单遗失了，但是可以提供邮单号。如果邮局工作人员没有查到，那可能是地址有误，这个需要与卖家再来核对一下。

此外，为了降低平邮成本，卖家可以购买打折邮票、打折邮单及打折纸箱等。

> ⊙ **知识点滴**
>
> 邮局除了平邮外，还提供快递服务。相对平邮而言，快递速度要快些，一般约3~5天，全国各地有邮局的地方都能收到。但是发货和平邮一样，比较麻烦。取件也需要收件人去邮局领取，不过也有少数邮局是送货上门的。价格相对较贵，一般而言首重是12~15元。

3. 平邮邮资查询

根据平邮接收地与货物重量的不同，每次

平邮所需的邮费也并不相同，卖家可以通过自己所在地和买家所在地以及货物的具体重量在下面的网页中查询邮资的具体信息：http://www.chinapost.com.cn/。

【例5-1】查询平邮邮资。 视频

步骤 01 打开浏览器，在地址栏中输入网址 http://www.chinapost.com.cn/，按下Enter键，打开中国邮政集团公司的首页。

步骤 02 在导航信息区域单击【邮政资费查询】链接，打开邮费查询页面，如下图所示，该页面中显示了国内普通邮件的资费标准。

步骤 03 单击左侧的【国内包裹资费】链接，打开下图所示页面。

步骤 04 在【选择收寄地】选项区域中的【请选择省份】下拉列表框中选择【江苏省】选项；在【请选择城市】下拉列表框中选择【南京市】选项；在【请选择区县】下拉列表框中选择【白下区】选项。

步骤 05 在【寄达地】选项区域的【请选择省份】下拉列表框中选择【北京市】选项；在【请选择城市】下拉列表框中选择【北京市】选项；在【请选择区县】下拉列表框中选择【东城区】选项。

步骤 06 在【包裹种类】区域中选择【国内普通包裹】单选按钮。

步骤 07 在【包裹总重量】文本框中，输入"10"，然后单击【资费计算】按钮。

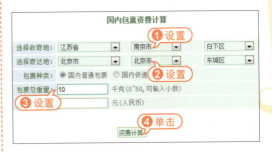

知识点滴

保价金额是邮寄物品时，邮寄人自己申报的物品价值。如果在邮寄过程中发生丢失、损毁，邮局将按照保价金额的一定比例给予赔偿，但要注意保价金额不可高于物品的实际价值。因为赔偿的时候邮局还要看保价金额与其实际价值是否相符，保价金额明显高于实际价值的，只按照实际价值赔偿。

步骤 08 在打开的页面中，即可显示该次平邮货物所需的邮费。

5.1.2 快递发货

通过快递公司发货是目前淘宝网大小商户最常用的发货方式。

随着快递公司的普及，网点的增多，发货收货也是点对点、人对人，现在很多卖家都选择这种物流快递，而且现在快递费的价格也逐渐地透明化。例如，从上海发货，全国各地首重在12元左右，江浙沪5元，若有长期合作的好讲话的快递公司，可能还会便宜。

1. 快递发货的优缺点

使用快递公司发货的优点与缺点，分别如下所示。

▶ 优点：速度快、价格适中，发货方便，上门取货，送货上门，可跟踪。

▶ 缺点：不可预见因素比较多，各地方快递员的素质参差不齐，与快递公司打交道比较累。

2. 快递发货注意事项

在遇到比较偏远地方的买家提出要发快递的时候，卖家应首先需要询问买家，他们那里通常什么快递公司可到。如果买家也不知道，那就需要卖家来查。

查询的方式有两种：一个是快递公司的官网来查；二是直接打电话去当地来查。如果是大城市的买家，官网就可以，如果是非常偏远的地方，那一定要打电话去当地查，不要吝啬长途费，万一卖家发货出去，买方收不到，那卖家损失的就不止金钱还有宝贵的时间以及买家的信任。

在交易过程中，卖家还应随时注意买家收货情况，以便能及时发现快递未能送达情况，可以比买家更早发现并处理问题。不过通常情况下，卖家不可能面面俱到，当买家询问时，就要积极主动地帮助查询。根据快递的运单号去官网查，一旦遇到出现问题件，或者几天前就在当地派送了，但是一直没有送出去，那就是有问题了。好的快递公司遇到问题，会和发货人联系，不过通常情况下，需要卖家自己主动联系快递公司。最快的方法是打到当地快递公司，找到发件的网点，直接询问货物情况。当通过快递公司发出的货物没有准时到达时，通常可能发生以下的一些问题。

▶ 地址有误：联系买家更改地址并通知快递公司重新发货。

▶ 发货过去没有人收：快递公司声称对方电话打不通，在确认地址和联系电话无误的前提下，要求快递公司再次送货，同时把快递公司的电话或者业务员的电话直接告诉买家，让买家也同时联系。

▶ 超出派送范围：通常情况下需要增加一

倍的费用，快递公司才会有偿派送。

知识点滴

随着快递业务的不断增长，快递引发的问题纠纷也越来越多。各大快递公司的服务及素质因人而异，同时快递公司多数是私企，其内部管理也并不健全，因此经常出现丢货、损货或服务态度差等问题。针对不同的快递公司，不同的业务员，以及不同的情形，卖家需要灵活积极主动应对。

5.1.3 EMS发货

EMS是一种比较安全的邮寄方式，全国有邮局的地方都可以送到，并且是送货上门。一般而言需要本人签收，不过现在也有代签的现象。速度一般在3～5天内，价格比较昂贵，一般首重22元左右，超重续费也非常贵。

一般昂贵的货物可以采取EMS发货方式，相对而言较为保险，有的快递公司提供打折的EMS，卖家可以留意咨询。

使用EMS发货的优点与缺点，分别如下所示。

▶ 优点：到达范围广，速度快，相对而言比较保险，送货上门，可即时跟踪。

▶ 缺点：价格昂贵。

目前，国内有近2000个大中小城市可办理EMS业务，我国已与世界上200多个国家和地区建立了EMS业务关系。EMS又分为国内特快专递业务和经济快递业务两类。

1. 特快专递

国内特快专递业务作为邮政的精品业务，凭借高质量、高速度的服务为广大用户传递国内紧急物品及文件资料，同时提供了多种形式的邮件跟踪查询服务。国内特快专递业务包括同城快递业务与国内异地特快专递业务两类。

起重资费	续重资费
(起重500克以内)	**(续重每500克或其零数)**
20元	1500公里及以内(一区)6元
	1500～2500公里(二区)9元
	2500公里以上(三区)15元

备注：具体分区方式，请寄件人拨打电话或到当地邮局营业窗口咨询，客服电话11185。

2. 经济快递

经济快递的主要服务对象是批量交寄，价值相对较高，对信息反馈、安全与综合性价比要求比较高的大宗客户。

经济快递邮件资费按邮件的重量计算，起重与续重计费单位为1kg，不足1kg的按1kg计费。全国(西藏除外)地市及以上的特快专递业务开办局，都可作为经济快递业务的收寄局，收发寄往全国(西藏、海南及新疆除外)各特快专递业务开办局的经济快递邮件。

3. E邮宝

E邮宝属于EMS经济快递的一种，是中国速递服务公司与支付宝合作推出的一款针对个人电子商务的速递业务，采用陆运模式，价格大致为EMS的一半，但其享有的中转环境和服务与EMS几乎完全相同，这为卖家节约了不少成本。另外，一些空运中的禁运品也可以使用E邮宝寄运。

范　围	首重1千克资费(元)	续重每千克资费(元)		
省内	10	3		
区域(江浙沪互寄和京津互寄)	10	4		
省际(不含区域)	15	1500公里以内(一区)	4
		1500～2500公里(二区)	6
		2500公里以上(三区)	10

备注：
(1) 若选用速递服务公司提供的邮件单式及包装，费用另计。
(2) 保价服务由用户自行选择，费用需要另计。

4. EMS发货注意事项

卖家在通过EMS发货后，应及时对货物进行跟踪，保证货物可以及时送到买家手中，并且在出现问题时能够及时处理。用户可访问www.ems.com.cn网站，对货物进行跟踪。

另外，还可通过www.ems.com.cn网站查询EMS邮费，具体链接为www.ems.com.cn/serviceguide/zifeichaxun/zi_fei_cha_xun.html。

用户可设置寄出地、寄达地和计费重量，然后单击【查询】按钮即可。

实战技巧

如果卖家每个月使用EMS的量较大，可以与当地EMS中心负责人商量价格，一般可以得到7折左右的优惠。另外，很多快递公司都有代发EMS的业务，价格和快递费差不多。

5.1.4　发货方式比较

在对3种常用发货方式有所了解后，本节将作一个总结性的比较，最前面的是首推，往后以此类推。

➤ 价格比较：平邮→快递公司→EMS (注：如果发送地与接收地很近，则可能快递公司更便宜)。

➤ 地域覆盖范围比较：平邮→EMS→快递公司。

➤ 速度比较：快递公司→EMS→平邮(注：快递公司比EMS要快一些，尤其是邻近的省市，如江浙沪之间的发货)。

➤ 包裹安全性比较：EMS→平邮→快递公司。

➤ 性价比比较：快递公司→平邮→EMS。

5.2 商品包装技巧

为了保护商品在运送途中不被损坏，卖家在发货前，应对商品进行适当包装。此外当买家拿到产品时，最先看到的是包装，所以一个漂亮的包装可以给买家留一个非常好的印象，让买家觉得物有所值。本节就将向用户介绍为商品包装的方法，以及一些特殊商品在包装时的注意事项。

5.2.1 选择商品包装材料

商品包装是为了使商品在物流过程中不受污染、刮擦、磨损和碎裂等损害，方便货品储运，并以适当的装饰促进销售而给商品穿上的外衣。

卖家在选择商品包装时不但要考虑其美观性和实用性，还要考虑商品包装的成本。一个好的包装应该具有成本低、防潮、防震、防水和简洁大方等方面特性。

1. 内包装

内包装是最贴近商品的一层防护，对物品直接具有保护作用。常见的商品内包装材料有以下几种。

OPP自封袋可以保持商品整洁、增加商品美感。卖家可以选择一些印有图案的OPP自封袋，包装小物品或赠品，简单又美观。OPP自封袋透明度高，使商品看起来干净、整洁、美观且上档次。但OPP自封袋密封性差、材料脆、容易破损，且不能反复使用。适用于文具、小饰品、书籍或小电子产品等。

PE自封袋可以用于邮票、小化妆品、纽扣、螺丝或小食品等需要归纳在一起或经常要取放的商品。PE自封袋防水性能好、质地柔软、柔韧性好、不易破损且可以反复使用。

防静电气泡袋一般用于电子产品包装。由抗静电PE材料制成，可以防止产品在生产搬运和运输过程中因碰撞或静电引起的损坏，并可根据顾客的需求定制。

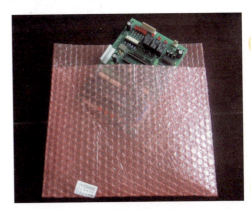

热收缩膜广泛应用于医药、食品、五金、玩具、化妆品、礼品、电子元件、地板和装饰材料等制品的外包装。热收缩膜可以紧贴商品、牢固且具有防水、防潮、防尘和美观的作用，保护商

品不受外部冲击。另外，热收缩膜无毒无味，透明度好，强度高。

镀铝气泡袋信封利用气泡的缓冲作用，保护被邮寄物品的安全，防止物品在邮寄过程中因压、碰或跌落而损坏；利用镀铝膜的防潮、防水的特性，更好地保护内部产品。其适用于邮寄集成电路板、磁带、光盘、计算器、钱包、电子组件、光学镜头和陶瓷等物品。

2. 中层包装

中层包装是将货品与外包装隔开或为了避免货物之间挤压和撞击而导致损毁的填充材料。例如，在购买电器时，通常纸箱内部都会用泡沫隔开，泡沫就是最常见的一种中层包装材料。此外，在商品包装中还会有以下几种中层包装材料。

气泡膜是当前普遍使用的一种包装材料，由于中间层充满空气，所以体轻，富有弹性，具有隔音，防震防磨损的性能，能使物品在运输过程中防止破损、缓和外力冲击，为电子产品、化妆品和音像CD等包装的首选。

📖 **知识点滴**

气泡膜的原料有原米和非原米两种。原米是第一次参加生产的材料，非原米是混合了旧料甚至废料的再生材料。原米气泡膜光泽亮、透明度好、有韧性，而非原米的气泡膜色泽暗淡甚至发黑、容易瘪气。

珍珠棉是一种新型环保的包装材料，它由低密度聚乙丙烯脂经物理发泡产生的无数独立气泡构成。珍珠棉克服了普通发泡胶易碎、变形、恢复性差的缺点。具有隔水防潮、防震、隔音、保温、可塑性能佳、韧性强、循环再造、环保和抗撞力强等诸多优点，亦具有很好的抗化学性能，是传统包装材料的理想替代品。主要用于电子电器、电脑、音响、灯饰、工艺品、玻璃、陶瓷、家电、家具和酒类等多种产品的包装。

海绵是日常生活中较为常见的一种包装材料，具有保温、隔热、吸音、减震、阻燃、防静电和透气性能好等特点。

报纸通常被用于填充箱包、鞋类或帽子等需要支撑的商品，以保持其原有形态不会在运输途中因挤压而变形。卖家可以多找一些废旧报纸作为商品的填充材料，经济实用，是一个不错的包装材料的选择。

⊙知识点滴

此外，包水果用的网格棉也是一种很好的填充材料，卖家可以在平时多注意收集一些，也不失为一种节约物流成本的好方法。

3. 外层包装

物流的商品外包装不仅要结实耐用，而且要美观大方。常见的外包装有纸箱、塑料袋或纸袋、编织袋等。

纸箱是使用比较普遍的一种包装，其优点是安全性强，可以有效地保护商品，需填充一些报纸或纸屑来对外界冲撞产生缓冲作用，缺点是大大增加了包裹的重量，运输费用也就相应增加了。

这里建议生意少、利润小且时间比较多的卖家自己做箱子。自制纸箱也有其独特的优点：一是成本低，可以充分发挥废旧纸箱、纸板的再利用价值，降低包装成本；二是适应性强，可以制作符合物品外形的任意尺寸的纸箱，突破了邮政纸箱固定尺寸的限制。

小店出货量大的话，可以购买新纸箱，淘宝网上有卖，大概几角钱一个，直接从纸箱厂买更便宜，这样可以节约宝贵的时间和精力了。卖家可以结合自己的实际情况选择自己做箱子还是买新箱子。

如果要自制纸箱，二手纸箱通常可以通过以下5种方法获取：自己用剩的、超市杂货店、邻里之间、水果摊贩处以及收纸箱的小贩。

此外快递公司对包装基本无特殊要求，而邮局对自备纸箱的基本要求则有以下几点。

❯ 箱体必须结实，不容易破损。

❯ 箱体外表不能有与双方地址资料无关的图案和文字。

❯ 箱体必须能方便邮局盖印章并且不会掉色。

❯ 纸箱的基本尺寸要求是长、宽、高之和

不少于30cm。

对于一些不拍挤压且质地较软的商品，如服饰、抱枕和帆布包等，都可以采用塑料袋包装。塑料袋一般都为尼龙材质，可以有效地防水防尘。

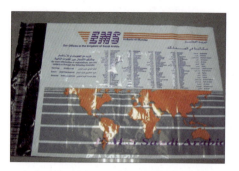

牛皮纸袋防挤压性较差，适用于包装那些本身有硬质外包装(如礼盒、鞋盒)、体积不是特别大的物品以及比较厚重的书籍。

知识点滴

为了保护商品还要在外包装中添加填充物，一般选用专用的填充泡沫，当然也可以用废报纸。一切都取决于商家对商品自身的定位，是更倾向于经济实惠还是更倾向于美观专业。

使用一些外观时尚，设计独特的环保袋作为商品的外包装，不仅可以给买家带来意外的惊喜，也让买家感到卖家的细心，从而提高卖家店铺的形象。

有创意的卖家可以自己动手制作环保袋，设计一个自己店铺独有的环保袋，既节约成本又能发挥自己的创意，体现个性，在包装上给店铺做推广，加深买家对自己的印象。

知识点滴

虽然网店卖家可能做不到像生产企业那样拥有专业的包装技术，但在保证物品能够准确、及时、完整地送到买家手中的同时，也可以凭借自己的智慧在包装上花一些巧妙的心思，同样能够得到买家的认可和喜爱。

5.2.2　包装保护技术

对于一些贵重物品或者是易碎物品来说，包装是一个非常重要的角色，在运输的过程中，包装是物品最有力的保护伞。按包装的保护技术可以分为防潮包装、防震包装以及防破损包装等。

1. 防潮包装技术

很多物品的包装都要做好防潮措施，如茶叶、衣服和字画。

防潮包装的技术原理是使用不透湿或低透湿材料把潮湿大气同产品隔绝开来，以防止潮气对产品的影响。因此，在进行防潮包装时可采用以下几种方法。

▶ 选择合适的防潮材料。影响防潮包装质量的关键因素是防潮材料。只要是能阻止或延缓外界潮气侵入的材料，都可当作防潮阻隔层来进行防潮包装，如玻璃、塑料、陶瓷、金属及经过防潮处理的木材、纸、纤维制品等。包装等级、环境条件、材料透湿度与经济性等几方面的因素决定着防潮材料的选用，因而使用最多的是铝箔、塑料等。

添加干燥剂。干燥剂可以吸收密封包装内部残留的潮气以及通过防潮阻隔层透入的潮气，因此为使内装物不受潮气的影响，可在其内放入适当的干燥剂。

2. 防震保护技术

防震包装指的是为减缓内包装受到损坏、震动或冲击而采取的防护措施包装，其在各种包装方法中占据着重要地位，又叫做缓冲包装。防震包装主要有以下3种方法。

悬浮式防震包装方法：对于那些贵重且易损坏的物品，可选择使用较坚固的外包装容器，再把被装物用绑带、弹簧、绳等悬吊在包装容器里，使内装物稳定悬吊，不与包装容器发生碰撞，进而减少损坏的几率。

全面防震包装方法：全面防震包装方法指的是外包装与内装物间的缝隙用防震材料填满而起到防震作用的包装方法，如填充海绵、报纸等。

部分防震包装方法：对有内装容器或整体性好的产品，只要在内包装或产品的局部地方或拐角处使用方正材料进行衬垫就行，如充气型塑料薄膜、防震垫泡沫、塑料防震垫等。

3. 防破损技术

防震包装的防破损能力较强，是防破损包装技术里较为有效的一类。此外，还可以采取以下几种防破损包装技术。

捆扎及裹紧技术。捆扎及裹紧技术可以使杂货、散货形成一个牢固整体，以增加整体性，以此来减少破损。

选择高强度保护材料。可以利用外包装材料的高强度来预防内装物受外力作用而破损。因此，在包装时应尽量选择结实耐用的外包装。

5.2.3　各类商品包装技巧

有的卖家出售的商品在运输起来比较麻烦，

如液体商品以及易碎品等。本节就将介绍这些特殊商品的包装方法。

1. 易脏易污的精品

这类产品包装可以用不同种类的纸张单独包住商品以防脏污，像牛皮纸、白纸等，如果要报纸的话，记得里面要加一层塑料袋。

遇到不规则商品如皮包，可用胶带预先封口，并用纸包住手提袋并贴胶带固定，减少磨损的可能。

在打包衣服时，要先用塑料袋装好，再装入防水防染色的包裹里。用布袋寄服装时，白色棉布或其他干净、整洁的布最好。

2. 液体类产品

化妆品大部分是霜状、乳状、水质，多为玻璃瓶包装，因为玻璃的稳定性比塑料好，化妆品不易变质。但这一类货物也一直是邮局查得最严的，因为在物流运输途中货物常常会发生泄漏事故，所以除了包装结实，确保不易破碎外，防止渗漏也是很重要的。

邮局对液体货物有专门的邮寄办法，按照规矩应该是用棉花裹好用胶带缠好寄的。一定要封好封口处(用透明胶带使劲绕几圈)，让邮局人员觉得一定不会外漏，然后再用棉花整个包住(要厚一点)，最后再包一层塑料袋，这样即使漏出来也会被棉花都吸收并有塑料袋作最后的保障，不会流到纸盒外面污染到其他包裹。至于香水包装可以到那种五金行或是专门的材料用品商店，买几大卷透明的泡泡纸，在香水盒上多裹几圈，然后用透明胶带紧紧封住，为了更确保安全，最后再把裹好的香水放在小纸箱里，然后塞些泡沫块或报纸。

3. 易碎物品

易碎的宝贝就是要有一个好的包装。包装材料包括气泡袋、报纸、泡沫、纸箱和胶带。

少量易碎商品的包装首先要将商品用气泡袋裹3层，防止商品遭受挤压。再将气泡袋裹好的商品用胶带绑紧，让商品不会动摇，防止运输途中商品和商品之间的摩擦，如果没有绑好，两个商品之间摩擦多了，可能就会致使商品刮花、碎裂。然后将泡沫割成和纸箱一样长，厚在2.5cm～3cm，放在纸箱的底和边侧，再把整张报纸用手揉成一团(千万不要省报纸，多放一点)。把商品放入纸箱，再放几团报纸和一块和纸箱口一样大小的泡

沫。最后用胶带封好即可，这样即使商品在运输过程中遇到撞击也不会有问题。

5.3　选择优秀的快递公司

目前国内的快递公司有很多，其中网点较多的快递公司包括申通、圆通、中通、顺丰以及韵达等。卖家可以选择一家态度好、服务好并且价格便宜的快递公司进行长期合作。

5.3.1　申通快递

申通快递是国内成立较早的一家物流服务公司，主要承接非信函、样品、大小物件的速递业务。其官方网址为http://www.sto.cn/，在网站中可以查找卖家所在地的申通快递联系方式，还能跟踪货物行程。

公司网点分布广，具有安全、快速、网店多、服务好、价格低廉、性价比高等优点，因此被许多卖家所采纳。

5.3.2　圆通速递

上海圆通速递有限公司是国内大型民营快递品牌企业。公司成立以来，始终秉承"客户要求，圆通使命"的服务宗旨和"诚信服务，开拓创新"的经营理念，服务范围覆盖国内1 200多个城市，是目前国内较为领先的物流配送企业，因此有不少卖家选择该公司。圆通速递的网站的网址为http://www.yto.net.cn。

5.3.3　中通快递

中通快递是一家集物流与快递于一体、综合实力位居国内物流快递企业前列的大型集团公司，服务项目有国内快递、国际快递、物流配送与仓储等，提供"门到门"服务和限时(当天

件、次晨达、次日达等)服务。同时，开展了电子商务配送、代收货款、签单返回、到付和代取件等增值业务。从成立至今，中通快递致力于为客户提供安全、快捷、周到、优质的服务，赢得了越来越多客户的信赖和支持。

中通快递网点较申通快递和圆通速递而言要少一点，无法送至偏远地区，但价格还算便宜，服务也不错。中通快递的网址为http://www.zto.cn。

5.3.4 顺丰速运

顺丰速运(集团)有限公司于1993年成立，总部设在深圳，是一家主要经营国内、国际快递及相关业务的服务性企业。

顺丰不断投入资金加强公司的基础建设，积极研发和引进具有高科技含量的信息技术与设

备，不断提升作业自动化水平，实现了对快件流转全过程、全环节的信息监控、跟踪、查询及资源调度工作，促进了快递网络的不断优化，确保了服务质量的稳步提升，奠定了业内客户服务满意度的领先地位。

顺丰速运网点较多，价格最贵，但公司相对而言更加正规，服务也很好，管理体系流畅，除了一些卖家外还有许多企业选择顺丰速运。

卖家若要发送的货物价值比较高，则可以考虑使用顺丰速运。顺丰速运的网站地址为http://www.sf-express.com。

5.3.5 韵达快递

韵达快递是具有中国特色的物流及快递品牌，结合中国国情，使用科技化和标准化的模式运营网络。

其已在全国拥有三千余个服务规范的服务站点，且价格适中。韵达快递的网站地址为http://www.yundaex.com，在网站中可以查看韵达快递的联系方式。

5.3.6 海航天天快递

海航天天快递秉承"客户就是上帝"的服务理念，竭诚为客户提供限时、门对门、安全可靠的寄递服务，并依托海航集团强大的综合资源优势和原天天快递良好的地面网络优势，致力于打造海陆空运输方式为一体的中国一流综合快递运营商。

海航天天快递的网站地址为http://www.ttkdex.com。

5.4 降低物流成本

对于卖家而言，追求最大的利益是根本目的，因此要尽量在每一个环节中节约成本，而物流是大多数网络交易中都要遇到的中间环节，因此降低物流成本也是节约总体成本的一个重要环节。

5.4.1 节省包装费用的技巧

在寄出商品之前，要对商品进行包装，在整个环节中多少会产生一些费用，如果购买邮局或快递公司的包装工具，那么费用往往会超出预算。

选择一种合适的送货方式可以节省买家的时间和运费，让买家真正体会到网络购物的方便快捷、物美价廉，享受更多的实惠。

1. 自己动手制作包装用品

卖家可以利用身边一切可以作为包装物的物品来亲自制作商品的包装用具，如喝牛奶剩下的牛奶箱、吃完饼干的饼干箱或者方便面箱等这些平时当作垃圾处理的物品，都可以摇身一变、变废为宝。

这些箱子都有一定的厚度，比较结实，稍加

改造就能作为邮寄物品包装箱，为了其外观的美观还可以将其单色的内包装换到外面，或者在花哨的外包装上贴上较大的白纸，然后用宽大的透明胶或钉书钉进行固定，这样就大功告成了。

此外，在邮寄服饰等商品时可以使用自制的布袋，这类包装用品的材料可以是干净的旧衣服、窗帘布等，将其按照商品的尺寸进行裁剪和缝制后就可以作为包装袋使用。利用身边一切可以回收利用的资源，不仅可以节省邮费，还能为商品量身制作环保的包装物品。

2. 利用商品自身带有的包装

很多商品本身自带的包装就很适合邮寄，如销售鞋子的卖家可以直接用鞋盒作为包装盒，而销售计算机的卖家可以直接使用计算机的包装盒，从而省去了包装费用。

3. 网上购买包装品

如果生意很好，为了商品意义制作外包装就很浪费时间了，此时可以在网上购买质量适中并且价格相对于邮局或快递公司更为便宜的包装用品。淘宝网就有很多出售包装用品的店铺，卖家可以在淘宝网上购买。

5.4.2　节省快递公司邮费

目前快递公司有很多，它们具有价钱适中、方便快捷等特点，得到了许多用户的青睐。在使用快递公司快递的过程中，一般来说只有快递费用这项花费，因此节省快递费用的技巧主要就是快递费用的砍价技巧。

▶ 直接和业务员砍价。快递公司虽然对资费标准有规定，但其中还是给用户一定的降价空间的，在寄交快递物品的过程中，基本上是跟快递公司的业务员打交道，所以砍价可以直接从业务员入手。卖家可以向其表明自己的身份，说服他们相信自己是个快递的大用户，进而获得最低报价。

▶ 和其他卖家组成联盟。快递公司在单件快递业务中赚取的利益是非常有限的，只有达到一定的量后才能去获取比较大的利益。卖家们可以利用这一点结成联盟，以量取胜，一起和快递公司砍价，以达到双赢的目的。

▶ 货比三家：快递公司之间的竞争也是非常激烈的，有时不得不打价格战。货比三家，了解到行业最低价后，再找一家品质不错的快递公司以此标准砍价，往往能够在价格和品质方面都得到双重保证。

5.4.3　利用网站推荐物流

淘宝本身没有下属的快递公司，但淘宝有物流平台。目前与淘宝有合作的物流公司有申通、圆通、中通、百世汇通、韵达、CCES、天天快递、中铁快运、德邦、联邦快递、顺丰速运、EMS、E邮宝、一邦速递和宅急送等。使用淘宝网推荐物流，具有以下几方面的优势。

▶ 价格更优惠。提供各种物流公司的价格对比，同时享受低价策略。

▶ 多方位服务渠道。各个物流公司都有旺旺在线客服和论坛答疑，方便卖家随时进行咨询。

▶ 物流状态一目了然。买卖双方可以随时查看商品的物流情况。

▶ 批量发货预约上门。可以预约物流上门收件时间，并且支持批量发货。

▶ 优越的赔付条件。享受自己联系物流时无法享受到的各类无价保赔付条件。

5.4.4　利用打折邮票

一般情况下，邮局不能拒收邮票。邮票可以支付邮寄商品的各种费用，如保价、邮单、邮费和挂号费等。卖家不仅可以在网上买到打折邮票，在当地的邮票市场也能买到，这样也能节省不少邮费。

卖家在采用邮寄时，应该估算商品的重量，最好称称宝贝的重量，并写入宝贝描述中。邮局的邮费标准可以在中国邮政网(www.chinapost.com.cn)查询。挂号平邮的商品，必须另加3元挂号费。使用挂号平邮，物品不容易丢失，卖家可以凭挂号单到邮局查询商品下落。

5.4.5　使用快运和铁路托运

对于不易碎的大件物品，无论使用邮局还是

快递公司，其费用都是十分昂贵的，一般这种情况可以使用快运公司或铁路托运最为便宜，效率也不低。

1. 汽车托运

汽车托运服务网点往往不会很多，但是速度较快，价格相对较为便宜，而且某些托运站也可以进行适当砍价。

2. 火车托运

一般火车站都有托运价格表，价格比汽车托运略高。铁路托运一般由卖家到火车站发货，到货后买家需凭相关凭证或身份证去火车站取货。

3. 物流配送公司

由于汽车托运和火车托运都不提供上门取货和送货上门的服务，于是一些大型包裹快递公司和物流配送公司增加了这项服务，使得大型包裹的运送和普通快递一样方便。

知识点滴

有的物流配送公司送货上门，有的则需要买家自己取货，卖家再发货前应向买家说明清楚，以免引起交易纠纷。

5.5 网上下单与快递查询

通过淘宝网，选择与淘宝合作的物流，并且使用在线下单功能，可以方便买卖双方及时跟踪到商品的配送信息。

5.5.1 网上下单

使用淘宝网推荐物流进行网上下单与自己的联系物流相比，具有以下优势。

> 网上下单，无须电话联系。

> 价格透明，当实际中的价格高于网上价格时，将以网上价格为准。当实际中的价格低于网上价格时，将以实际中的价格为准。

> 淘宝与物流签订了赔付协议，如出现破损、丢失等情况，可获得更为理想的赔付。

> 物流公司与淘宝网定期举办优惠活动，可得到更多实惠。

> 推荐物流公司优先派送。

【例5-2】网上下单。📹视频

步骤 01 登录淘宝网，进入卖家中心，然后选择左侧的【物流管理】|【我要寄快递】选项。

步骤 02 在打开的页面中可仔细填入寄件人和

收件人的姓名、地址、电话等信息。

步骤 03 填写完成后，单击【下一步】按钮，在打开的页面中选择快递公司并填写货物信息，然后选中【同意服务声明】复选框。

步骤 04 单击【确定预约】按钮，打开下图所示页面，完成预约操作。

步骤 05 若预约信息有误，想要取消预约，可单击【我要寄快递】选项，在【我的快递】标签中单击相应的【取消预约】链接即可。

知识点滴

需要注意的是，如果货物已被快递公司取走，那么即使取消订单，也可能仍会收取快递费用。

5.5.2 快递网点查询

卖家在发货前，可以在快递公司的网站上查询快递公司的服务网点、配送区域和联系电话。本节以圆通快递为例介绍查询快递网点信息的方法。

【例5-3】查询圆通快递在南京市的网点信息。

视频

步骤 01 启动浏览器，输入网址http://www.yto.net.cn，然后按下Enter键，进入圆通快递网站的首页。

步骤 02 单击【网点分布查询】按钮，打开下图所示页面。

步骤 03 单击【江苏】按钮，打开下图所示页

面，然后单击【南京圆通公司】链接。

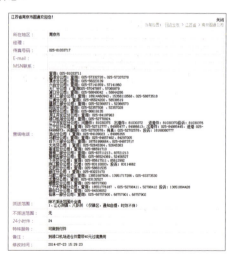

步骤 04 在打开的页面中会详细列出网点地址、查询电话、派送范围、不派送范围等信息。

5.5.3 快件跟踪查询

卖家发货后，淘宝网会向买家发送卖家已发货的信息提示。买卖双方都可以根据快递公司提供的运单号实时跟踪商品的运送情况。本例以申通快递单号为例来介绍快件跟踪查询的方法。

【例5-4】在申通快递主页中跟踪查询快件。

▶视频

步骤 01 启动浏览器，输入网址http://www.sto-express.com.cn/，然后按下Enter键，进入申通快递网站的首页。

步骤 02 在【快件查询】文本框中输入要查询的快递单号，然后单击【查询】按钮。

步骤 03 在打开的页面中，单击【查询】按钮。

步骤 04 即可显示查询结果，此时，页面中的跟踪记录会以列表的形式列出来。

5.6 物流中的常见问题

网店经营中，商品的中、差评有时候并不是由于商品的质量问题或卖家的服务问题引起的，而是由物流问题造成的。卖家通过物流公司将宝贝发送到买家手中，物流联系着买家和卖家，而避免因物流问题引起交易纠纷也需要三方共同配合。

5.6.1 使用物流注意事项

对商品的运输及运输中产生的问题，一般物流公司都以协议的方式进行明文规定。卖家在寄运商品时，需要先对其进行了解，以避免不必要的损失和物流纠纷。

1. 禁寄物品

禁寄物品是指国家法律、法规禁止寄递的物品，主要包括武器、弹药、易燃易爆物品、易腐蚀性物品、生化制品和传染性物品以及国家法律、法规、行政规章明令禁止流通、寄递或进出境的物品等。卖家在邮寄前，需先对其进行了解，如果所售商品属于禁寄物品，就会出现商品无法使用快递运输的问题。

2. 快递条款

目前，我国的快递还有很多不规范的地方，快递公司的运输合同也有许多不平等的条款。一些快递运单条款存在法律陷阱，卖家在快递商品时需要注意。

▶ 运单的性质和使用范围条款。快递公司往往把运单定性为债权凭证，规定不能转让，以规避合同相对人不确定的风险。当发货人以物品所有人或代理人的名义逐项填写运单，并签字署名后即表示和遵守运单背书条款的各项内容，并受法律保护。另外，快递公司还会规定合同的使用范围，如条款中包括寄件人和代理人。如果卖家委托他人办理托运，合同虽然不是卖家签订，但解决纠纷时，该合同也同样适用于卖家。卖家在发货前，要对此进行仔细阅读和了解。

▶ 托运物品限制条款。各个快递公司对托运物品的限制不同。有的快递公司不受理私人信函。因为私人信函是受法律保护的，私拆信件属于犯罪行为。为了运输的安全，很多快递公司都保留了开拆检查的权利。有的快递公司对寄件的总报价进行了限制，如果申报价值每单在5000元以上，快递公司为保护自身利益便不予受理。因此，托运人可能存在这样一种风险，即当快递公司对寄件物品造成损害时，可能会以该寄件不属于承运范围为由来抗辩。建议卖家准确申报所寄物品，即使快递公司以此理由抗辩，也必须因审查过失而承担相应的责任。

▶ 快递公司免责条款。为了降低风险，快

递公司在运单中使用免责条款。虽然这一做法合乎情理，但是免责条款所涉及的情形必须由快递公司予以证明，如果快递公司无法证明损失由免责情形所致，则快递公司必须承担损害赔偿责任。如托运人地址错误填写，快递公司必须证明托运人错误填写与货损之间有因果关系。快递公司若因其他原因造成的货损，仍需承担相应的责任。

> 赔偿责任限制条款。快递公司除了免责条款，还有赔偿数额限制条款。卖家在寄件时必须清楚快递公司的最高赔偿限额，然后对自己的寄件进行估价。如果估价在快递公司的最高限额之下，那么不必选择保险；如果估价高于快递公司的最高限额，为了保证自身利益，最好还是选择保险。

> 保险条款。保险条款几乎是每张运单的必备条款。但并不是每张快递运单都有保险条款，一些规模较小的快递公司，其运单里就省略了保险条款。因此，如果邮寄贵重物品，在选择快递公司时，一定要选择规模较大、信誉较好的快递公司，不要贪图运费便宜而选择不提供保险的快递公司。很多快递公司的保险额是有封顶的，如圆通是1万元，申通默认为500元，EMS为10万元。因此，超过上述保险额封顶的物品，需要认真考虑是否使用快递运输。另外，有些快递公司选择的保险公司有免赔额条款，如宅急送规定了300元的免赔额。如果卖家全额保险是600元，保险公司赔付300元，其余300元属于免赔额。

> 检验签收和索赔限制条款。签收是快递运送过程中的最后一个环节，在此之前收货人必须对货品予以检验，以此证明快递公司完好地履行了运送义务。在检验和索赔之间的限制条款中，各个快递公司的条款都在不同程度上损害了托运人的法定权利。一般来说，收件人在检验货物后进行签收是对承运人良好履行合同的肯定，此时的风险也由承运人转移到收件人。所以建议收件人先拆货检验，然后再签收。另外，在签收

环节中还有一个代签收的问题。很多快递在签收时，一般只要求签名，并不要求出示证件。代收件人一般只负责签收，并不检查物品。如果物品在代签收后丢失，便很难解释。

> 运输途中的风险承担问题。运输途中的风险由谁承担，这也是卖家必须关心的问题。如果当事人双方有约定就按约定处理，没有约定就需要按照法律规定解决。在没有约定的情况下，有多种处理方法。结合网络交易的实际情况，买家和卖家的交付地点以快递运送的地址为准。按照《合同法》第141条规定，卖家应当按照约定的地点交付标的物，也即在快递将货品交至买家时风险才算转移。但是如果买家没有检验而直接签收，风险应当由买家承担。

5.6.2　解决常见物流问题

在网店经营中，包裹丢失、商品损坏、快递员态度恶劣以及快递时间过长等问题一直困扰着网店卖家。

1. 买家退换货

买家在收到货后，由于商品大小、颜色、质量等问题需要进行退换货。

遇到这类问题，卖家可以根据自身店铺和商品的情况制定合理的退换货政策，在买家购买商品前，对其进行相关的退换货说明。在卖家认可和同意的情况后再进行交易，这样可以大大减少买家退换货的情况。

对于需要退换货的买家，卖家首先要弄清楚买家要求退换货的原因。只有了解了顾客真正的意图，卖家才能针对不同的情况采用不同的处理方法。

有时候，这类物流问题是由卖家自身造成的。由于卖家的疏忽，将商品错发、漏发或未检查出商品的质量问题。因此，卖家在发货前应仔细检查商品，确认完好无损、地址正确，再发货。

2. 商品损坏

在运输过程中，由于商品未受到很好的保护和管理，导致商品在送到买家手中时已经损坏。为避免此类情况的发生，一方面，卖家在发货前要根据商品的特性妥善包装商品，尽量做好防水、防压和防震措施。另一方面，在出现商品损坏时，买家应该拒签并及时联系卖家向快递公司索赔。如果买家是在签收后才发现这种情况，则卖家只能再次提醒买家"先验货再签收"，并对买家承诺下次购买给予优惠，虽然不能直接弥补买家的损失，至少赢得了下次交易的机会。

3. 包裹丢失或调换

在商品运输过程中，由于商品保管不妥或者遇到一些突发的状况，造成商品丢件或被调换。商品丢失往往责任在于物流公司，可能是在运输途中丢失，也可能在领取点被他人冒领。货物调换则是在货物运输中被他人恶意调换，将原有的商品换成他物。

在出现包裹丢失的情况时，如果无法通过快递单号查询包裹所在地，卖家应先和买家进行沟通，再联系快递公司进行处理，三方互相配合找到包裹。如果确定包裹已丢失则需向快递公司申请索赔。

对于商品被调换的情况，卖家在发货时尽量使用自己的包装材料进行包装，不要使用快递公司提供的包装盒，以免发生调换货的情况。另外，卖家在选择快递时，应挑选信誉度高、服务完善的物流公司进行合作。

4. 快递员态度恶劣

商品是通过快递员送到买家手中的，由于一些快递员态度差而使得买家在收取商品时未得到满意的服务，这会对商品的评价不利。因此，在选择物流时，特别要注重物流公司的服务质量以及运送人员的整体素质，卖家可以事前对其进行了解。

5. 快递时间过长

在买家付款购买商品后，由于卖家未及时发货或物流公司运输速度慢，就会加长商品的快递时间，如果商品不能在规定时间内送到买家手中，会造成买家的不满。

发生这种情况时，卖家应该主动和买家了解情况，并与快递公司取得联系，找到延期的原因。卖家认真负责的态度，相信会得到买家的理解。

另外，在发货时，卖家要对物流公司的运输速度，以及运输的稳定性进行考察。在发货后，可以告知买家快递大概所需时间，并告知买家快递单号，提醒买家查收。还可以定时关注物流情况，如果出现问题可以及时地解决。

5.7 物流中的常见问题

本章主要介绍了关于物流发货方面的相关知识。本次进阶练习通过一个具体实例来使读者进一步掌握关于快递方面的相关操作。

除了可以在快递公司对应的官方网站来查询快递跟踪信息外，还可以通过综合类网站查询快递跟踪信息。

【例5-5】通过"快递100"网站来查询快递跟踪信息。 视频

步骤 01 启动浏览器，输入网址http://www.

kuaidi100.com/，然后按下Enter键，打开"快递100"网站的首页。

知识点滴

网站可根据用户输入的运单号码自动确定是哪家快递。

步骤 02 在查询文本框中输入要查询的快递单

号,然后单击【查询】按钮。

步骤 03 即可查询出该单号的跟踪信息。

专家答疑

>> 问:当买家在店铺中一次购买多件商品时,如何设置邮费?

答:有时候买家会一次性在店铺中购买多件商品,在没有超过首重的情况下可以让买家只为其中的一件付邮费,其他商品则在拍下后,卖家在支付宝管理页面中重新修改商品价格,减去快递的费用。若多件商品超过首重,卖家也可以根据具体情况重新设定邮费并告知买家。

>> 问:物流服务指数是由什么因素决定的?

答:物流服务指数作为衡量物流公司服务的指标,主要由以下因素决定。

> 服务质量,其中包括该公司在服务中发生的物品丢失、破损的比例;该公司服务态度状况;该公司服务的地域范围,即网点覆盖率;与淘宝的合作配合度;投诉的二次处理的时效,及投诉的二次处理的比例。

> 该公司的价格优惠程度。

> 该公司在作业流程中优化操作流程带来良好的用户体验的多种措施比例。

> 目前该公司被用户选择使用的线上服务量及其增长状况。

读书笔记

第6章

赚钱攻略之网内活动推广

　　淘宝网上有各种促销活动,这些活动会在不同的页面进行推广。积极参加这些活动再配合一些促销工具,也会给店铺带来可观的流量。

6.1 店铺推广策略

做好店铺推广，需要经营者具有一定的观察力和分析事物的能力，本节来介绍如何寻找潜在顾客以及如何准确定位店铺。

6.1.1 寻找潜在顾客

对于想要在淘宝上闯出一番名堂的新手而言，横在面前的首要困难就是"卖什么"。对自己即将进入的行业有充分的了解和预期，并对店铺有着良好的定位，方能使您在未来的淘宝经营中既顺利又省心。

任何生意都是内行人赚外行人的钱，对于想在淘宝上闯出一片天地，赚到真金白银的新手卖家而言，首要的原则是去做自己熟悉、感兴趣、了解的行业，这一点非常重要，切忌因为一些类别的商品在淘宝上交易量很大，就盲目跟从。在上述原则的基础上，我们可以开动脑筋，多去发现市场的潜在需求，并借此为突破口一鼓作气在淘宝的舞台上站稳脚跟。

1. 传统结合现代

这里说的传统商品是指在淘宝上的交易量非常大，但竞争也异常激烈的商品。以服装大类为例，且不论男装、女装、裤子、衣服这样的二级分类，就连袜子、内衣这样的三级分类都盘踞着一些级别非常高的店铺，尤其皇冠级别以上的卖家，占据了大片的市场份额。

这是否意味着新手卖家就没有生存空间了呢？答案是否定的，事实上，只要店铺有特色，哪怕是新店开张也能迅速扩大影响力，得到买家的惠顾和认可。

举个例子，秋冬季节的时候，淘宝上的卫衣销售会非常火爆，但竞争也非常激烈，没有个性的卫衣很难受到买家的青睐。怎样彰显个性呢？这时，我们可以考虑将一些流行元素印制在卫衣上作为亮点，如将网络上流行一时的"航母Style"手势作为贴图印制在 T 恤上。这样做的

好处是，在本产品获得不错的销量的同时，也可以吸引买家眼球，迅速提高店铺人气值，从而带动店铺内其他产品的销售。

知识点滴

由于淘宝网本身是一个网络交易平台，买家自然以网友为中坚力量，因此将商品与网络流行元素相结合无疑是很讨巧的，不仅可以取得良好的大众认可度，而且甚至可以获得网友们的自觉发帖推荐(非淘宝客行为)。

除了个性商品，有独特创意的商品也容易得到买家的青睐。以家庭常用的牙刷为例，早上起来首先要做的事情就是去刷牙，可是当家庭成员增多的时候，面对好多支牙刷有时候就会拿错，而且大家的牙刷都放到一起也不太卫生。因此，下图所示的可爱又实用的牙刷架就很有市场了。

这款仅定价 9.9 元的商品除了具有造型可爱的特点之外，还十分体贴地附赠了一个可以计时 3 分钟的沙漏，可把洗漱时间限制在 3 分钟之内，这样我们就不会把更多的时间浪费在生活琐碎上了。

> **实战技巧**
>
> 类似的思路还有很多，对于新手卖家而言，只要肯多动脑筋，即使是比较成熟的商品类别也能开辟出属于自己的一片新天地。

2. 发掘潜力行业

这里说的潜力行业，可以是淘宝上从无到有的行业，另外那些本来比较冷门，而突然或将要热门的行业我们也可以称为潜力行业。事实上，抓住行业整体上升的契机，一鼓作气在短时间内冲冠的淘宝卖家非常多。

我的好友小美开的一家魔术店就是一个很好的例子，这是一家专门经营魔术用品的淘宝店铺，在现今淘宝竞争如此激烈的环境下，仅用一年零两个月的时间就达到了两冠的信誉，可以说很大程度上得益于对魔术行业商机的把握。

说到魔术，尤其是近景魔术，全国人民都会当然地想到刘谦。但在 2009 年春晚之前，了解刘谦以及他的近景魔术的人大多仅为魔术爱好者，当时的魔术用品的需求量也很小，整个魔术行业尚不成型。小美虽然早在 2005 年就注册了一家自己的淘宝店铺。但是，由于工作的原因店铺迟迟没有启动经营。

一直到了 2008 年，通过与一些魔术爱好者朋友们的交流后，小美大胆预测 2009 年春节晚会上演近景魔术的可能性非常大，而随之而来的效应必将带动魔术行业，因此她当即决定开一家魔术用品淘宝店。花了两个月左右的时间完成了筹备、进货和店铺装潢等工作后，趁着刘谦在春晚上带来的"魔术热"，再把握当年的情人节契

机，小美推出了一批如"火把变玫瑰"之类的适合情人节发挥的魔术用品。

元宵节之后，小美的小店生意很快就迎来了开业以来的第一个高峰，淘宝旺旺的窗口弹出让她每天应接不暇，小美也在很短的时间内就拥有了第一颗钻石，并借此基础一步步走上皇冠之路。

一个淘宝店铺需要定位的方面很多，而价格定位无疑是店铺定位中最重要的一点。作为买卖双方都最为关注的问题，以价格为出击点进行定位，靠价格来打动、吸引顾客，已经成为淘宝店家必须掌握的营销手段之一。

1. 评价策略

有这样一个经典的故事。英国有一家小店，起初生意萧条很不景气。一天，店主灵机一动，想出一招：只要顾客出 1 个英镑，便可在店内任选一件商品(店内商品都是同一价格的)。这可谓捉住了人们的好奇心理。尽管一些商品的价格略高于市价，但仍招来了大批顾客，销售额比四周几家百货公司都高。在国外，比较风行的同价销售术还有分柜同价销售。例如，有的小商店开设 1 分钱商品专柜、1 元钱商品专柜，而一些大商店开设了 10 元、50 元、100 元商品专柜。

在淘宝中我们也可以引用平价策略。例如，在一个卖饰品的店铺中，所有商品的价格均为 9 元，那么可以定位"9 元超市"。对于店主而言，虽然这样一来客户看上去东西很便宜，但实际上

这些商品的利润率却一点都不低，一般都会在100%，最少也会在60%以上，个别利润较低的商品也可以通过与高利润商品互补来达到平衡。

2. 价格组合策略

平价策略虽然诱人，但是实际操作性不强，因为一个店铺的商品大多存在档次高低有别的情况。那么如果您还想通过在价格上做文章的方法来达到吸引买家眼球的目的，就需要用更为高明的技巧了，价格组合策略就是一个很不错的方法。

举个例子，有一家经营电脑音响设备的淘宝店铺，在销售麦克风的时候，首先将麦克风的定价降得比较低，使其在同类产品的搜索榜上具备很高的价格排名，达到吸引买家来看看的目的。

考虑到这是一款电容级别的麦克风(相对线圈麦克风高级些)，而且购买这款麦克风的买家大多用于在家庭电脑上K歌，买家对电脑音质的要求可能也较高，理应具备一定的价格承受能力，这时就可以在商品介绍的时候加入一些文字，指点买家使用电脑K歌的效果不仅取决于麦克风，

而且电脑声卡的好坏也有决定性的作用。接下来，适时地推出一款适合K歌的声卡图片并提供购买链接，必将激起买家强烈的购买欲望。

为了使得两个商品之间存在一定的联系，店家可以给出打包购买的好处，如送礼品，或者降低价格之类，本例是送数据线等礼品，并给出了诱人的礼品图片。

这样一来，虽然麦克风价格较低，但是可以吸引相当一部分客户同时购买利润较高的声卡，店铺的交易量以及利润都可以得到很好的保证。

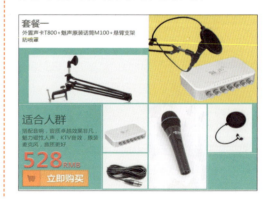

6.2 人气宝贝带来流量

每一个成功的淘宝店铺都应该有自己的"镇店之宝"，也就是人们常说的人气宝贝。人气宝贝现在几乎已经是淘宝卖家们安身立命的必要条件，有了人气宝贝，生意好的店铺生意越来越好。因此对于刚入门的新手卖家而言，急需打造自己的人气宝贝。

6.2.1 人气宝贝的选择

店铺中的商品很多，但并不是每一个宝贝都适合做人气宝贝。

选择哪一个或哪几个宝贝来培养作为人气宝贝，是有一定的标准的。一般来说，需要满足下面3个条件。

1. 必须是适销商品

所谓的适销商品，就是指品种、价格、质量等方面与社会消费需求相适的商品，这要求商品有一定的市场需求，需要买的人会比较多，而且越多越好。

接下来的问题是，卖家怎样才知道什么商品好卖呢？关于这个问题，卖家可以先从整个行业的行情入手，到同行的店里去看看对手们都卖些什么，他们店铺里哪些商品最畅销，那么就可以结合自己情况进行选择了。

实战技巧

通过淘宝搜索榜查看类目可以显示商品的周销售数量，还可以显示有多少家店铺正在销售该商品，另外还显示了参考价格，这个参考价格可以认为是平均价格，卖家可以根据该价格制定自己的价格策略。

2. 有较长适销周期的商品

培养一个人气宝贝需要一定的时间，等卖家终于把它捧上去了，结果却已经是卖不了了，辛苦就白费了。而人气宝贝带来的流量关系到整个店铺的发展，如果做热了的宝贝周期很短，一旦夭折就又要重新做起了，对店铺的发展很不利。所以，卖家要选择那些有持续销售能力的商品来推广，而不要选择短命的商品来作为人气宝贝。

有持续销售能力的宝贝，首先应该供货稳定。例如，卖家有某个商品，厂家已经停产了，而卖家也只有几件库存，卖完了就补不到货了，这样的商品再好也不能作为培养成热卖宝贝的对象。

另外，宝贝的销售期限应该比较长。例如，卖家经营的是一家服装店，当前已经是春寒乍暖的时节，虽然冬装还可以穿但时间已经不会太长了，那么卖家就应该尽量以春装、夏装为人气宝贝进行推广。

3. 质量要有保证

人气宝贝必须质量要好，但并不是说一定是店铺中质量最好的商品才行，因为卖家需要的最终效果是客户能够有最佳的体验效果，并能够体现到购买评价中。

购买评价就是后面购买的顾客衡量商品好坏的尺标，这对卖家非常重要，好的客户评价可以作为商品宣传的一个筹码，放在宝贝购买页面中增加客户购买信心。

所以要获得好的评价，卖家更需要关注商品的性价比。如果商品质量一般，不差，且价位很低，性价比高，也可以考虑培养为人气宝贝。要培养的商品，至少能让大部分买家都会觉得值这个价，反之，如果买过的客户都觉得很垃圾，那这样的商品估计还没培养成功就中途夭折了。

4. 市场认可度高

还有一点，就是要挑选那种有一定市场认可度的商品，这种商品为大众所熟知也更加容易被接受，而且一般价格比较透明，虽然销售的店家也会较多，但是如果卖家为该商品制定一个低价战略，就很容易独占鳌头打开局面。

实战技巧

在选择人气宝贝的时候要有一定的前瞻性，淘宝店铺推广能力是有限的，如果能够和官方的推广活动结合起来，自然事半功倍。

6.2.2　人气宝贝的推广

选择好了要培养的人气宝贝后，下面要做的事情就是推广。在推广之前，为了做到有的放矢，需要先了解一下人气宝贝的判定标准，也就是说，怎样才算是人气宝贝？

人气宝贝主要与下面 5 个因素有关：

- 成交量（最关键）；
- 宝贝被收藏次数；
- 浏览量；
- 店铺信誉；
- 好评率。

5 个要素当然都是越高越好，然后淘宝会根据这些因素，给出一个综合分，综合分高的宝贝，就是人气宝贝了。接下来，就应该针对这些因素进行推广了。说到推广，这是一门硬功夫，具体的方法也是五花八门，这里介绍一些比较快的培养方法。

1. 基础设置

所谓基础设置，就是那些在自己店铺中所能做的简单推广方式，如橱窗推荐、店铺掌柜推荐、促销区推荐、VIP 和折扣券等。这些设置都可以在一定程度上增加宝贝的曝光量。

2. 从身边卖起

这个办法虽然有炒作之嫌，但不能算是刷信誉，而且见效会比较快。发动身边的亲朋好友，要他们来买或推荐他们的熟人来买。如果卖家的朋友真正购买，那是最好不过。即使不是真买，假买也可以。

注意叮嘱朋友们写评语的时候尽可能地如实写好，不要过分夸大、言过其实，否则会抬高后面的真正买家的期望值，容易导致后面顾客的不满。

3. 增加收藏人群

发动所有能动员的人来收藏宝贝，可以找亲朋好友来收藏，联系老顾客帮忙收藏。除此之外，还可以和其他店铺的掌柜交换收藏。

现在淘宝社区里有不少掌柜间互相收藏的帮派，卖家可以加入这些帮派，花一些时间"相互帮忙"一下，把收藏人数给做上去。

4. 低价捆绑销售

当顾客在店铺中购物时，卖家可以将要打造的宝贝推荐给他们，甚至不惜用成本价卖给他们。当然，前提是一定要和他们协商好了收到货后要及时评价并能帮你写上好的评语，简单说就是"低价换好评"。

使用这个办法要注意的一点就是，所谓的低价、降价，都是私下行为，不能公开降价。原因很简单，降价容易升价难，即使通过低价卖了不少，把宝贝给做热了，一旦提价，以前的销售记录仍在，后面购买的顾客就极有可能会看到，那么成交量就有可能会大打折扣。

> **知识点滴**
>
> 使用低价捆绑的时候要注意，我们的实际成交价格不能低于宝贝标价的 4/5，否则即使交易成功也对我们打造人气宝贝没有帮助，因为这样的交易不会被计入有效成交量。

5. 使用各种宣传方式

如直通车、淘客、发帖等，总之想方设法地去宣传这个宝贝。当这个宝贝排名靠前面几页的时候，就可以说是人气款了，带来的流量会是相当可观的。接下来就是利滚利的马太效应了，一个人气宝贝带来了流量，带动其他商品的成交，进而可以发展出更多的人气宝贝。这就是为什么做得好的店铺热闹非凡，而没有人气的店铺就更加冷清的秘密所在了。

6.2.3　人气宝贝的维护

人气宝贝是卖家花了很多心血去打造的，所以绝不能卖火了就不管，时常去维护是非常重要的。

宝贝卖得越多，中、差评的几率也就越大。在实际操作中，毕竟买家的层次复杂，各人情况和评价标准也不同，同样的宝贝有人买了后由衷称赞，而有些人则将其贬得一文不值的例子在淘宝上屡见不鲜。所以对于人气宝贝的中、差评，卖家一定要加倍认真对待，想尽一切办法让买家改成好评，哪怕需要贴钱。尤其是评语，因为单品的评价详情里是不会出现是好评还是中、差评的，只显示顾客的评语，好评语可以把宝贝捧上去，负面评语会让宝贝摔下来。

不进则退的道理在竞争激烈的淘宝永远正确，所以人气宝贝的维护还需要做到持续不断地推广。卖家决不能因为现在的宝贝流量已经很可观了就放松推广工作。

知识点滴

有些卖家使用"找人代刷"的方式来打造人气宝贝，笔者不建议这样做。因为这样做需要为此承担两个风险：一是被淘宝网查处，情节严重的会被封店；二是可能会被帮你炒信誉的人敲诈，添加不必要的麻烦。

6.3 使用直通车推广

淘宝直通车是为淘宝卖家量身定做的，按点击付费的营销工具。使用淘宝直通车，在给宝贝带来曝光量的同时，其精准的搜索匹配可以给宝贝带来精准的潜在买家。

6.3.1 认识淘宝直通车

在使用淘宝直通车前，我们先要对淘宝直通车有一个了解，淘宝直通车是淘宝推出的一种全新搜索竞价模式，简单来说就是广告展位。淘宝直通车的具体展位位置是在搜索宝贝结果页面的右侧和最下端，其实就是我们常见的【掌柜热卖】专栏。

直通车展位B(下端)

直通车展位A(右侧)

知识点滴

定制直通车时，卖家可针对每个竞价自由定价，并按实际被点击次数付费。最低出价为0.1元 最高出价是100元，每次加价最低为0.01元，排名越高出价也会越高。

淘宝直通车可以给卖家带来的好处主要有下面四点。

> 被直通车推广了的宝贝，只要想来淘宝买这种宝贝的人就都能够看到，大大提高了宝贝的曝光率，给您带来更多的潜在客户。

> 只有想买这种宝贝的人才能看到你的广告，给你带来的点击都是有购买意向的点击，带来的客户都是购买意向的买家。

> 直通车能给您整个店铺带来人气，虽然你推广的是你单个的宝贝，但很多买家都会进入您的店铺里去看，一个点击带来的可能是几个成交，这种整体连锁反应，是直通车推广的最大优势，久而久之你的店铺人气自然会高起来。

可以参加更多的淘宝促销活动，直通车用户具有不定期专享的淘宝单品促销活动，加入直通车后，可以报名各种促销活动。

6.3.2 开通淘宝直通车

开通淘宝直通车的方法很简单，首先进入卖家中心，在【营销中心】一栏中单击【我要推广】文字链接。

进入到推广界面，然后单击右侧的【淘宝直通车】图标。

进入淘宝直通车界面后，接下来您需要做的事情就是充值缴费了，由于直通车是按照点击量来收取费用，因此这个缴费类似于手机充值，必须先充一定的金额，然后才可以使用。

首次开通直通车的充值最低金额为 500 元，以后充值可以不受此金额限制。

6.3.3 制定直通车战略

很多卖家形容淘宝直通车是一把双刃剑，淘宝各论坛对直通车服务也是毁誉参半。其实在笔者看来，如果直通车推广策略得当，对于店铺的提升效果还是不错的；但如果推广策略失败，也有可能会亏得欲哭无泪。

1. 宝贝设置

参加奥运会时，每个国家都会派出最优秀的选手，加入淘宝直通车也是一个道理，我们需要挑选店铺中最优秀、最值得推广的产品去推广。这样的宝贝，应该满足以下几个条件。

质量要有保证。不可否认，有些店家的商品有鱼龙混杂的情况，但是参加淘宝直通车的商品，必须要质量好，要能够经得起消费者的考察。

价格低于同类商品。直通车只是让买家可以更直接的浏览到您的商品，而最终商品能否被拍下成交，价格始终是个关键，为此我们可以重点推广那些特价宝贝。

有较好的销售情况和评价。买家的从众心理很强，他们在浏览商品的时候经常会关注其他买家的购买情况。是否有很多人买这个商品？他们的评价怎样？类似这些问题都是他们要观察和考虑的，因此好的销售记录和评价也是促成客户购买的重要因素。因此，在宝贝的浏览页，我们可以刻意附加一些火爆销售记录，打造热卖气氛。

2. 关键词设置

选择了合适的宝贝之后，还需要为宝贝设置好的关键词。设置关键词的正确思路应该是首先提炼宝贝的产品属性。例如，要推广的宝贝是服装，那么应该从产品名称、功能、特色、图案、颜色、质地、流行元素、款式、尺码、风格和编号等方面来构思，具体设置时应该做到下面几方面。

▶ 关键词要全面。一个宝贝至少需要设置20个以上的关键词，这样才可以尽可能多地吸引流量，产生好的推广效果。

▶ 关键词的字数不能太多。一般关键词应该控制在5个字以内，但是我们可以设置组合词，如"泰迪熊 特价"。

▶ 关键词要精准。越精准的关键词成交的几率越大，反之越空泛的关键词成交可能越小。例如，"服装"这样的关键词其实价值不大，因为以这个词为搜索条件的客人只想随便看看而已，而"耐克T恤"这样的关键词就精确有效得多了。

由于不同的关键词，出价也高低有别，因此我们设置关键词的原则是要做到收益最大化，这里我们可以按照流量高低将关键词分为"流量大的关键词"、"流量小的关键词"、"几乎没有流量的关键词"三类，然后区别对待制定相应的战略。

▶ 流浪大的关键词。由于这类关键词的搜索量很高，因此使用的人也很多，竞价非常激烈。所以从性价比上来考虑，如果您的产品利润较高，那么可以将这类关键词的位置争取做到前三页。但不管怎样，一定要在前十页以内，否则这个关键词就会丧失价值。

▶ 流量小的关键词。这类关键词是我们最需要重视的，您的店铺的绝大部分流量都将会来源于此，因为它们大多属于精准词，虽然搜索量低，但是成交率非常高。所以，在对待这类关键词的时候，我们应该尽量将其排名向上顶。

▶ 几乎没有流量的关键词。这类关键词没有什么价值，是我们在关键词管理时需要优化和清理的对象。

> **知识点滴**
>
> 总而言之，淘宝市场是不断变化的，我们设置关键词也不可能一次到位，所以做直通车的时候一定要不断优化关键词和出价，切忌设置之后就听之任之放弃管理。

6.4 使用"欢乐逛"服务

"欢乐逛"是一款非常好用的淘宝促销小工具，具有帮助卖家科学统一管理店铺促销活动，批量添加各种促销信息等功能。另外，"欢乐逛"还提供大量的促销素材，编辑非常方便，很大程度上节省了卖家的时间，让店铺促销变得更加轻松！

6.4.1 订购"欢乐逛"服务

要想使用"欢乐逛"，首先要订购"欢乐逛"服务。

【例6-1】订购"欢乐逛"服务。 📹视频

步骤 01 登录淘宝网进入卖家中心，然后单击【软件服务】区域【订购服务】按钮。

步骤 02 打开【淘宝卖家服务】页面，输入"欢乐逛"，然后单击【搜索】按钮。

步骤 03 打开下图所示页面，然后单击【欢乐逛】图标。

📎 知识点滴

在上图所示页面中，用户可选择订购多种淘宝促销小工具。

步骤 04 打开下图所示页面，选择所要订购的服务版本和周期，然后单击【立即订购】按钮，按照提示付费后，即可成功订购"欢乐逛"服务。

6.4.2 设置"情人节特惠"活动

成功订购了"欢乐逛"服务后，即可使用"欢乐逛"来设置各种促销活动了。

【例6-2】使用"欢乐逛"服务，设置"情人节特惠"活动。 🎬 视频

步骤 01 登录淘宝网进入卖家中心，然后单击【营销中心】类目下的【促销管理】链接。

步骤 02 打开促销管理页面，选择【热门工具】标签，然后单击【已订购工具】区域的【欢乐逛】图标。

步骤 03 进入欢乐逛后台操作页面，单击左侧的【促销活动】链接。

步骤 04 打开下图所示的页面，然后单击【限时折扣】按钮。

步骤 05 打开活动设置的页面，然后按照提示设置活动内容，效果如下图所示。设置完成后，单击【下一步】按钮。

步骤 06 打开下图所示页面，选择要参加活动

的宝贝，然后设置活动折扣。

步骤 07 设置完成后，单击【加入活动】按钮，然后单击【完成添加】按钮。当显示下图所示页面时，表示活动创建成功。

6.5 使用"满就送"服务

"满就送"服务主要包括满就送优惠券、满就送礼品、满就送彩票、满就减现金、满就免邮等功能。使用这些功能可有效提升店铺销售业绩，提高店铺购买转化率，提升销售笔数，增加商品曝光力度，节约人力成本和增加店铺购物的乐趣。

6.5.1 开通"满就送"服务

要开通"满就送"服务，可以先登录淘宝网，进入卖家中心。然后单击【营销中心】类目下的【我要推广】链接。

在打开的页面中单击【官方营销工具】区域的【满就送】图标。

知识点滴

"满就送"是一个付费服务，该服务一个季度费用24元。完成支付后，该服务即可使用。

打开下图所示页面，选择使用周期，然后单击【立即订购】按钮，按照提示付费后，即可成功订购"满就送"服务。

6.5.2 用好"满就送"的技巧

目前有数十万卖家都在使用"满就送"服务，但很多卖家都停留在"订购"和"设置完成"这个阶段，这是一个错误的做法。举个例子，这就像商场搞促销活动，如果仅仅策划了活动而不去宣传，那就没多少人会知道，只有宣传了，才能达到良好的效果。

因此在使用"满就送"活动时,要掌握以下几方面技巧。

1. 选择活动主题

可以选择与节日或大型活动相关的主题,如世界杯、青奥会、情人节、母亲节、圣诞节和春节等,这样更贴近买家的心理。

2. 店铺首页展示

好的促销活动一定要让买家第一眼就能看到,因此一定要将"满就送"活动海报放在店铺的显眼位置。

3. 多渠道宣传做推广活动

好的促销活动一定要大力推广,卖家可以通过淘宝社区、阿里旺旺、腾讯QQ、电子邮件和微信等多种方式推广自己店铺的活动。

4. 巧妙粘贴代码

用户可将设置的"满就送"活动代码粘贴到宝贝详情中,让更多的买家看到。

5. 设置促销金额的技巧

如果你设置了"满168元包邮",那么这个"168元"最好是两件或两件以上商品的价格,如果只是一件商品的价格就超过了168元,那就失去了意义。

6. 要量力而行

在设置"满就送"活动时,买家要量力而行,不能一味地追求促销效果而不顾成本,造成不赚反亏的局面就得不偿失了。

6.6 使用"搭配套餐"服务

"搭配套餐"服务是一种能够将几种商品组合在一起设置成套来销售的促销工具。它可以提升店铺销售业绩,增加商品曝光力度。

6.6.1 开通"搭配套餐"服务

要开通"搭配套餐"服务,可以先登录淘宝网,进入卖家中心。然后单击【营销中心】类目下的【我要推广】链接。

在打开的页面中单击【官方营销工具】区域的【搭配套餐】图标。

打开下图所示页面，选择使用周期，然后单击【立即订购】按钮，按照提示付费后，即可成功订购"搭配套餐"服务。

6.6.2 使用"搭配套餐"的好处

搭配套餐最大的作用首先就是提升客单价。比如你店铺原先的客单价是 80 元，你想提高到 100 元，怎么办？就用搭配套餐，让用户打包买，客单价就提升了。

知识点滴

客单价是指商场(超市)每一个顾客平均购买商品的金额，也就是平均交易金额。客单价的计算公式是：客单价=销售总额÷顾客总数，或者是客单价=销售总金额÷成交总笔数。

另外，对于品牌的商品来说，搭配的作用还可以维持品牌的形象。因为在淘宝上，低价打折才是王道，但是一个品牌不断地打折无疑也会损害品牌形象，如果使用搭配套餐这种暗折扣形式，就不会让用户形成老打折的廉价形象。对品牌产品来说，搭配套餐是一个好工具，而且通过搭配套餐卖的商品，在交易记录里面显示的是原价，这个好处就不言而喻了。

6.6.3 "搭配套餐"的推广

官方的搭配工具在宝贝详情页的上方会有一个自动搭配区域，这里只需卖家设置好搭配套餐后，就会自动显示在宝贝主图下方。

如果买家觉得官方的搭配框显示得不够明显，可以在每款参与搭配的产品底下，再加上搭配套餐的情况，而且要把搭配后的好处清楚地标出来，放在详情页的顶部。

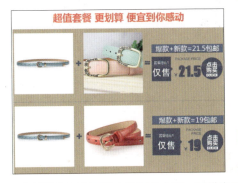

店铺的首页也要放上搭配的大图，同样也要把搭配后的好处明显地写出来，这样可以让买家一进店就能看到。

6.6.4 适合设置搭配套餐的商品

设置搭配套餐时,不能为了搭配而搭配,要选择合适的商品来设置活动。最适合设置搭配套餐服务的商品有以下几种。

1. 服装类

这无疑是最好搭配的类目,可以衣服+裤子+帽子搭配、也可以同色系的衣服搭配、同风格的衣服搭配,对于衣服来说,大家都不会嫌多,只要东西看上去靠谱,价钱合适,一般搭配套餐购买成功率会很高。

2. 化妆品类

因为女性买家对皮肤相对比较敏感,而成套的化妆品效果也会比较好,所以多种化妆品搭配着卖,效果也不错。像商场的专柜,卖单只的都比较少,都是整套卖的。化妆品的搭配一般都是按不同功能来搭配的,如水+乳液+面霜,美白面膜+保湿面膜等。

3. 零食类

零食的单件价格比较低,加上运费会比较不划算,所以买家买零食的时候,倾向于买很多(包邮的不算),各种不同的零食搭配起来,效果也会不错。

6.7 "钻石展位"推广

"钻石展位"是淘宝网面向全网精准流量实时竞价的展示广告平台,以精准定向为核心,凭借淘宝海量的用户数据和多维度定向功能,为客户提供广告位购买、精准定向、创意策略、效果监测和数据分析等一站式全网广告投放解决方案,帮助客户实现更高效、更精准的全网数字营销。

6.7.1 报名"钻石展位"

要使用钻石展位功能,可先登录淘宝网,进入卖家中心。然后单击【营销中心】类目下的【我要推广】链接。

在打开的页面中单击【常用链接】区域的【钻石展位】图标。

进入钻石展位页面，可看到关于钻石展位的介绍。

登录自己的淘宝账号，如果达到资质，就可以报名参加钻石展位推广了。

6.7.2 "钻石展位"的展示位置

钻石展位的展示位置主要有以下几个。

▷ 淘宝首页底部通栏广告，以通栏形式展示。

▷ 淘宝首页第二屏的右侧大图，以方形区域展示。

▷ 二级频道首页，以大图形式展示。

▷ 淘宝美妆频道页面，右侧大图。

6.7.3 "钻石展位"推广技巧

许多卖家认为钻石展位是大卖家的天下，其实不然，只要做好推广，钻石展位对于任何级别的卖家都会有明显效果。

1. 推广什么很重要

钻石展位不仅适合发布宝贝信息，更适合发布店铺促销活动，推广自己的店铺品牌。

推广商品。如果主推是商品，一定要把商品做到最好，因为钻石展位是按流量付费的。商品有绝对的优势和吸引力，才能吸引买家点击和购买。如果仅有点击率而没有成交量，那无疑是失败的。

推广店铺。成功的钻石展位推广定能引爆店铺的销量，因此店铺装修一定要跟上节奏。装修精美的店铺更能让买家看到卖家的诚意，从而产生购买欲。

推广促销活动。促销活动最能抓住买家的眼球，尤其是一些优惠力度很大的活动，做钻石展位也可以带来巨大流量。

2. 准备好素材是关键

钻石展位的图片很重要，图片一定要吸引买家眼球，如果你的图片不能吸引买家点击，那么即使你的展示机会再多也没有用，这样只会浪费更多的钱财。

那么怎么才能准备好图片素材呢，用户可参考以下几点。

> 在图片中展示店铺的品牌或名称。

> 人物易用表情比较夸张的漂亮图片。

> 突出主题和重点。

> 使用清晰度高、效果好的商品图片。

6.7.4 "钻石展位"竞价技巧

流量是一切点击、成交的基础，而竞价则是

以合适的价格拿到足够的流量。使用"钻石展位"服务时，做竞价要掌握以下技巧。

> 参考每个展位当前竞价情况，看看别的卖家都以什么价格占到了什么流量比，然后考虑自己的出价。

> 不要出得太高，也不要出得太低，要保证在能竞价的基础上，花最少的钱，获取最多的流量。

> 当看到一个卖家占的流量比较多时，如超过了20%，那么最好出价比他略高。

> 出价排名和所占流量比是一直都变化的，用户应在每天下午临近3点时，关注变化趋势。

6.8 实战演练

本章主要介绍了各种如何通过网内活动来推广自己店铺的方法。本次实战演练通过几个具体实例来使读者进一步掌握"欢乐逛"服务的使用方法。

6.8.1 设置团购活动

【例6-3】使用"欢乐逛"服务，设置团购活动。 视频

步骤 01 登录淘宝网进入卖家中心，打开"欢乐逛"工具并进入其后台操作页面。然后单击左侧的"促销活动"链接。

步骤 02 打开下图所示页面，然后单击【其他活动】按钮，选择【团购】选项。

步骤 03 打开活动设置的页面，然后按照提示设置活动内容。设置完成后，单击【下一步】按钮。

步骤 04 打开下图所示的页面，设置参加团购商品的折扣价格。

步骤 05 设置完成后，单击【加入活动】按钮，然后单击【完成添加】按钮。当显示下图所示页面时，表示活动创建成功。

6.8.2 添加团购模块

【例6-4】使用"欢乐逛"服务，在店铺中添加团购模块。（视频）

步骤 01 登录淘宝网进入卖家中心，打开"欢乐逛"工具并进入其后台操作页面。然后单击左侧的"店铺模块"链接。

知识点滴
卖家必须先为商品设置团购活动，才能在店铺中添加团购模块。

步骤 02 在打开的页面中选择一个想要使用的团购模块模板，然后单击相应的【开始制作】按钮。

步骤 03 在打开的页面中单击要参加团购的商品。

步骤 04 即可自动套用团购模板并显示预览效果。确认无误后，单击【发布】按钮。

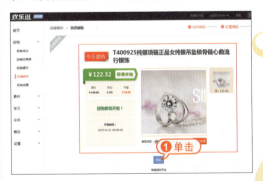

步骤 05 出现下图所示页面时，表示团购模块发布成功。

恭喜您发布成功！
您只需在店铺里添加对应模块就可以展示了
店铺设置步骤：1、进店铺装修 2、添加"欢乐逛"模块 帮助教程

步骤 06 接下来需要在店铺中添加"欢乐逛"模块。进入店铺装修的后台页面，然后打开【添加模块】对话框。

步骤 07 在【我购买的模块】标签中单击【欢乐逛】后方的【添加】按钮。

步骤 08 成功添加欢乐逛模块并发布店铺后，效果如下图所示。

专家答疑

>> 问：如何参加"聚划算"活动？

答："聚划算"是淘宝网全力打造的新概念团购平台，以"体验式团购"为核心理念，除了为广大淘宝买家提供最新的团购资讯外，也给卖家提供了很好的宝贝曝光机会，提高了商品的销售量，增加了店铺的人气。要参加聚划算活动，可登录淘宝网，进入卖家中心，在左侧的【营销中心】分类下单击【我要推广】选项，在打开的页面中单击【报名聚划算】图标，即可进入【聚划算商户中心】页面，然后用户按照活动规则报名参加活动即可。

读书笔记

第7章

赚钱攻略之免费资源推广

店铺的推广直接影响到店铺的成长。在淘宝网上开店同样需要卖家学习各种营销推广技巧，掌握一定的销售手段，不断积累各种开店技巧和经验，才能使自己的店铺保持长久和旺盛的生命力。本章主要介绍如何利用免费资源进行推广。

7.1 使用淘宝免费资源

推广的目标是想尽一切办法让目标客户找到自己，目前网上开店的人越来越多，竞争越来越激烈，如何让目标客户快速准确地找到自己，就要看推广的手段与方法了。在淘宝上可以免费做广告的地方很多，为了节省成本，我们可以利用这些免费资源来推广自己的店铺。

7.1.1 互相添加友情链接

用户可以在自己的店铺中添加友情链接模块，在该模块内店家可以提供一些其他店铺的链接，以方便买家访问。

那么添加友情链接有什么好处呢？从利益角度来说，我们应该和自己店铺销售相关的店铺建立友情链接，而不是逮到谁就链接谁，这里所谓的“相关”可以有很多方面。

- 宝贝用途相关。例如，某店铺销售漂蜡产品，漂蜡一般会用在婚礼上，或者情侣生日宴会之类的活动上，因此这样的店铺适合与销售婚纱婚礼用品的店铺做链接，两家店铺可以相互推广。
- 宝贝相互配套。例如，某店铺是销售手机附属商品的，如手机套、充电器等零配件，那么该店铺可以和销售手机的店铺做链接，并且商定彼此推广。
- 消费群体类同。例如，某店铺是销售日韩原单名牌衣服的，价格比较昂贵，那么它可以和销售高级皮草的店铺做链接，因为他们的客户群体都是消费水平较高的女孩，所以彼此的客户可能会有相关需要，而且他们所针对的客户一般都比较固定，这样的互相链接推广效果就会很好。
- 宝贝成一体系。例如，有一家店铺是专门销售四川特色食品的，那么该店铺可以考虑和其他地区的特色食品店铺进行友情链接。试想，如果店铺链接里是内蒙的奶酪、新疆的果脯、东北的长白山松子、广州的甜点，这样的推广不仅会很有针对性地指向喜欢在淘宝觅食的买家，而且还可以成为一个很有特色的体系。

实战技巧

类似的思路还有很多，新手卖家不妨举一反三，在进行淘宝友情链接的时候多用用心。从淘宝网友情链接的实际使用情况来看，大多数友情链接还是建立在朋友相互帮忙的基础上。所以如果想要较好地利用友情链接，笔者建议新手卖家还是多逛逛社区或者淘宝江湖，多交一些朋友为首要，毕竟“友情”链接还是以友情为先。

如要添加友情链接，卖家可以在进入自己的淘宝店铺后，在【店铺管理】一栏中单击【店铺装修】文字链接，进入装修后台添加。

【例7-1】在店铺中添加友情链接模块，并在模块中添加友情链接。视频

步骤 01 登录淘宝网，进入卖家中心，在卖家中心左侧展开【店铺管理】选项，然后单击【店铺装修】链接。

步骤 02 进入装修后台页面，在左侧侧边栏中单击任意模块右下角的【添加模块】按钮，打开【添加模块】对话框。

步骤 03 在【添加模块】对话框中单击【友情链接】选项后方的【添加】按钮，添加友情链接模块。

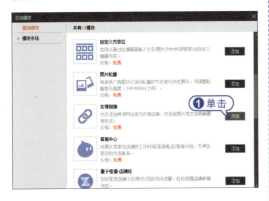

步骤 04 单击友情链接模块右上角的【编辑】按钮 ✎。

步骤 05 打开【友情链接】对话框，在【链接名称】文本框中可以输入链接的名称，在【链接地址】文本框中可以输入目标店铺的地址。单击【添加】按钮，可以添加多个友情链接。

知识点滴

选中【图片】单选按钮，可以添加图片形式的友情链接。在【显示设置】选项卡中可以设置是否显示模块标题。

步骤 06 设置完成后，单击【保存】按钮，返回装修后台页面。发布店铺后，该模块效果如下图所示。

实战技巧

店铺与店铺之间的链接，有着绝对的优势。把皇冠的卖家店铺比作一家生意好的大卖场，那么店铺友情链接后，你的店铺名称就会出现在皇冠卖家的店铺中，而且位居首页，单击就可以进入你的店铺，就相当于在大卖场里放了一块广告牌。

7.1.2 相互收藏店铺

在生意场上的竞争对手同时也是老师，有时甚至是指引前进的明灯，让自身少走许多弯路。可以找几家比较知名的店铺进行关注，时常学习高级卖家的经验，以提高自身水平。

打开要收藏的淘宝店铺，然后单击主页右上角的【收藏店铺】链接。

即可将该店铺加入自己的收藏夹。

收藏店铺后，在淘宝收藏夹中即可看到被收藏店铺的各类动态信息。

7.1.3　灵活运用信用评价

在淘宝网，广告可谓无处不在，可以做免费广告的地方很多，甚至连给买家的信用评价里面也可进行待宣传。

在淘宝网中，交易成功后，买卖双方都可以给对方进行评价，所有浏览该店铺的用户都可以看到评价内容。因此卖家可以在对买家的评价中加上一些店铺的宣传广告语，以达到免费宣传自

己店铺的目的。

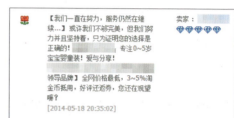

7.1.4　发放店铺优惠券

店铺优惠券是一种虚拟的电子券，卖家可将其发给店铺的买家，当买家再次在本店购物时，可以使用优惠券来抵消一部分现金。给买家发放店铺优惠券具有以下好处。

▶ 将实体店面促销方式带入网店，可大大提高会员再次购买的概率。

▶ 以营销消息的形式将店铺优惠券发放到会员手里，拓展销售方式，提高店铺流量。

▶ 通过店铺优惠券，发展新会员、维护老会员。

卖家向买家发放店铺优惠券，一般可以采取

以下几种方式。

> 在店铺首页设置自主领取优惠券按钮，让买家自主领取。

> 卖家设置了"满就送"优惠券，当买家购买金额满足一定条件并交易成功后，即可收到赠送的优惠券。

> 买家可以使用商城积分兑换优惠券。

> 买家可以进入店铺优惠券抢购页面，抢购优惠券。

> 优惠券随包裹一起寄给用户。

> 短信通知客户领取优惠券。

要使用店铺优惠券，用户应开通淘宝官方优惠券功能。

用户还可订购其他优惠券工具来设置多种功能的店铺优惠券。

7.1.5 加入网商联盟

网商联盟主要专注于中国电子商务在线交易的信息数据收集、整理、统计和分析，重点研究和掌握全球消费者的消费行为。

淘宝的网上联盟相当于现实社会的各大商会一样，加入网商联盟能够提高顾客对自己的信任，不仅有利于店铺的成交量，还能有效地宣传自己的店铺。总的来说，加入网商联盟具有以下好处。

> 拓宽朋友圈，开阔眼界。网商联盟成员通过网上畅谈，或者网下聚会互动，可以直接获取更多有用的信息资源，无论是技巧技术上的，还是经营管理方面的经验都会让你受益匪浅。另外商盟经常举办各种活动，有利于你认识结交一些不同行业的朋友。

> 增加买家信任感。加入网商联盟可提升自己店铺的诚信度，店铺LOGO或者论坛头像旁边的商盟标志就等于是给你的店铺挂了一个"信得过"的牌子。透过这小小的标志，会使你店铺的诚信度大增。

> 商盟内也可带来生意。商盟中的卖家基本上都是本省/市的人，有共同的地域文化、相近的价值观、良好的认同感，而且由于地域邻近，可省下不少物流费。所以商盟成员之间更容易产生合作愿望，赢得了信任或获得商友帮助后，达成交易的过程将会更加顺畅。

> 与商友分享经验。在网商联盟中，可以与其他盟友一同分享经营中的苦乐酸甜，有什么疑惑或问题可以寻求其他盟友的帮忙，其他盟友

的优秀经营经验可以拿来借鉴。

▶ 起到免费宣传的作用。商盟有时可起到免费帮你宣传的作用，商盟有专门的首页推荐位，加入商盟成为正式会员后，可以在首页上推荐你的宝贝，而商盟成员中也会加上你的店铺，这两者都可以直接或间接地给你的店铺增加一定的浏览量。

▶ 商盟荣誉感。能入商盟，本身就代表一份荣耀和认可，当你经过商盟的层层考验，和各种规则的约束，最终加入商盟以后，那种荣誉感，那种责任义务感会油然而生。可以经常想想如何为商盟作出贡献，商盟的知名度和销售排名上去了，你也会感到由衷的自豪。

▶ 品牌意识感。加入商盟其实就是众多卖家共同打造一个品牌，随着市场经济的发展，很多真实的例子给了很多的经验和教训，只有联合经营、标准化和规模化发展才能带来更多的效益，加入商盟就是为了借用团体的力量发展生意，大家一起打造自己的品牌，这样才会有效果，从而给自己带来效益。

7.1.6　擅用淘宝VIP卡

淘宝VIP卡是指由淘宝网设定的优惠卡，买家持淘宝VIP卡在淘宝网上购买支持淘宝VIP卡的商品时，可根据VIP卡的折扣享受相应优惠。

淘宝VIP卡分为3个等级，分别为：VIP1、VIP2、VIP3以上。不同等级的VIP卡一般享有不同的折扣优惠；以同一VIP卡购买不同属性的商品也能享受不同程度的优惠。

自从淘宝推出淘宝VIP卡后，越来越多的卖家通过设置VIP卡大大提升了交易量，而买家也通过VIP卡得到了实惠。如今数百万的淘宝买家都拥有淘宝VIP卡，他们在选购物品的时候已经习惯性地搜索设置了VIP卡优惠的产品，因此为店铺商品设置VIP专享价，可大大提高店铺的浏览量和成交量。

【例7-2】为店铺宝贝设置不同等级的VIP价格。
📹 视频

步骤 01 登录淘宝网，进入卖家中心，在卖家中心左侧展开【宝贝管理】|【出售中的宝贝】选项。

步骤 02 打开【出售中的宝贝】页面，选中要设置的宝贝，然后单击【设置淘宝VIP】按钮。

步骤 03 打开下图所示页面，继续选中要设置的宝贝，然后在相应的文本框内设置折扣幅度。设置完成后，单击【参加】按钮。

步骤 04 打开下图所示对话框，单击【确定】按钮，完成淘宝VIP的设置。

7.1.7 利用店铺动态评论

在淘宝店铺主页中，单击导航栏中的【店铺动态】按钮，即可进入店铺动态页。

在店铺动态页中主要显示了店铺的新品上架通知和促销活动通知等信息。

卖家可在这些通知下方单击【评论】按钮，发表评论，通过这种形式，起到答疑和宣传店铺的作用。

实战技巧

卖家应及时关注自己的店铺动态评论，发现恶意评论要及时删除，以免给店铺造成不良影响。

7.2 使用淘宝社区免费推广

对于淘宝店铺来说，依附淘宝平台本身做宣传，是最直接、最有效的方法。下面就以如何在淘宝社区宣传自己，介绍一些实用的宣传之道，以最快的速度积聚到人气。

7.2.1 加入淘宝社区论坛

淘宝社区由论坛和帮派组成。淘宝论坛是一个完全开放自由自主的平台，只要是淘宝网的用户，就可以在淘宝论坛任何一个版块发表高论。在这里可以和上亿用户一起分享淘生活、淘故事，分享生活中的喜怒哀乐，分享购物中的经验等。淘宝千千万万的淘友，也可以按照自己的兴趣喜好聚集在一起组成帮派。

虽然淘宝论坛不是一个专业论坛，但它的某些版块比有些知名社区的版块还要火爆，如在【经验畅谈居】版块中的一个精华帖，常常会有成千上万的回帖。

进入淘宝首页，单击首页右侧的【论坛】链接。

进入社区首页，将鼠标指针悬浮在【全部论坛】标签的上方，即可看到论坛的所有分类标题。

单击任意标题，如单击【分享】分类下的【淘宝达人】链接，可打开论坛的【淘宝达人】分区页面，页面上方是论坛推荐的精华帖。

知识点滴

页面的左侧是论坛导航区域，单击其中的任一标题，即可跳转至相应分区。

向下拖动滚动条，可看到论坛最近发布的主题帖的标题。

单击某主题帖的标题，即可浏览该主题帖的内容。

实战技巧

主题帖的标题是很重要的，是吸引人进来看这个帖子的关键。

看了别人的帖子，就知道为什么来淘宝社区发帖子可以很好地宣传自己了。现在淘宝社区的人气很旺，并且来这里现身的人，都是接受网购这种新兴买卖方式的时尚达人，所以在这里发广告的效果是非常好的。但是淘宝网规定来这里发广告，不能明目张胆，卖家可以通过写帖子、回复帖子、在签名档落款等方式留下店铺的广告信息。

在社区论坛中，买家来"寻"宝贝，卖家来"抓"商机。其实当用户加入社区，融入这个大家庭后，才会体会到淘宝社区不只是买卖双方寻找机会的生意场所，更重要的是这里有各种各样的经验介绍和教程指导。无论是否为了买卖，这些经验和教程都会让用户受益匪浅。另外，这里也是用户结交朋友的绝佳场所。正是因为这样，现在许多人来淘宝不是为了买东西、卖东西，而只是为了"逛社区"。

7.2.2 主题帖的常见类型

在淘宝社区发布的帖子有很多种，下面是最常见的几种类型。

> 教程帖。图文并茂、简单易懂的教程帖的宣传效果最好，因为这种帖子生命力强，也容易被推荐到淘宝大学。用户可多发经验帖和教程帖，这两种帖子对提升自己的形象最有帮助。

> 经验帖。经验帖大都是总结个人的一些购物、销售经验，对其他卖家(买家)有借鉴意义。这样的经验帖，大多数淘友都会回复，即使那些知道这些经验的淘友，也会感谢你的热心。另外，这种帖子加经验的机会比较大。

> 故事帖。要经常感悟淘宝过程中的生活，多写些心情故事甚至爱情故事。如果能被首页推荐，知名度又会增加许多。

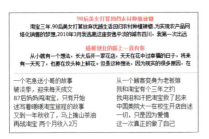

> 助人帖。积极争当论坛里的活跃分子，为淘友提供力所能及的帮助，如帮助别人做店标，设计宝贝模板，提供各种美容、保健、减肥等建议，或者把自己的淘宝心得和广大网友一起分享，从而广聚人气。有了人气，就有了一切。在帮助别人的过程中树立自己的形象，更能取得良好的宣传效应。

无论什么类型的帖子，只要有高质量的内容都可以成为论坛的精华帖。只有写出精华帖，并且成为热帖，才能给店铺带来滚滚人流，才能有效地打响知名度，从而成为社区名人。

🔍 知识点滴

这些帮助人的帖子，有类似广告的成分，但是蕴涵了很多实用知识在里面。例如，通过介绍某种宝贝知识，在帮助别人，为别人解答问题的时候，间接地表达自己出售该宝贝的信息，都是可以的。

7.2.3 社区成名技巧

淘宝社区人海茫茫，要想让大家熟识，不是简单地多发帖、回帖就可以办到的。

要想成为社区名人，让别人接受，除了要有一个好"形象"，还要有好的"表现"才能征服别人的心。所说的表现就是要发好的帖子，多发精华帖。如果徒有"外"表，总是发一些言之无物、内容无聊、哗众取宠的帖子，就会适得其反。因为这样不仅浪费了自己的时间，还浪费了别人的时间。

在社区里留下不好的印象，不仅达不到宣传自己的目的，反而让人讨厌，那就得不偿失了。为了帮助卖家在论坛上有良好的表现，成为社区名人，下面总结了一些社区名人的论坛活动经验，希望能对卖家有益。

1. 个性的论坛头像和签名档图片

因为网络的虚拟性质，别人无法从外观来获得印象，因此论坛头像和签名档图片，是淘友了解其他用户的第一印象。设计一个好的论坛头像和签名档图片，可以让人感觉用户的水平很专业，值得信赖；另外，还可以通过更换签名档图片文字，以反映店里的促销信息。

2. 为主题帖起个好名字

努力起一个名符其实、实至名归的帖子标题。好的帖子标题可以带来大量的点击率，如果能起一个准确、生动、抓人眼球、出彩的帖子标题，就等于写成了半个精华帖。假设把帖子全文比作一条龙，那么起一个好的标题，就如同画龙点睛。

下面总结了资深淘友anita_helujj的【如何给你的帖子起个好名字——帖子浏览量大增的秘密】一文中的主要内容，相信他的经验会让读者受益匪浅。

▶ 诚实。既然标题是帖子内容的精华所在，那么对于标题的确立，就要凝聚全帖的中心点，让淘友们一看到标题就知道帖子的内容。标题切忌含糊其辞，或为了提高帖子的浏览率，故意起一些故弄玄虚、庸俗不堪的标题，这样做点击率也许可以上升一点，但是当点击进去的朋友发现自己被骗了以后，相信以后没有人会再回复。

▶ 优美。一个优美的标题不但可以使帖子锦上添花，也可以体现出个人文笔。一个好的帖子之所以可以有巨大的浏览量和回复率，内容的实用性和标志性固然重要，优美的文笔也是帖子

高回复率的保证。

▶ 精炼。淘宝帖子的标题限制30个字的空间。一个标题既要表明帖子的内容，又要加上特殊的符号引起浏览者的注意，也许30个字远远不够。这时，一个精炼的标题就会显示出很大的作用。

▶ 独特。独特就是表达个性，宣告自己的与众不同。独特更易于记忆，因此帖子主题应在这方面多下工夫。好的标题，能够吸引住浏览者的眼珠，使帖子在社区的茫茫帖海中脱颖而出，从而备受关注。

▶ 幽默。目的还是要吸引浏览者注意自己的帖子，可以稍稍加一些诙谐的语言元素使主旨思想变得通俗易懂，让人看过之后会心一笑，回味无穷。

7.3 免费试用赚流量

免费试用，顾名思义，是指商家为了打消客户的某些顾虑，为其用户提供的无须支付任何费用就可以使用商品的一种活动。卖家可以通过淘宝网的免费试用功能为自己店铺带来流量。

7.3.1 淘宝试用中心

淘宝试用中心是全国最大的商品免费试用平台。淘宝试用中心作为淘宝的一个板块，聚集了上百万份试用机会以及亿万消费者对各类商品最全面真实客观的试用体验报告，为消费者提供购买决策。

淘宝试用中心的商品主要分为免费试用和店铺试用两种。

1. 免费试用

免费试用是淘宝试用中心推出的商品试用服务，用户可以完全免费获取试用商品，试用商品后，可以以试用报告的形式分享自己的试用感受，给商品一个公正的描述，以方便其他买家做出购物决策。

2. 店铺试用

店铺试用是由淘宝试用中心官方提供的一款店铺自主营销工具，该工具集成在旺铺后台的营销中心。卖家使用该工具可以自主设置店内免费

试用活动。

不同于试用中心官方平台的免费试用，店铺免费试用是有发放条件的，如一定时间内的店铺消费满一定金额或笔数的客户才有资格领取，试用品为即时发放，先到先得，领完即止。活动结束后，卖家按试用0元订单包邮发货，免费提供试用品给客户，试用品无须返还。

7.3.2 卖家参加试用的好处

卖家可以通过提供免费的试用品，吸引买家抢购，同时产生有效的试用体验报告，利用这一点，不但能够为店铺引入很多优质的流量，还能快速提升店铺和品牌的价值，更能为店铺产生很好的口碑效应。

卖家参加淘宝试用中心的好处包括以下几点。

➨ 吸引流量。试客可帮助卖家把宝贝分享到各大社区网站，使得网店商品获得更多的展示机会，给店铺引来可观的流量。

➨ 赢得口碑。卖家参与免费试用活动后，领取试用品的试客会提交高质量的试用报告，试客真实的试用报告分享比任何的广告都更有说服力，并且许多试客都是导购或者社区达人，本身就有很多的粉丝和很高的关注度，那么他们的分享及报告的影响力也更容易为网店博得良好的口碑。

➨ 提升搜索排名。卖家每日通过试用中心达成的交易量远远超过平时，宝贝销量的提升必然会在一定程度上提升宝贝的搜索排名，让自己的宝贝具有更高的曝光率，同时也能带动其他宝贝销售。

➨ 精准营销。巨大的客户资源是无法用金钱买到的。申请试用的试客都是对宝贝感兴趣

的。从这里可以得到宝贵的客户资源，从而可以规划活动结束后的精准营销。

7.3.3 报名参加免费试用

打开淘宝网首页，在左侧分类导航的【优惠促销】区域单击【免费试用】链接。

打开淘宝试用中心页面，然后选择【商家报名】|【我要报名试用】选项。

打开【商家报名】页面，单击【报名免费使用】按钮。

打开下图所示页面，选择报名的排期。在该页面中可以看到每日报名的商品数。选择完成后，单击【我要报名】按钮。

审核即可。

打开【填写报名信息】页面，按要求填写完成后，单击【提交报名申请】按钮，等待淘宝网

7.4 使用QQ推广

Internet的范围辽阔无边。如果只是在淘宝网上宣传，那么只能吸引来淘宝网购物的买家，因此要想把生意做好还需要扩展宣传范围，QQ的出现使得人与人之间的距离大大缩短了。卖家应该抓住每一次机遇推广自己的店铺。QQ里面的个性签名和空间签名档，就是我们可以用来宣传的地方。

7.4.1 利用QQ个性签名

设置QQ个性签名后，所有加你为好友的QQ用户都可以看到你的个性签名，从而在好友群中起到宣传效果。

【例7-3】利用QQ个性签名发布店铺宣传信息。

📹 视频

步骤 01 登录QQ然后在QQ的主界面中单击自己的QQ头像。

知识点滴

在QQ主界面中直接单击个性签名区域，也可设置个性签名。

步骤 02 打开个人资料窗口，然后单击【编辑

资料】按钮。

步骤 03 在个性签名文本框中输入用作广告宣传的文本，然后单击【保存】按钮。

146

步骤 04 设置完成后，其他好友即可看到自己设置的个性签名。

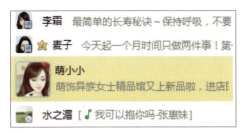

7.4.2 利用QQ空间签名档

设置了QQ空间签名档后，当你在好友空间留言并使用签名档时，所有查看这条留言的QQ用户都能看到你的签名档，从而达到宣传效果。

【例7-4】利用QQ空间签名档达到宣传店铺的目的。 ◘视频

步骤 01 登录QQ，然后在QQ的主界面中单击【QQ空间】按钮⭐。

步骤 02 进入自己的QQ空间，然后单击右上角的【设置】按钮，在打开的下拉菜单中选择【空间设置】链接。

步骤 03 进入空间设置页面，单击左侧的【空

间资料】选项，然后在【签名档】文本框中输入自己店铺的宣传文本。

步骤 04 设置完成后，单击【保存】按钮，完成设置。进入好友QQ空间，打开好友的空间留言板，输入要留言的内容，然后选中【使用签名档】复选框。

步骤 05 单击【发表】按钮，发表留言。此时单击签名档中的文本超链接，即可直接跳转至自己的店铺首页。

知识点滴

本例使用了签名档的文本超链接功能，格式是：[url=你的店铺网址] 宣传语[/url]。例如，本例设置的签名档代码全文为 [url=http://kimebaby.taobao.com/] 萌饰异族女士精品馆又上新品啦！亲，你还在等什么？[/url]。

7.5 巧妙使用"一元拍"

> "一元拍"其实就是一种设置了价格很低的底价，然后吸引很多人来竞相出价购买的促销活动。正是因为"一元拍"在价格上面占有的绝对优势，吸引了广大顾客的眼球，从而会迅速地给卖家的店铺带来流量。

7.5.1 认识"一元拍"

一般来说，如果您的店铺急需提高人气，那么可以考虑使用"一元拍"。

值得注意的是，"一元拍"只能作为一种促销手段，虽然能够帮你在短时间内迅速地提高流量，但赚钱基本是不可能的，做得不好损失惨重也是经常有的事情！所以"一元拍"是一种有利也有弊的特殊手段，卖家应该对"一元拍"有一个清晰的认识，再结合自身的实际情况来决定是否采用这种促销手段。

要使用"一元拍"首先要了解以下几方面信息。

❯ 起拍价。起拍价指卖家设置的一个起始价格，最低起拍价格为0.01元。第一次出价的人可以选择其出价为起拍价，之后的出价必须高于起拍价格。

❯ 加价幅度。加价幅度指出价的买家为了超越前一个人的出价在当前出价上允许增加的最低金额。卖家在发布宝贝的时候可以自定义加价幅度，也可以使用系统自动代理加价。系统自动代理加价的加价幅度随着当前出价金额的增加，随之增加。

❯ 代理出价。代理出价指系统根据买家所输入的最高价格，在有其他买家出价时，自动以最小加价金额向上出价，以维持买家最高出价者的位置，直到买家的最高出价被其他买家超过为止。如果代理出价的最高价格与其他出价相同，则最先设置该价格者领先。代理价格对其他会员是保密的。拍卖结束时，如果没有人出价超过该买家，则该买家就是获胜者，该买家将以目前的出价金额购得宝贝。具体的代理出价的加价幅度，如右上表所示。

❯ 拍卖包邮。拍卖的商品，只能以卖家承担运费的方式进行发布。

当前价格	加价幅度
41～100元	2元
101～200元	5元
201～50元	10元
501～1000元	15元
1001～2000元	25元
2001～5000元	50元
5001～10000元	100元
10001元以上	200元

这里可以介绍一下淘宝网的另一种拍卖方式——"荷兰拍"，"一元拍"和"荷兰拍"最大的区别就是，"一元拍"是单件拍卖价高者得，荷兰拍则是多件相同宝贝参加拍卖，价高者优先获得宝贝，相同价格先出价者先得。最终商品成交价格是最低成功出价的金额。

举几个例子。

❯ 情形1。一位卖家拍卖10件衣服，起拍价是1元。10位买家各出价购买一件衣服，出价金额均为一元。在这种情况下，所有10位出价者都将以一元的价格拍得这件衣服。

❯ 情形2。一位卖家拍卖10件衣服，起拍价是1元。到竞价拍卖结束的时候，有3位获胜的出价者，一个出价5元，买1件，一个出价3元，买1件，1个出价2元买10件，最后3位都将以2元购买此宝贝。因为前两位出价者出价较高，所以都能得到自己需要的数量(出价相同的，先出价者排前面)。最后一位出价者因为出价较低，所以只能得到8件(此时只剩下8件，不能满足他的购买总数，他可以放弃购买)。

❯ 情形3。一位卖家拍卖10件衣服，起拍价是1元。到竞价拍卖结束的时候，有2位获胜的出价者，一个出价5元，买1件，一个出价3元，买1件，因为他们的购买数量不足10件，将以起拍价格，即1元成交。

7.5.2 发布"一元拍"

发布"一元拍"和发布普通商品类似，首先进入到卖家中心，单击【宝贝管理】类目下的【发布宝贝】链接。

打开下图所示页面，单击【拍卖】标签。然后在该标签页中选择要发布的宝贝类目，选择完毕后，单击【我已阅读以下规则，现在发布宝贝】按钮。

打开填写宝贝基本信息页面，按照要求填写宝贝的基本信息。

在【拍卖类型】区域选择【增价拍】单选按钮，然后设置【起拍价】为1元。

接下来，上传宝贝的介绍图片并编辑宝贝介绍文字。在【其他信息】选项区域中，可以设置"一元拍"的有效期，以及设置开始拍卖的时间，也可以设置该"一元拍"宝贝是否要使用橱窗推荐。

所有设置完毕后，单击【发布】按钮。即可成功发布一元拍宝贝。

7.5.3 "一元拍"注意的问题

由于"一元拍"是一种特殊的促销手段，为了达到我们设置"一元拍"的初衷，在使用的时候我们应该注意以下一些问题，以免适得其反，造成不必要的损失。

● 发布的时间。在发布"一元拍"的时候，虽然宝贝距离下架时间越近排名就越靠前，但是请记得你发布的是拍卖性质的宝贝，虽然排名靠前了，但是时间越短，给买家拍的机会越小，这样你宝贝最终的价格就很可能越低，导致你的损失越大。因此，建议大家把"一元拍"的发布时间设置为7天，既保证了时效性，又给了买家足够的时间来拍。

▶ "一元拍"宝贝的选择。选择宝贝方面应该选择性价比较高，目前较受欢迎的宝贝，这样相对关注宝贝的人要多些，有利于吸引眼球。

▶ 切忌多件宝贝在一天上架，标题内加入包邮包快递字样，在拍卖结束的最后时刻一定要在线。

7.6 其他常见推广方式

在网上推广店铺的方法很多。只要用心，就没有卖不出去的商品；只要努力，就没有做不好的店铺。本节来介绍一些常见的、行之有效的推广方法。

7.6.1 电子邮件推广

电子邮件推广是指通过电子邮件的方式向目标用户传递商品信息的一种网络营销手段。具有即时性强、响应率高、成本低、针对性强等优点。

1. 让客户回复你的邮件技巧

如果你辛辛苦苦发的邮件被客户看都不看就删除了，这就意味着你的工作白做了。因此掌握邮件的发送技巧是非常必要的。为了让自己发送的邮件能被客户看到并回复，需要注意以下几个问题。

▶ 邮件标题写上客户求购的商品名称，尽量不要添加其他多余的语言，这样客户打开邮件的几率会增加到80%。

▶ 简洁的开头语可以拉近与客户的距离，过多的废话对客户来说是多余的。

▶ 简洁的开头后，最好立即进入正文，明确告诉客户商品的报价，因为这是客户最关心的问题。

▶ 报价必须是实价，要与现有的线下市场价格吻合。报价太低，客户会认为你不专业，不理睬你；报价太高也会吓跑客户，客户也不会回复你。因此切勿乱报价，要报出实事求是的价格，让客户看到自己的诚意。

2. 电子邮件推广的诀窍

如今有不少电子邮件营销服务商提供了预先设计好的营销模板，卖家可以根据自己的需要来进行选择，虽然使用了模板，但是最好还是要进行一些特殊的设计，如使用的颜色与字体，字体的大小，如何安排正文内容等。

▶ 诀窍1。将店铺logo固定在同一位置。每次发送营销邮件时，要借机树立店铺的品牌形象。将店铺logo植入每封E-mail中，是一种有效的方法。最好将logo固定在同一位置，如E-mail顶部的显眼处。

▶ 诀窍2。善用邮件预览框架。调查显示，70%的客户会被邮件预览吸引，进而打开邮件进行仔细阅读。这意味着你的客户或潜在客户在决定完整打开邮件之前，或许只会注意到邮件中的一部分。因此，确保你的店铺logo及其他重要的信息都能够显示在预览窗口内。

▶ 诀窍3。使用统一字体。在一封营销邮件中，一般建议最多使用两种常规字体，如用一种字体用来撰写正文，另一种字体用来显示各级标题，最好不要使用非常规的字体，以免个别客户的电脑无法识别。

▶ 诀窍4。运用不同颜色强调重点。在选择使用哪种颜色时，应优先考虑使用店铺的基准色，持续使用一种基准色是突出店铺品牌形象的关键。运用不同颜色来高亮显示邮件正文中的重要内容，可以帮助浏览者更轻松地抓住重点。

▶ 诀窍5。简洁明了，突出重点。许多客户在浏览营销邮件时都是一目十行，因此，你的邮件只有几秒钟时间来决定是否能吸引客户的眼球。因此保持邮件的简洁明了、重点明确是一个有效的方法。

▶ 诀窍6。使用图片作为补充。图文并茂的邮件更加生动并引人注目，帮助你更好地传递信息，但是如果图片质量太差，反而会影响浏览者对店铺的印象。

▶ 诀窍7。巧用空行排版。空行可以让浏览者的眼睛得到休息，否则，面对一大堆没有划分段落的文字，他们不知从何处阅读，从而轻易放弃阅读。

▶ 诀窍8。尽量避免在图片中嵌入正文。有些人会在接受邮件时默认设置关闭图片显示功能，因此，尽量不要在图片中嵌入正文，正文内容应该单独显示。

▶ 诀窍9。简约而不简单。在设计上有这么一句名言：简约而不简单。看上去整齐划一，能够明确表达信息的邮件更能获得反响。

7.6.2 博客推广

博客推广是指利用博客这种网络应用形式来推广自己店铺的方法。

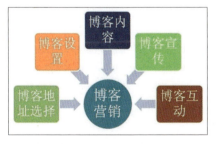

一般来说博客推广的方式有以下几种。

▶ 软文。软文是相对于硬性广告而言的，由卖家来负责撰写的"文字广告"。与硬广告相比，软文之所以叫做软文，精妙之处就在于一个"软"字，它将宣传内容和文章内容完美结合在一起，让用户在阅读文章时能够了解卖家所要宣传的东西，一篇好的软文是双向的，让客户既得到了他想需要的内容，又让客户了解了宣传的内容。

> **实战技巧**
>
> 软文推广的几大要点：要对别人有用、内容要丰富、99%以上是要为别人的，1%为自己的。90%为自己，10%为别人是没用的。

▶ 模板。设计一些漂亮的营销模板，可以在很大程度上扩大自己的影响力。

▶ 互动游戏。发起一些有意思的博客互动游戏，如果成功的话，可以带来高效的病毒式营销效果。

▶ 热门事件。在博客界，经常会有一些事情忽然就火了起来，这个时候，抓住热点，也能够取得比较好的效果。

7.6.3 玩转百度

百度是目前全球最大的中文搜索引擎，对互联网有点了解的人，都知道百度的强大。因此善于利用百度这个强大资源，对推广自己的店铺是非常有帮助的。

1. 百度贴吧

贴吧是一种基于关键词的主题交流社区，它与搜索紧密结合，准确把握用户需求，因兴趣而生。善于利用贴吧这一资源将会使自己店铺的浏览量大增。

2. 百度空间

百度空间类似于博客，用户可在百度空间中发表软文来推广自己的店铺。

与其他博客相比，在使用百度搜索引擎进行搜索时，百度空间中的文章具有优先权。

3. 百度知道

用户可以通过百度知道来回答其他网友的问题，注意要有选择性地回答。

如果自己的回答被选为最佳答案，就能大大提高自己ID的点击率和浏览量。用户可将自己店铺的宣传广告放置在自己的百度空间中，以此作为推广手段。

7.6.4　分类信息网站推广

分类信息又称分类广告，我们日常在电视、报刊上所看到的广告，往往是不管你愿不愿意，它都会强加给你，我们称这类广告为被动广告；而人们主动去查询招聘、租房、旅游等方面的信息，对这些信息，我们称它为主动广告。

在信息社会逐步发展的今天，被动广告越来越引起人们的反感，而主动广告却广泛受到人们的青睐。几乎每个地方的晚报、日报、生活娱乐报都少不了分类信息的身影，而且办得越好的报纸，分类信息的篇幅往往越大。由此就产生了分类信息网。

知识点滴

分类信息网站是互联网新兴的网站类型。在分类信息网站里我们可以获得免费、便利的信息发布服务，包括二手物品交易、二手车买卖、房屋租售、宠物、招聘、兼职、求职、交友和生活服务等信息。

7.6.5　现实小成本广告投放

在现实生活中推广自己店铺的方法已经很成熟，多年的传统实体经营，出现了许多好的广告推广模式。你只要做一个有心人，动脑筋把这些传统推广模式，利用到你的网店中来就可以了。

1. 印发名片和宣传单

许多卖家可能觉得名片和宣传单太过时了，其实如果你利用得好，它们一样可以成为你成功的杀手锏。

那么怎样印制名片和宣传单来达到推广店铺的目的呢？

▶ 印制名片宣传单的风格要和自己所售商品的风格一致，上面要印上店铺标志、店名、网址、联系方式和宝贝说明等信息。

▶ 交易成功后，通过物流寄宝贝给买家时，顺便寄上多张名片和宣传单，让买家留着，或送给朋友，这样就把广告发出去了，以后有人需要可以方便地联系上你。

▶ 另外，还可以向一些熟人、朋友和亲戚

派发名片。

▶ 在买家最集中的地方派发宣传单。例如，化妆品网店可在酒吧、KTV和影楼附近发宣传单。

2．印制便签或制作圆珠笔

卖家在寄商品给买家的时候，除了顺便寄上名片和宣传单以外，还可以寄一些小礼物，如带有店铺名字、网址的便签和圆珠笔。这会给买家带来一点小惊喜，从而使他们对店铺产生好感。

其实这些小文具很实用，每一个买家都能经常使用。最重要的是它们具有很强的宣传作用，因为上面印着店铺名字和网址。

> **知识点滴**
>
> 这些小广告投入不高却往往能收到意想不到的效果，新手卖家可进行尝试。

7.7 实战演练

本章主要介绍了如何使用免费资源来推广自己的店铺，本次实战演练来介绍如何在淘宝社区发表主题帖。

【例7-5】在淘宝社区发表主题帖。 **视频**

步骤 01 登录淘宝论坛首页，将鼠标指针悬浮在【全部论坛】标签上方，然后单击【生活】分类下的【家居装修】链接。

步骤 02 进入【家居装修】版块，将鼠标指针悬浮在【发表】按钮上方，在打开的下拉列表中单击【帖子】链接。

步骤 03 在【帖子标题】文本框中输入主题帖相关的标题内容，在【发表版面】下拉列表中选择【温馨新房】选项，在【内容正文】文本框中

输入相关的帖子内容。

步骤 04 单击【批量插图】按钮，打开【批量上传】对话框。

步骤 05 单击【浏览】按钮，打开【选择要上载的文件】对话框，选中要插入的图像，然后单击【保存】按钮。

步骤 06 单击【确定上传】按钮，上传本地图

片到淘宝社区服务器。

步骤 07 上传图片文件到服务器上后，单击【全部插入】按钮会自动插入图片。

> **实战技巧**
>
> 单击【上移】或【下移】按钮，可以调整图片的顺序，单击【浏览】按钮，可继续插入图片。

步骤 08 内容编辑完成后，单击【发表】按钮，即可发表该主题帖。

专家答疑

>> 问：如何管理店铺中的友情链接？

答：友情链接也需要管理，毕竟淘宝给的友情链接有限额，卖家应该尽可能地将每一个友情链接都发挥出应有的作用。如果疏于管理，甚至于卖家友情链接的对方店铺已经关店数日卖家还不知道，那么这条链接就属于浪费掉了。

另外，如果卖家的店铺已经比较"牛"，邀请卖家友情链接的客户已经应接不暇，那么不妨事前约定绩效标准，事后做好统计工作。因为这个友情链接既然作为展位，道理也和直通车的【掌柜热卖】差不多，不同位置的广告效果也不同。从实际使用效果来看，友情链接的第一条和最后一条的点击率比较高。这样的"黄金展位"理应留给最有价值的店铺，所以卖家在这些好位置上可以对合作店铺有一些要求，如月评价量或者成交量要达到多少数额，达不到条件的，可以与对方协商或直接通知对方之后再删除。

>> 问：微博推广应注意哪些问题？

答：第一，微博头像、资料尽可能真实详尽；第二，对微博有个明确的定位；第三，精心设计微博的内容；第四，当微博的活跃分子；第五，注意微博语法的运用；第六，多种手段进行更新；第七，微博营销要有目标性，要尽可能地在以后的互动活动中，多设置与品牌和店铺相关的信息和关键词，并多设计关于品牌定位和广告语的传播活动，以便使品牌的信息更进一步深入买家心中。

第8章

赚钱攻略之店铺装修技巧

　　人靠衣装，店靠精装。一家装修精美的店铺，不仅能提升店铺整体形象，也可以吸引买家，提升店铺的浏览量，从而增加店铺的成交概率。因此，要获得更多的买家关注，卖家需要在店铺整体的风格和布局上，进行合理的协调和搭配。

8.1 店铺装修常识

淘宝店铺是一个网络销售平台，装修淘宝店铺是一个设计和制作的过程，这个过程离不开网页的设计、图片的制作和美化等技术性操作，因此要想将自己的店铺装修得特色十足，需要卖家有一定的网页制作和图片处理能力。

8.1.1 店铺装修前的准备

店铺装修是一项需要消耗很多时间和精力的工作，为了提高效率，在开始装修之前就需要做好以下准备工作。

▶ 浏览知名店铺，学习装修技巧。对于新手卖家，首先，需要多浏览一些与自己店铺不同类店铺和同类店铺，观察其装修的风格和手法，分析其装修过后的优势和劣势，并向有经验的店主讨教一些装修技巧；然后，仔细研究网店平台所提供的各项装修服务，学习具体的装修方法和技巧，为装修自己店铺作准备。

▶ 做好店铺定位，明确装修思路。明确店铺的主营商品和目标客户群，并以此为依据确定网店装修的大致风格。

▶ 制定装修方案，准备装修素材。细化装修方案，设计装修细节，制定装修步骤，提前准备好需要使用的文字和图片素材，不至于在装修时手忙脚乱。

8.1.2 确定店铺装修风格

店铺的装修风格一定要和自己店铺销售的商品类型相吻合，这样才更能引起买家的购买欲。

例如，经营女性商品的店铺，装修风格如下图所示。

在装修颜色上可以采取红色、粉红色或紫色等可以表现女性特点的色彩，这些色彩在风格上也更能突出女性时尚和柔美的特点。

再例如，经营毛绒玩具布艺精品的店铺，在装修风格中可以走可爱路线，使用一些卡通风格的图片，更能突出店铺的特点，活泼明快的风格更能吸引买家的眼球。

如果你开了一家化妆品店，那么在设计方面要突出清爽、自然和环保的特点，因此蓝色、绿色和粉色是这类店铺的首选。另外化妆品店还可收集一些化妆品图片和美女脸部特写等素材。

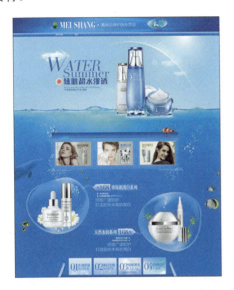

8.1.3 店铺装修的注意事项

对于新手卖家来说，要想将自己的店铺装修得漂漂亮亮，开通旺铺专业版势在必行。本章主要以旺铺专业版为基础来介绍淘宝店铺的装修方法。

关于旺铺专业版的开通方法请参考本书第1章1.4.3节中的介绍。

另外，网店的装修风格是体现网店形象的重要因素，传达着店主的品味和经营理念，在网店品牌的形成过程中起着十分重要的作用。网店装修时需要注意以下几个方面。

❍ 网页设计简单整洁。可以使用以下装修素材对店铺进行布置，如Flash动画、抢眼的图片以及一些文字的宣传等。

❍ 注重色彩搭配。为了给自己的店铺营造一种主题和风格，可以为店铺制定一种主色调。如红色热情，蓝色知性，粉色可爱，灰、白、黑适合于欧美风格。在选择色彩搭配时要考虑店铺色彩对顾客购买心理的影响，暖色调会使人心情愉悦带动消费，而冷色调若使用不当，会使人产生忧郁的感觉。

❍ 图片设置不宜过大。影响顾客在店铺的停留时间长短的一种重要因素就是网页的打开速度。通常网店中有一些像素过大、格式为GIF或Flash的图片都很容易导致网页打不开、速度过慢或图片无法显示的情况发生。如果买家等待了一分钟以上，网页中的图片还是无法显示，那么买家可能会失去停留在店的耐心。因此，在装修店铺时还必须考虑到图片大小及格式的合理性。

8.1.4 不同类型店铺装修参考

搜索不同类型店铺的装修风格，学习其他店主的装修理念，有利于开拓卖家的装修思路，进一步完善自己店铺的装修，从而使自己的网店变得更加个性、精致。

1. 网游、在线充值类店铺

目前，游戏、音乐及充值卡的网店有很多。

网游、在线充值店铺的整体风格要注重年轻人的喜好，根据自己所销售产品的最终消费者群体的眼光来设计网店的效果，宜选择时尚的颜色，有创意的网页布局。也可以选择能突出游戏主题人物特色的宣传图片来吸引买家的眼球。

2. 数码产品类店铺

数码产品是年轻人追求时尚的风向标，数码类产品的更新换代非常快。几年来，许多销售数码产品的网店都受到了年轻人的追捧。

例如，下图所示店铺，从开业至今信誉已达到两个皇冠。其网店在设计风格上标榜科技、时尚，以简洁的白色背景为主色调，应用淡蓝色对产品介绍加以着重，起到了突出主题的作用，从而给顾客留下深刻印象。该网店主要使用蓝、白两色，搭配各种色彩的商品图片和说明，既简洁大方，又缤纷亮眼。卖家提供了各种产品的实物图，并详细描述了产品的品牌、型号和参数，让顾客对产品有了全面的了解。同时，还详细说明了数码产品的保修方法、选购和使用注意事项等内容。

> **知识点滴**
>
> 数码产品类网店设计，以风格简洁、规划合理为佳，运用好简单的色块可以划分出不同的栏目和区域，达到最佳视觉组合效果。

3. 家居饰品类店铺

对于销售家居饰品类产品的网店而言，店铺装修设计的核心一定要突出产品本身。

例如，下图所示店铺，是一家主要销售各种品牌饰品的网店，信誉已达到了4皇冠，好评率为98.49%。该网店的主色调为粉色，清新可爱。从细节看，它是设计得比较成功的网店，该网店打造的细节就是设置得简单大方、重点突出、一

────── 158 ──────

目了然和突出所销售的产品。

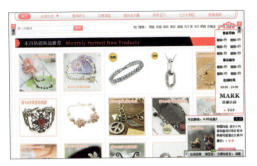

该店中商品种类齐全，商品描述页面会标注产品名称、颜色、尺寸和材料等商品信息，搭配实物图、详细的买家必读和辨别商品真伪的说明。

实战技巧

网页整体布局的规划和设计是至关重要的。采用一些特殊的结构布局，可以增强视觉吸引力。

4. 服装服饰类店铺

出售服装服饰的网店在装修设计上要根据商家的特点确定不同的风格。网店风格通常可以分为流行、时尚、怀旧、民族和异域等。

服装服饰、鞋类网店，在设计网页时，应从所售产品消费者的年龄出发，配色上要注意产品自身的颜色特点，要兼顾到每一位消费者的眼光；在结构布局上适合采用大幅图片的形式直接突出产品；在商品描述时，要配有尺寸、颜色、面料以及制造工艺的说明，还要配有实物图和细节图。

5. 美容护肤类店铺

美容护肤类网店基本上都是面向女性顾客的，因此在设计网店时风格也要更多地偏向女性特点。在色彩的搭配上，可以使用淡雅柔和或热情似火的色调，如淡蓝色、淡紫色或红色等；在设计元素上选择侧重女性化的图形，如蝴蝶、花朵和糖果等。

知识点滴

销售美容护肤类商品的卖家,无论选择何种店铺风格,只要店铺可以突出自己商品特色吸引顾客,就是一个成功的店铺。

6. 母婴、童装类店铺

母婴用品、童装类网店类型多种多样,如婴儿奶粉、尿不湿、玩具和服装等,但在设计风格上要侧重于儿童的特点,应突显活泼可爱和健康的特点。在设计网店的色彩上多采用饱和度较高的颜色,如红色、橙色、黄色、绿色以及蓝色等。设计元素也要选择卡通、动画等图形,如奶瓶、奶嘴、蝴蝶结和棒棒糖等。

实战技巧

设计母婴用品、童装类店铺时,需要使用特别多的色彩和结构标示所销售的产品。如果颜色搭配不合理,没有一定的整体规划的设计理念,那么设计出来的页面会显得杂乱无章。因此,这类店主应先设计好大致的结构布局,再设计色彩。

7. 食品、地方特产类店铺

食品类的网店种类极其丰富,有巧克力、干货炒货、蛋糕饼干、果脯和果冻布丁等。在设计食品类的店铺时,设计风格要清爽、干净,突显食品的诱人。

例如,下图所示店铺是专门销售蒙古乳酪、乳制品和牛肉干的网店。网店装修以白色为底色,以黄色、橙色为主,配合了奶酪的颜色,也显得清爽、干净,给人舒服的感觉。

商品图片搭配了口味介绍、掌柜推荐和镇店之宝几部分。商品描述页面文字描述也十分详尽,图片采用商品的近拍特写,还仔细说明产品特色、营养成分和买家评论。

知识点滴

食品类网店的店主必须申领《食品流通许可证》,没有许可证的食品将取消在网上出售的资格。

8. 音像、书籍类店铺

音像书籍类商品是网店经营最早的商品类别之一,因其本身的特点更适合网店这种交易形式。

音像书籍类网店的设计应该整体呈现色彩鲜明、大气,结构划分清晰、明确的特点,使买家能轻松地找到所需的商品,为买家节省时间。

例如，下图所示的店铺，它以淡黄色为主色调，栏目划分清晰，主打商品抢眼，配有可爱的卡通图片，更能突出店铺的主题和特征。

网店装修用色以白色为底色，以淡蓝色、淡紫色、青色、珠光粉为主，来划分不同品牌的商品类别，栏目划分清晰、明确，方便买家进行查找和区分。

9. 奢侈型类店铺

如今，由于经济快速地发展，人们的消费水平也有了大幅度提高。因此，越来越多的都市男女都已进入奢侈品消费群体。一线的奢侈品牌实体店并不是在每个城市都有，所以奢侈品类的网店就显得炙手可热。

例如，下图所示店铺，是一家专营卡西欧(CASIO)、西铁城(CITIZEN)以及精工(SEIKO)等品牌手表的网店。

为了让店铺看起来更加美观，也为了让手表更加吸引买家，可采用一些明星、时尚模特等人物佩戴手表的图片进行设计装饰。

实战技巧

奢侈品类网店店铺风格的设计应该注重大气、优雅，切勿杂乱无章，或者色彩过于复杂、深沉。颜色多以金色、珠光粉和黑白为主。

8.2 设置店铺店招

开通旺铺专业版后，店主就可以拥有自己的店铺招牌了。旺铺店招可以使旺铺更有特色，从而改变普通店铺有限的设计风格。

8.2.1 使用制作好的图片

用户可以使用制作好的图片来作为自己的店招。对于专业版旺铺来说，店招的有效规格为950像素×150像素。

【例8-1】在淘宝店铺中使用制作好的图片作为店招。 视频

步骤 01 登录淘宝网并进入卖家中心，然后单击左侧【店铺管理】分类下的【店铺装修】链接。

步骤 02 进入店铺装修的后台操作界面，单击店招区域右上角的【编辑】链接。

步骤 03 打开【店铺招牌】对话框，取消选中【是否显示店铺名称】复选框，然后单击【选择文件】按钮。

步骤 04 打开下图所示界面，选择【上传新图片】选项卡，在该选项卡中选择图片上传后存放的文件夹，然后单击【添加图片】链接。

步骤 05 打开【选择要上载的文件】对话框，选中制作好的店招图片，然后单击【保存】按钮。

步骤 06 即可开始上传图片，上传成功后，单击【插入】链接。

步骤 07 返回下图所示对话框，然后单击【保存】按钮。

步骤 08 即可看到新的店招的应用效果，单击【发布】按钮，发布店铺后可使更改生效。

8.2.2 使用BannerMaker

为了方便用户装修自己的店铺，淘宝网提供了广告牌生成器功能，即BannerMaker。淘宝店家可以通过BannerMaker制作极具个性的店招、公告、电子贺卡和喜帖等。用户无须任何基础，只要会打字就可以制作出只属于自己的独特设计。

【例8-2】使用BannerMaker购买和应用店招。
(视频)

步骤 **01** 登录淘宝网并进入卖家中心，单击左侧【店铺管理】分类下的【店铺装修】链接。

步骤 **02** 进入店铺装修的后台操作界面，单击店招区域右上角的【编辑】链接。

步骤 **03** 打开【店铺招牌】对话框，选中BannerMaker单选按钮，然后单击【点击进入bannermaker设置】链接。

步骤 **04** 打开下图所示页面，可在页面上方的区域中选择店招的适用店铺类型和尺寸。

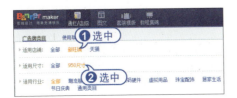

步骤 **05** 接下来还可以选择店招的适用行业、模板主题、模板色系和价格区域。

步骤 **06** 选择完成后，可在页面的下方寻找自己喜欢的店招样式，每个店招的上方都标明了该店招的价格。

步骤 **07** 找到自己喜欢的店招样式后，单击其上方的【购买】按钮。

实战技巧

用户也可单击【包月使用】按钮，购买包月使用服务，包月使用服务可使用户以优惠的价格使用多个店招。

步骤 **08** 打开付款页面，按照付款流程付款后，就可以对该店招进行编辑和应用了。

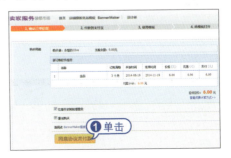

8.3 设置基础模块

在淘宝专业版旺铺中，基础模块主要包括图片轮播、搜索店内宝贝、宝贝推荐、自定义内容区、友情链接和Flash模板区等。

8.3.1 设置图片轮播区

原始的图片轮播区如下图所示，用户可在该区域中添加多张图片，使其轮流播放。

【例8-3】在店铺图片轮播区中添加和设置轮播图片。 [视频]

步骤 **01** 登录淘宝网并进入卖家中心，单击左侧【店铺管理】分类下的【店铺装修】链接。

步骤 **02** 进入店铺装修的后台操作界面，单击图片轮播区域右上角的【编辑】链接。

步骤 **03** 打开【图片轮播】对话框，在【图片地址】文本框中输入所使用的广告图片的URL地址，在【链接地址】文本框中输入当单击广告图片时，指向目标网页的地址。

实战技巧

用户需要将要使用的轮播图片提前上传至图片空间中。

步骤 **04** 输入完成后单击【添加】链接，添加第二张轮播图片的URL地址和链接地址。

知识点滴

单击向上或者向下的箭头，可以调整轮播图片的顺序，单击【添加】按钮，可以添加更多轮播图片。

步骤 **05** 切换至【显示设置】选项卡，在【显示标题】区域选中【不显示】单选按钮，在【模块高度】文本框中输入500，在【切换效果】下拉列表框中选择【渐变滚动】选项。

实战技巧

模块高度应该设置得和轮播图片的高度相同。

步骤 **06** 设置完成后，单击【保存】按钮，完成轮播图片的设置。单击【发布】按钮，发布店铺。

轮播图片1如下所示。

轮播图片2如下所示。

8.3.2 设置搜索功能区

在店铺中添加一个宝贝搜索条，买家就可以通过输入关键词、价格范围来搜索店铺中的宝贝了。

【例8-4】在淘宝店铺中添加和设置搜索功能模块。 🎬 视频

步骤 01 登录淘宝网并进入卖家中心，单击左侧【店铺管理】分类下的【店铺装修】链接。

步骤 02 进入店铺装修的后台操作界面，单击图片轮播区域右下角的【添加模块】按钮。

步骤 03 打开【添加模块】对话框，单击【搜

索店内宝贝】模块右侧的【添加】按钮。

步骤 04 返回店铺装修页面，单击【搜索店内宝贝】模块中的【编辑】链接。

步骤 05 打开【搜索店内宝贝】对话框，在【显示标题】区域选中【显示】单选按钮，在【预置关键字】文本框中输入预置关键字，在【推荐关键字】文本框中输入多个推荐的关键字。设置完成后，单击【保存】按钮。

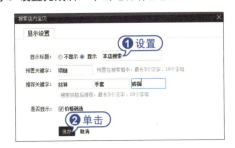

步骤 06 返回装修页面，单击【发布】按钮，发布店铺。

8.3.3 设置宝贝推荐区

在宝贝推荐区，用户可通过手动或自动的方式，按照关键词、价格区间、分类等条件挑选宝贝，并可设置是否显示已售笔数、评论数和折扣价等。

【例8-5】在淘宝店铺中添加和设置宝贝推荐区。 📹视频

步骤 01 登录淘宝网并进入卖家中心，单击左侧【店铺管理】分类下的【店铺装修】链接。

步骤 02 进入店铺装修的后台操作界面，单击搜索功能模块右下角的【添加模块】按钮。

步骤 03 打开【添加模块】对话框，单击【宝贝推荐】模块右侧的【添加】按钮。

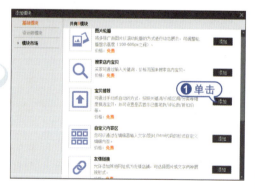

步骤 04 返回店铺装修页面，单击【宝贝推荐】模块中的【编辑】链接。

> 🖐 **实战技巧**
>
> 在模块中单击向上或者向下的箭头，可以调整模块的位置，单击【删除】按钮，可以删除当前模块。

步骤 05 打开【宝贝推荐】对话框，在【宝贝设置】选项卡中可以设置要显示的宝贝。

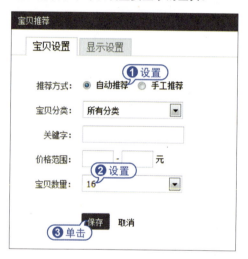

步骤 06 打开【显示设置】选项卡，用户可设置宝贝的显示方式，如本例设置"一行展示4个宝贝"。

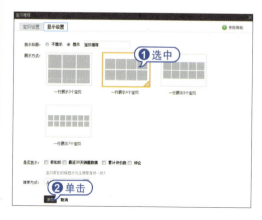

步骤 **07** 设置完成后，单击【保存】按钮。

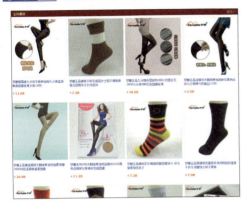

8.3.4 设置Flash模板区

在店铺中添加Flash模板后，卖家可以选择促销区模板、页面模板、分类模板等意想不到的超炫Flash模板来用做商品和店铺展示。

【例8-6】在淘宝店铺的主显示区域中添加Flash模板区。 视频

步骤 **01** 登录淘宝网并进入卖家中心，单击左侧【店铺管理】分类下的【店铺装修】链接。

步骤 **02** 进入店铺装修的后台操作界面，单击宝贝推荐模块右下角的【添加模块】按钮。

步骤 **03** 打开【添加模块】对话框，单击【Flash模板区】模块右侧的【添加】按钮。

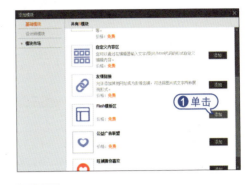

步骤 **04** 返回店铺装修页面，单击【宝贝推荐】模块中的【编辑】链接。

步骤 **05** 打开BannerMaker页面，用户可在该页面中选择购买需要的Flash模板。

8.4 设置设计师模块

在淘宝专业版旺铺中，设计师模块主要包括、宝贝分类模块、宝贝排行榜模块和特价专区模块。本节来介绍这三种模块的设置方法。

8.4.1 设置宝贝分类

宝贝分类模块可以将店铺中的宝贝分类，以通栏的形式显示在店铺主页中。

【例8-7】在淘宝店铺中添加和设置宝贝分类模块。 视频

步骤 **01** 登录淘宝网并进入卖家中心，单击左

侧【店铺管理】分类下的【店铺装修】链接。

步骤 02 进入店铺装修的后台操作界面，单击图片轮播模块右下角的【添加模块】按钮。

步骤 03 打开【添加模块】对话框，切换至【设计师模块】选项卡，单击【宝贝分类】模块右侧的【添加】按钮。

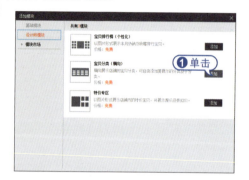

步骤 04 返回店铺装修页面，单击【宝贝分类】模块中的【编辑】链接。

步骤 05 打开下图所示对话框，单击其中的【分类选择】按钮。

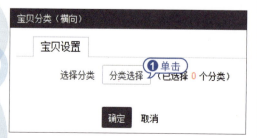

步骤 06 打开【类目选择】对话框，可以设置要显示的宝贝分类。

步骤 07 设置完成后，单击【保存】按钮，完成设置。

8.4.2 设置宝贝排行榜

宝贝排行榜模块可以以图片形式展示本月热销及收藏排行的宝贝。

【例8-8】在淘宝店铺中添加和设置宝贝排行榜模块。 视频

步骤 01 登录淘宝网并进入卖家中心，单击左侧【店铺管理】分类下的【店铺装修】链接。

步骤 02 进入店铺装修的后台操作界面，单击宝贝搜索模块右下角的【添加模块】按钮。

步骤 03 打开【添加模块】对话框，切换至

【设计师模块】选项卡，单击【宝贝排行榜(个性化)】模块右侧的【添加】按钮。

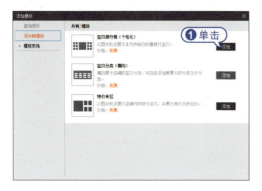

步骤 04 返回店铺装修页面，单击【宝贝排行榜】模块中的【编辑】链接。

步骤 05 打开【宝贝排行榜(个性化)】对话框，然后单击【分类选择】按钮。

框中可以选择要显示的宝贝类目，选择完成后单击【保存】按钮。

步骤 07 打开【显示设置】选项卡，在该选项卡中可对模块的多个显示参数进行设置，包括标题名称和显示宝贝数量等。

> **实战技巧**
>
> 在关键字、最高价格和最低价格文本框中，用户可分别设置宝贝的筛选关键字和筛选价格。

> **实战技巧**
>
> 选中【不显示】单选按钮，可隐藏模块标题。

步骤 06 打开【类目选择】对话框，在该对话

步骤 08 设置完成后，单击【确定】按钮，返回装修后台页面。单击【发布】按钮，发布店铺

后，效果如下图所示。

8.4.3 设置特价专区

在特价专区中，可以以图片的形式展示店铺内的特价宝贝，并展示原价及折扣价。

【例8-9】在淘宝店铺中添加和设置特价专区模块。📹视频

步骤 01 登录淘宝网并进入卖家中心，单击左侧【店铺管理】分类下的【店铺装修】链接。

步骤 02 进入店铺装修的后台操作界面，单击宝贝排行榜模块右下角的【添加模块】按钮。

步骤 03 打开【添加模块】对话框，切换至【设计师模块】选项卡，单击【特价专区】模块右侧的【添加】按钮。

步骤 04 返回店铺装修页面，单击【特价专区】模块中的【编辑】链接。

步骤 05 打开【特价专区】对话框，单击【左侧大图宝贝】右侧的【选择宝贝】按钮。

步骤 06 打开【宝贝选择】对话框，单击要显示宝贝后方的【选择】链接。

🖐 **实战技巧**

左侧大图只能选择一个宝贝进行展示，选择多个无效。

步骤 07 选择完成后，单击关闭按钮，关闭【宝贝选择】对话框。

步骤 08 单击【右侧小图宝贝】右侧的【选择宝贝】按钮。

步骤 09 打开【宝贝选择】对话框，在该对话框中可选择6个宝贝进行展示。

步骤 10 选择完成后，单击关闭按钮，关闭

【宝贝选择】对话框。

步骤 11 打开【显示设置】选项卡，可设置模块的显示标题。

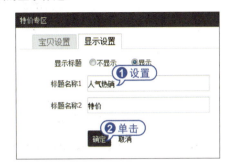

步骤 12 设置完成后，单击【确定】按钮，返回装修后台页面。单击【发布】按钮，发布店铺后，效果如下图所示。

8.5 设置自定义内容区

淘宝店铺专业版为用户提供了一个支持HTML源码编辑的自定义内容模块，在该模块用户可充分发挥自己的才能，将自己的店铺装修得美轮美奂。

8.5.1 添加自定义内容区

要想使用自定义内容模块，先要在店铺中添加该模块。

【例8-10】在淘宝店铺中添加自定义内容区。
（视频）

步骤 01 登录淘宝网并进入卖家中心，单击左侧【店铺管理】分类下的【店铺装修】链接。

步骤 02 进入店铺装修的后台操作界面，单击图片轮播区右下角的【添加模块】按钮。

步骤 03 打开【添加模块】对话框，切换至【基础模块】选项卡，单击【自定义内容区】模块右侧的【添加】按钮。

步骤 04 返回店铺装修页面，即可成功添加自定义内容模块。

8.5.2　使用大幅广告图片

在自定义内容区，用户可以使用大幅的广告图片，来增加店铺的视觉效果。

【例8-11】在自定义内容区使用大幅广告图片。

🎬 视频

步骤 **01** 首先将制作好的大幅广告图片上传至图片空间中。

步骤 **02** 按照例8-10的方法在店铺中添加自定义内容区。

步骤 **03** 单击【自定义内容区】右上方的【编辑】按钮。

步骤 **04** 打开【自定义内容区】对话框，在【模块标题】文本框中输入"本店热销"，单击【插入图片空间图片】按钮，在图片空间中选择要插入的图片，然后单击【插入】按钮。

步骤 **05** 插入完成后，单击【确定】按钮，返回装修后台页面。

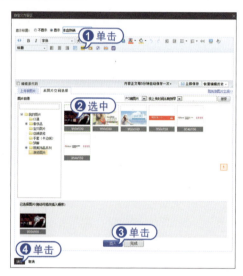

步骤 **06** 单击【发布】按钮，发布店铺后，效果如下图所示。

8.5.3　使用自定义文本

在自定义内容区，用户可使用自定义的文本来描述和宣传店铺中的宝贝。

【例8-12】在自定义内容区使用自定义的文本。

🎬 视频

步骤 **01** 按照例8-10的方法在店铺中添加自定义内容区。

步骤 02 单击【自定义内容区】右上方的【编辑】按钮。

步骤 03 打开【自定义内容区】对话框，在【显示标题】区域选中【不显示】单选按钮，然后在文本框中输入文本。

步骤 04 选中输入的文本，单击【选择并设置文本颜色】下拉按钮，设置文本颜色为白色。

步骤 05 单击【选择并设置背景颜色】下拉按钮，设置文本的背景颜色为红色。

步骤 06 在字体和字号下拉列表框中分别设置文本的字体为【微软雅黑】，字号为36px，设置完成后，单击【确定】按钮。

步骤 07 返回装修后台页面。单击【发布】按钮，发布店铺后，效果如下图所示。

◎ **知识点滴**

　　用户还可在自定义内容区添加表格、Flash和视频等多媒体元素。

8.6 编辑宝贝详情页

　　宝贝详情页是指宝贝的详细描述页面，买家在购买宝贝前，对宝贝的了解主要来自于宝贝详情页。宝贝详情页各功能模块的编辑和店铺主页类似，卖家可以在宝贝详情页中添加特色功能模块，以提高店铺内宝贝的曝光率。

8.6.1 添加宝贝详情页模板

　　专业版店铺中自带了一个宝贝详情页模板。用户还可添加多个宝贝描述模板，以方便不同的宝贝使用不同的模板。

【例8-13】在店铺中添加宝贝详情页模板。

■ 视频

步骤 01 登录淘宝网，进入卖家中心，单击左侧【店铺管理】分类下的【店铺装修】链接，进入店铺装修页面。

步骤 02 单击【页面管理】后方的加号按钮，打开【新建页面】页面。

步骤 03 在【页面类型】下拉列表框中选择【宝贝详情模板】选项，在【页面名称】文本框

中输入页面名称，然后单击【保存】按钮，保存新添加的宝贝详情页。

步骤 04 返回店铺装修后台页面，在左侧的列表中即可看到新添加的宝贝详情页模板。

8.6.2 添加图片轮播模块

用户可在宝贝详情页左侧的侧边栏中添加图片轮播模块，用以扩大店铺的宣传力度。

【例8-14】在宝贝详情页左侧的侧边栏中添加图片轮播模块。 📹 视频

步骤 01 登录淘宝网，进入卖家中心，单击左侧【店铺管理】分类下的【店铺装修】链接，进入店铺装修页面。

步骤 02 单击左侧的【宝贝详情页(饰品类)】选项，打开该宝贝详情页。

步骤 03 单击首个模块右下角的【添加模块】按钮，打开【添加模块】对话框。

步骤 04 单击【图片轮播】选项后方的【添加】按钮，添加该模块。

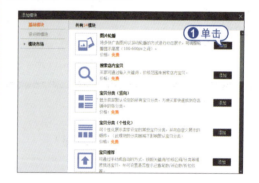

步骤 05 返回宝贝详情页页面，单击【图片轮播】模块右上角的【编辑】按钮 ✏，打开【图片轮播】对话框。

步骤 06 在【图片轮播】对话框中可以设置图片的URL地址和链接地址，设置完成后单击【保存】按钮。

知识点滴

侧边栏图片的宽度为190像素，高度任意。

步骤 07 返回装修后台页面。单击【发布】按钮，发布店铺。

侧边栏轮播图片1如下所示。

侧边栏轮播图片2如下所示。

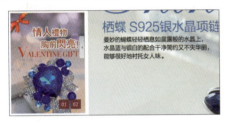

8.6.3　添加搜索功能模块

用户可在宝贝详情页左侧的侧边栏中添加搜索功能模块，以方便用户随时搜索店铺内的宝贝。

【例8-15】在宝贝详情页左侧的侧边栏中添加搜索功能模块。 视频

步骤 01 登录淘宝网，进入卖家中心，单击左侧【店铺管理】分类下的【店铺装修】链接，进入店铺装修页面。

步骤 02 单击左侧的【宝贝详情页(饰品类)】选项，打开该宝贝详情页。

步骤 03 参考例8-14的方法在左侧侧边栏中添加搜索功能模块。

步骤 04 在宝贝详情页页面中单击新添加模块右上角的【编辑】按钮，打开【搜索店内宝贝】对话框。

步骤 05 在该对话框中可设置模块标题和关键字等信息。

步骤 06 设置完成后单击【保存】按钮，返回装修后台页面。单击【发布】按钮，发布店铺后，效果如下图所示。

8.6.4　添加宝贝分类模块

用户可在宝贝详情页左侧的侧边栏中添加纵向排列的宝贝分类模块，使店铺层次结构看起来更加清晰。

【例8-16】在宝贝详情页左侧的侧边栏中添加宝贝分类模块。 视频

步骤 01 登录淘宝网，进入卖家中心，单击左

侧【店铺管理】分类下的【店铺装修】链接，进入店铺装修页面。

步骤 02 单击左侧的【宝贝详情页(饰品类)】选项，打开该宝贝详情页。

步骤 03 参考例8-14的方法在左侧侧边栏中添加搜索功能模块。

步骤 04 在宝贝详情页页面中单击新添加模块右上角的【编辑】按钮 ，打开【宝贝分类】的设置页面。

步骤 05 在该页面中用户可对宝贝分类进行设置。

步骤 06 设置完成后单击【保存更改】按钮。宝贝分类模块的最终效果如下图所示。

8.6.5 添加宝贝推荐模块

用户可在宝贝详情页左侧的侧边栏中添加宝贝推荐模块，以提高自己店铺中宝贝的曝光率。

【例8-17】在宝贝详情页左侧的侧边栏中添加宝贝推荐模块。📹视频

步骤 01 登录淘宝网，进入卖家中心，单击左侧【店铺管理】分类下的【店铺装修】链接，进入店铺装修页面。

步骤 02 单击左侧的【宝贝详情页(饰品类)】选项，打开该宝贝详情页。

步骤 03 参考例8-14的方法在左侧侧边栏中添加宝贝推荐模块。

步骤 04 在宝贝详情页页面中单击新添加模块右上角的【编辑】按钮 ，打开【宝贝推荐】对话框。

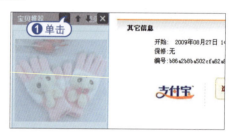

步骤 05 在该对话框中可设置在宝贝推荐区要显示的宝贝信息。

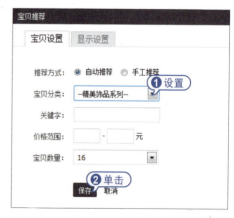

步骤 06 设置完成后单击【保存】按钮，返回

装修后台页面。单击【发布】按钮，发布店铺后，效果如下图所示。

8.6.6 添加无线二维码

用户可在宝贝详情页左侧的侧边栏中添加无线二维码模块，以方便买家使用手机访问自己的店铺。

【例8-18】在宝贝详情页左侧的侧边栏中添加无线二维码模块。📹视频

步骤 **01** 登录淘宝网，进入卖家中心，单击左侧【店铺管理】分类下的【店铺装修】链接，进入店铺装修页面。

步骤 **02** 单击左侧的【宝贝详情页(饰品类)】选项，打开该宝贝详情页。

步骤 **03** 参考例8-14的方法在左侧侧边栏中添加无线二维码模块。

步骤 **04** 在宝贝详情页页面中单击新添加模块

8.7 使用店铺装修模板

淘宝网装修市场为卖家提供了大量精美的装修模板，使用这些模板可以大大减少用户在装修店铺方面所花费的时间，对于初级卖家来说即使不懂网页设计和制作，利用这些装修模板，也同样可以将自己的店铺装修得美轮美奂。

8.7.1 进入装修市场

用户可以在装修市场寻找适合自己店铺风格的装修模板。

右上角的【编辑】按钮✏，打开【无线二维码】对话框。

步骤 **05** 在该对话框中可设置手机店铺的活动公告。

步骤 **06** 设置完成后单击【保存】按钮，返回装修后台页面。单击【发布】按钮，发布店铺后，效果如下图所示。

【例8-19】进入装修市场。📹视频

步骤 **01** 登录淘宝网，进入卖家中心，单击左侧【店铺管理】分类下的【店铺装修】链接，

进入店铺装修页面。

步骤 02 在店铺装修页面选择【装修】|【模板管理】命令。

步骤 03 打开【模板管理】页面，单击【装修市场】按钮。

步骤 04 打开【卖家服务装修市场】页面，在该页面中用户可挑选适合自己的模板。

8.7.2 试用和购买模板

找到自己喜欢的模板后，可以先进行试用，如果觉得合适，就可以购买该模板。

【例8-20】试用和购买装修模板。 🎬视频

步骤 01 承接例8-19的操作，找到自己喜欢的模板后，单击该模板。

步骤 02 打开下图所示的界面，单击【马上试用】按钮。

步骤 03 打开下图所示的提示对话框，仔细阅读内容后，单击【确定试用】按钮。

步骤 04 开始试用模板，用户可查看试用效果。如果想购买该模板，可关闭试用页面。

步骤 05 返回下图所示页面，然后单击【立即购买】按钮。

步骤 06 打开【提醒】对话框，仔细阅读其中的内容，然后单击【确定】按钮。

步骤 07 打开下图所示的页面，确认订单信息。然后单击【同意协议并付款】按钮。

步骤 08 打开下图所示对话框，单击【去支付宝付款】按钮，按照付款程序付款后，即可成功购买该模板。

8.7.3 将模板应用到店铺

模板购买成功后，就可以将购买的模板应用到自己的店铺了。

【例8-21】应用购买的店铺装修模板。

步骤 01 登录淘宝网，进入店铺装修页面，然后选择【装修】|【模板管理】命令。

步骤 02 进入【模板管理】页面，在【我购买的模板】选项卡中，单击刚刚购买的模板。

步骤 03 打开下图所示对话框，然后单击【应用】按钮。

步骤 04 打开下图所示对话框，单击【直接应用】按钮。

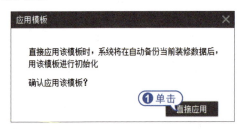

步骤 05 返回装修后台页面，可查看模板应用效果。然后选择【装修】|【样式管理】命令。

步骤 06 打开样式管理页面，然后选择【粉色】选项，然后单击【保存】按钮。

知识点滴

　　模板一般都会包含多个色系，用户可选择自己喜欢的色系使用。

步骤 07 单击【发布】按钮，发布店铺后，应用模板后的店铺如下图所示。

8.7.4　设置导航条

　　用户可对店铺中的导航条进行设置，添加与店铺相关的导航菜单，以方便买家查看店铺中的宝贝和相关活动。

【例8-22】设置淘宝店铺的导航条。 视频

步骤 01 登录淘宝网，进入店铺装修页面，然后单击导航条右上角的【编辑】按钮。

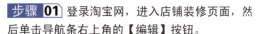

步骤 **02** 打开【导航】对话框，然后单击【添加】按钮。

步骤 **03** 打开【添加导航内容】对话框，在【宝贝分类】选项卡中可以设置想要在导航条中使用的宝贝分类。

步骤 **04** 打开【自定义链接】选项卡，然后单击【添加链接】按钮。

步骤 **05** 打开下图所示对话框，在【链接名称】文本框中输入链接的名称，在【链接地址】文本框中输入链接地址，设置完成后，单击【保存】按钮。

步骤 **06** 使用同样的方法可添加多个自定义链接，效果如下图所示。添加完成后，单击【确定】按钮。

步骤 **07** 返回【导航】对话框，然后单击【确定】按钮。

知识点滴

在【导航】对话框中，用户可对添加的导航内容进行删除和排序操作。

打开【宝贝分类(个性化)】对话框，在该对话框中可对模块的标题和显示内容进行设置。设置完成后，单击【保存】按钮。

步骤 08 返回装修后台页面。单击【发布】按钮，发布店铺后，效果如下图所示。

8.7.5 编辑模板中的模块

模板应用到店铺后，用户可根据自己的需要，编辑相关模块。

例如，要编辑宝贝分类模块，可进入店铺装修后台页面，然后单击宝贝分类模块右上角的【编辑】按钮。

知识点滴

单击【使用帮助】链接，可打开淘宝论坛的帮助页面，用户可从中获得帮助信息。

发布店铺后，即可看到编辑后的模块效果。

8.8 实战演练

　　本章主要介绍了店铺装修的基本方法，本次进阶练习通过两个具体实例来使卖家进一步掌握本章所学的内容。

8.8.1 在侧边栏添加店铺收藏图片

　　用户可以在侧边栏添加自定义内容模块，并在该模块中添加收藏和欢迎光临图片，美化店铺。

【例8-23】在侧边栏的自定义内容模块中添加收藏图片。📹视频

步骤 **01** 登录淘宝网并进入卖家中心，单击左侧【店铺管理】分类下的【店铺装修】链接。

步骤 **02** 进入装修后台页面，单击左侧宝贝分类模块右下角的【添加模块】按钮，打开【添加模块】对话框。

步骤 **03** 单击【自定义内容区】选项后方的【添加】按钮，添加该模块。

步骤 **04** 返回宝贝详情页页面，单击【自定义内容区】模块右上角的【编辑】按钮✎，打开【自定义内容区】对话框。

步骤 **05** 选中【显示】单选按钮，在其后的文

本框中输入模块名称"收藏本店"。

步骤 **06** 单击【插入图片空间图片】按钮，打开图片空间，然后在图片空间中单击要插入的欢迎图片。

步骤 **07** 单击【插入】按钮和【确定】按钮，将图片插入到自定义内容区。

> 📖 **知识点滴**
>
> 　　用户应提前将欢迎图片上传到图片空间中，以方便使用。

步骤 **08** 返回装修后台页面。单击【发布】按钮，发布店铺后，效果如下图所示。

8.8.2 为收藏图片添加超链接

在例8-23中仅仅添加了静态的收藏图片,本节来介绍如何为图片添加收藏超链接,添加了收藏超链接后,当买家单击该图片时,就可自动打开收藏界面,方便买家收藏自己的店铺。

【例8-24】为收藏图片添加收藏超链接。
◎ 视频

步骤 01 首先用户要获得收藏自己店铺的链接地址。

步骤 02 登录淘宝网并打开自己的店铺,然后单击首页的【收藏店铺】链接。

步骤 03 打开下图所示的界面,然后在空白处右击鼠标,选择【属性】命令,打开【属性】对话框。

步骤 04 在【属性】对话框中,选中【地址】区域的网址,然后右击,选择【复制】命令,该网址就是自己店铺的收藏地址。

步骤 05 进入卖家中心,单击左侧【店铺管

理】分类下的【店铺装修】链接。

步骤 06 在【店铺装修】页面中,单击自定义内容区域中的【编辑】链接。

步骤 07 打开【自定义内容区】对话框,选中添加的收藏图片,然后单击工具栏中的【插入链接】按钮。

步骤 08 打开【链接】对话框,在【链接网址】文本框中粘贴刚刚复制的网址,然后单击【确定】按钮。

步骤 09 返回下图所示的对话框，单击【确定】按钮，保存设置。

步骤 10 返回店铺装修页面，发布店铺后，即可使设置生效。

专家答疑

» 问：淘宝网中，对所支持图片的规格、大小、格式和位置都有哪些规定？

答：淘宝店铺中常见图片的规格、大小、格式等相关信息如下表所示。以下规格和大小为参考值，在保证图片质量的情况下，图片保存得越小，下载速度越快。

图片名称	规格	大小	格式	位置
店铺标签	100像素×100像素	≤80KB	GIF、JPG	普通店铺左上角
公告模板图片	宽度350像素	≤100KB	GIF、JPG	普通店铺右上角
店铺类目	宽度160像素±5像素	≤50KB	GIF、JPG	店铺左侧
旺铺店招	950像素×150像素	≤80KB	GIF、JPG、PNG	店铺顶部
自定义内容区商品图片	80像素×80像素或自定义	≤25KB	GIF、JPG	自定义内容区
旺铺缩略图(小图)	160像素×160像素	≤500KB	GIF、JPG	宝贝推广区
旺铺缩略图(大图)	220像素×220像素	≤500KB	GIF、JPG	掌柜推荐区
商品展示图片	500像素×500像素	≤120KB	GIF、JPG	橱窗推荐区
商品图片(宽版)	宽度600像素	≤100KB	GIF、JPG	商品描述模板中
商品图片(窄版)	宽度500像素	≤100KB	GIF、JPG	商品描述模板中
个人空间头像	120像素×120像素	≤100KB	GIF、JPG	个人空间和论坛

» 问：如何在自定义内容区添加滚动的文字？

答：可以使用标签"<marquee>文字、符号或图片的地址</marquee>"来使自定义内容区的文字或图片达到滚动的效果。

▶ "<marquee direction=up>文字</marquee>"这段代码可以直接粘贴到自定义内容区的编辑源码里，如下图所示。这里的"文字"是自己添加的内容，其显示的效果都是滚动的。其中，direction的意思是方向，可以设置为left(左)、right(右)、up(上)或down(下)。

⊙ 移动属性值主要有几个内容：移动方向<direction=#>、移动速度<scrollamount=#>、循环<loop=#>、移动方式<behavior=#>和延时<scrolldelay=#>，这几个属性可以自行调节。

⊙ 文字来回飘动的代码：<marquee behavior="alternate" scrollamount= "2">文字</marquee>，这段代码可以使编写的文字来回飘动，不会移动出去。

》问：在使用系统模板时，如何设置店铺主题色调？

答：登录淘宝网，进入卖家中心，单击左侧【店铺管理】分类下的【店铺装修】链接，打开店铺装修页面，选择【装修】|【样式管理】命令，进入【样式管理】页面，在【选择配色】选项卡中，用户可对模板的配色进行选择。

》问：各种颜色应该如何搭配？

答：经常登录淘宝的人的视觉对色彩最敏感。顾客打开一家网店的第一视觉感受就是色彩，一家设计精良的网店所用的色调往往可以将其宝贝衬托得更具魅力，达到事半功倍的效果。网店的总体色彩效果一定要和谐，在局部、小范围的地方可以采用一些较强烈的色彩进行对比，即"总体协调，局部对比"原则。

淘宝店铺提供了多种主题色调可供用户选择，不同的色调具有不同的寓意，会给顾客带来不同的心理感受。

⊙ 橙色。橙色是淘宝网的主色调，是一种暖色调，给人以热情、活泼和开心的感觉。这种颜色艳丽、引人注目，容易感染顾客的情绪。建议橙色与红色搭配，可以增添喜庆感；避免橙色与蓝色搭配，这两种颜色搭配会给人一种不稳定感。

⊙ 蓝色。蓝色是互联网最流行的颜色，具有和平、宁静、协调和信任的寓意，适合用于销售数码类、运动类产品的网店。

◉ 红色。红色是最热烈的颜色，在中国具有喜庆、吉祥的寓意，是一种展现青春活力，充满热情的色彩。

◉ 黄色。黄色是金黄的颜色，具有财富的寓意，同时也具有乐观、尊重、充满想象力等含义。黄色与其他颜色搭配，可以形成明暗差别效果，因此在店铺风格中黄色经常被作为背景色。

◉ 紫色。紫色是一种神秘的颜色，象征权威和灵性，也是创意和好主意的体现。接近该色调的粉红色、淡紫色则具有温柔、娇弱的寓意，适合于营造浪漫的气氛。

◉ 绿色。相比其他颜色，绿色需要谨慎使用，同样的绿色可能会令人产生不同的态度，有积极、也有消极。在某些其他功能性下，绿色表示忠心、聪明，是一种友好的颜色；但也有人将其看作嫉妒、卑鄙。

在确定店铺风格时，应有准备地运用色调的搭配。

◉ 暖色调。即红色、橙色和黄色等色彩的搭配。这种色调的运用，可以使店铺呈现温馨、和煦和热情的气氛。淘宝网的主页就是采用这种配色方案。

◉ 冷色调。即青色、绿色和紫色等色彩的搭配。这种色彩的搭配，可以使店铺呈现宁静、优雅和清凉的气氛。

◉ 对比色调。即把色性完全相反的色彩搭配在同一个空间内，如红与蓝、黄与紫、橙与蓝等。这种色彩搭配，会产生强烈的视觉效果，给人以视觉冲击。但如果运用不当，会适得其反，给人刺眼、俗气的感觉，因此没有掌握配色技巧的卖家需慎用。

▶▶ 问：如何在编辑宝贝时，使用编辑好的宝贝详情页模板？

答：设置了多个宝贝详情页模板后，在发布宝贝的时候，就可以选择相应的宝贝详情模板了。登录淘宝网，进入卖家中心，单击左侧【宝贝管理】分类下的【发布宝贝】链接，进入宝贝发布页面。选择宝贝所属分类，然后单击【我已阅读以下规则，现在发布宝贝】按钮。 打开填写宝贝基本信息的页面，在【页面模板】下拉列表框中即可选择不同的宝贝详情页模板。

▶▶ 问：如何在获取图片空间中的图片地址？

答：登录淘宝网并进入卖家中心，单击左侧【店铺管理】分类下的【图片空间】链接，进入图片管理页面。找到要获取地址的图片，然后单击图片下方的【复制链接】按钮，即可将该图片的地址复制到剪贴板中。

>> 问：如何将图片空间中的图片授权给其他店铺使用？

　　答：要将图片空间中的图片授权给其他店铺使用，可先进入图片空间，然后单击【授权管理】按钮，打开【添加授权店铺】页面。在【添加授权的店铺】文本框中输入被授权店铺的旺旺名，然后单击【添加】按钮，即可成功授权。

读书笔记

第9章

赚钱攻略之和客户善沟通

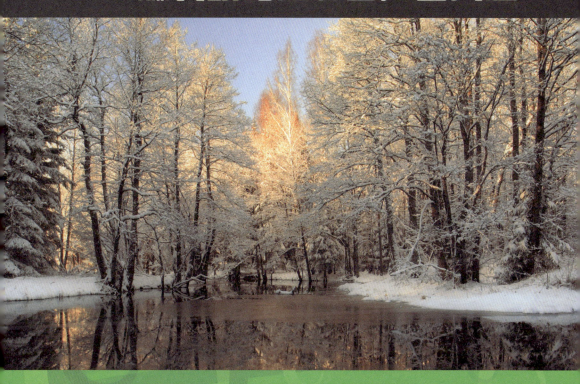

在淘宝开网店，出售的不仅仅是商品，更是一种伴随商品的服务。如果能给客户一份满意的服务，不仅能够促成交易的成功，还有可能增加顾客的回头率，甚至发展潜在顾客。如何才能给顾客满意的服务呢？这需要卖家与顾客用"心"沟通。

9.1 如何促使交易成功

让每一个来到店铺里的客户最终买单，这才是关键。如今的淘宝网店竞争是非常激烈的，作为卖家，一定要懂得成交的步骤和技巧，以便使自己能在未来和买家博弈的过程中掌握主动，并且取得优势，获得完美成交。

9.1.1 塑造专业店铺形象

在网购过程中，顾客为什么会买该店铺的产品，主要的原因是对店铺形象信任，所有竞争到最后都是人际关系的竞争。同样的产品，同样的价位，但是不一样的店铺，如果有两个可以选择的话，哪家店铺给顾客的服务体验更加惬意，顾客很可能就选择了这家店铺。

有时候卖家会发现，卖家对待顾客的服务态度很好，销售技巧也使用得很好，对于产品介绍也很到位，但最后买家就是下不定决心购买，这说明卖家的信赖感还是没有建立起来。当然有部分顾客是属于理性顾客，需要通过其他的手段来促成成交。但是绝大部分来到卖家店铺中已经有意向购买商品的顾客，对价格、品质等方面都已经能接受了，只要卖家的销售技巧足够高，让顾客对卖家产生信任感，那么商品的成交几率就非常大。

要塑造专业的店铺形象，除了对店铺进行整体装修，包括从店标、签名档、店铺公告栏到模板、分类栏都进行了整体的定位和塑造，让买家一进店铺就有一个良好的第一印象外，最主要的还是要有优质的服务和良好的业务素质。

店铺给别人的第一印象很好，这是成功的第一步。可是，卖家的真正目的是要赢利，要挣钱，这是关键。买家进店了，看了一圈，对某个商品或者几个商品感兴趣，开始用阿里旺旺沟通交流了，询问一系列相关的问题，颜色、尺寸、品质等，最后还可能提一些问题。卖家一定要耐心、热情地予以回答。不但要很迅速地对买家的意图和需求作出判断，还应该对自己商品及外延知识有个全面的掌握，适时给买家建议。

最忌讳的是一味地推销，在交流过程中不要说一些推销色彩非常浓的话，应热情、友好、不卑不亢。强行推销只会让买家反感。

📎 知识点滴

其实要塑造优秀的店铺形象也没有那么高深，开店时间长，经历的顾客多，自然就能积累了这些经验。

9.1.2 与顾客建立信赖感

与顾客建立信赖感不是随心所欲就可以建立起来的，最简单的方法就是把顾客当成领导，要善于倾听、投其所好、善于赞美等。

1. 善于倾听

首先，善于倾听是最基本的要点。倾听不仅是接受顾客的言语信息，更重要的是要能通过这些言语信息对顾客的思维活动达到认知和理解。在沟通过程中，善于倾听，能让对方感觉到自己受到尊敬，这样做对于建立信赖感是非常有利的。要做到善于倾听，应注意以下要点。

切忌以自我为中心，不要总是谈论自己的产品。要顺着对方，当他满足了自己被尊重的需要以后，自然就会很乐意和卖家交易，还免去了卖家多余的口舌。

不要自认为对方想表达的意思就是自己想象的那样，不要试图理解对方还没有说出来的意思。

注重一些细节。要注意从买家那里获得的反馈，并及时确认自己是否理解正确。一旦确定对他已足够了解，那么就可以积极给对方实际的建议和帮助。

要抓住要点，不要轻易被其他的小问题吸引，要切中要点、重点。

不能对谈话内容漠不关心。这都是了解客户的途径。越了解客户，就越能成交。

不要急于在对方没有说完之前发表观点，也不要提前在心里作一个主观判断，耐心听完对方的话再行动。

不论顾客多么不可理喻，或多可笑也好(当然一些无理取闹的顾客排除)，也不能嘲笑对方。要支持对方的观点，把对方看成朋友，这样才能拉近彼此间的距离。

交流时不要太容易激动，匆忙就给对方下结论。

不要同买家争执事情的对错。买家的观点在卖家心里应该永远是对的。

2. 投其所好

每个人都会特别喜欢和自己有相同兴趣的人一起交谈，当与顾客建立起相同爱好时，他就会觉得卖家和他是一类人，从而对卖家产生信赖感。

在沟通过程中，卖家要投其所好。例如，对方开场说"你好"，卖家可以说"你也好啊"。这样对方感觉会很亲切。如果对方用语比较粗俗，卖家就没必要打很高雅的字出来。如果对方回复很快，卖家也得相应提高自己的回复速度。

实战技巧

要注意对方的口头语，或者一些习惯用语，然后自己也用上。对方看到这些词语会感到莫名的开心，因为都是自己平时非常熟悉的喜欢的词语。但是不能做得太明显，太明显别人就会感觉卖家在刻意模仿他，会引起反感，而起到反效果。

3. 善于赞美

要获得对方的信赖，卖家还要会赞美。赞美要发自内心，越真诚越好。

每一个人都喜欢别人肯定，每一个人都喜欢

听到好话。当对方赞美他的行为的时候，他就会重复不断地加强这个行为；当对方批评某一个行为时，他就会停止那个行为。

所以卖家要加强顾客要购买的这个动作就要赞美他。而且卖家赞美自己的客户，能增进两者之间的关系，促进和谐。

一个人一般不会对赞美自己与说自己好话的人生气。当然卖家也要不断认同自己的顾客。这也相当于是赞美。

4. 了解商品

要对商品知识有一个系统的了解，避免出现无法回复顾客问题现象，如果碰到没有什么耐心的顾客，可能就失去了一笔交易。

如果卖家不能在最短的时间内给买家最好的、最专业的服务，那买家是不会选择该卖家的。例如，卖家的客户要买店里的一款球鞋，问该卖家是什么材质的，卖家回答得含糊不清，是革皮还是真皮，对方肯定会产生疑虑，也就失去了对卖家的信任感，这又如何能够要求对方会购买该卖家的商品呢？

5. 第三方见证

第三方见证是非常重要的，有效的客户见证可以帮助卖家快速提高客户的信赖度。因为他是用第三者来替卖家发言，而不是卖家本人的话来说。卖家自己讲你产品有多好，多少有点"王婆卖瓜，自卖自夸"之嫌，还不如让顾客来替自己讲话。

9.1.3 了解顾客的潜在需求

顾客会购买卖家的产品，是顾客有问题需要解决，问题是需求的前身。例如，买家前来购买一件首饰，可能是自己用，也可能是送给别人的礼物。如果是送给别人的礼物，卖家可以深入挖掘，是送朋友、同学，还是父母，送礼物的目的是什么，等等。了解了这些卖家才能有的放矢，促使交易成功。

在销售过程中，卖家更多的是销售某一个问题的解决方案，是在帮顾客解决问题。找出顾客的问题，然后去扩大这个问题，让顾客想到这个问题的严重性后，他就会产生需求，于是卖家去激发和提升他的渴望，让他知道有多么需要马上解决该问题。

找到顾客的问题才能刺激他的需求。例如，卖家的顾客为什么要来店里买"拔毒膏"呢？因为他脸上容易长痘痘。卖家的顾客为什么要买店里的充值卡呢？因为他想即时充值。所以他现在的所有的需求都是因为他本身有问题想要解决。其次问题越大需求越高，顾客愿意支付的价格就越高。

以购买"拔毒膏"的那位顾客为例，客户脸上长的痘痘越严重，那说明他的需求也越大，可能他还要配套的其他的护肤产品，他会为更多更贵的产品掏钱。

一般情况下，最终人们不解决小问题，只解决大问题。读者有没有曾经牙疼过呢？一开始疼的时候是不会管的，疼到后面实在忍不住了打算去外面买点药，但是疼突然又停了，所以就不会去管了。过两天，牙疼又来了，这下又开始忍，最后忍到靠药物都治不了了，只有去医院拔掉。所以，当对方来到卖家的店铺时，可能并不一定会马上买，因为他必须等到迫不得已才会去买。

作为一个优秀的客服人员，工作除了简单的销售沟通交流，更主要就是要会懂得挖掘顾客的问题，然后把问题扩大，让他深刻认识到必须立即改变，立即作出决定才行。

怎样才能知道挖掘顾客的问题呢？这就要求卖家非常了解顾客。当卖家越了解顾客时，才越能知道他们心里到底在想什么，什么是他们真正需要的。

排名世界第一的人际关系专家哈维麦凯，他的公司有一个著名的《麦凯66顾客档案》，里面有很多关于顾客的问题，包括顾客的姓名、地址、年龄、喜好、家庭人员，甚至喜欢去哪里度假，儿子在哪里上学。公司每个员工都要把顾客的资料填满。他的员工对客户的了解，甚至比他们对父母的了解还清楚。当然，卖家在淘宝不可能在事前做到这个样子，所以当卖家和顾客沟通的时候，就要通过问问题来挖掘他们的需求和问题。对方到底是个什么样的人，他对什么东西很重视，他想要购买这个产品是出于什么目的等。

9.1.4　塑造商品价值

有时候，顾客会感觉卖家的产品太贵，这是因为卖家没有把产品的价值塑造出来。有些顾客可能在购买卖家的产品之前已经对它有所了解但是还不太深，有些可能只是看到这个产品有这个功能，才进到卖家的宝贝详细页面查看具体内容或者和卖家交流。所以卖家向顾客介绍产品的这个过程其实就是塑造产品价值的过程。

如果卖家让客户了解到这个产品的价值非常大，并且价值远远大于价格的时候，他们就会迫不及待地掏钱购买了。

作为一名优秀的客服人员，不是要让自己了解商品的价值，而是要让顾客了解到该商品确实物有所值，甚至物超所值。举个简单的例子。例如，如卖家经营的是一家手机销售网店，某顾客同时看中了店内的一款国产品牌和欧美品牌的手机，而国产手机要比欧美手机价钱上要稍贵，此刻顾客心理上会有不平衡的感觉，这时卖家就要学会塑造商品的价值。例如，该款国产手机是最新产品，技术等都已经非常成熟了，还有是售后的维修费用要比欧美品牌便宜许多，并且零部件不需要预订等。

再以简单的一本书为例。单书价格只要30元，但通过该书籍，可以掌握各个方面的销售技巧，抛开它可以让读者收入倍增的话不谈，至少它可以让读者少走弯路，不再犯错。卖家在开店的各个环节做错一步，或者和客户交谈的时候说

错一句话，那么卖家就会损失顾客。假如卖家丢失一名顾客会损失30元，一天因此流失一名顾客计算，那么一个月就会流失30名顾客，损失900元。所以如果这本书能节省卖家在开店过程中的摸索时间，而且教卖家使用这些正确的方法去做淘宝生意，赚回的远远不止30元。

知识点滴

淘宝生意长期不好，会让卖家找不到方向，消磨卖家的意志，甚至会威胁到卖家的生存。这都是新手卖家要付出的代价，这些残酷的人生代价加起来绝对比一本30元的书更贵不是么？不要从自己的错误中学习，直接使用前人犯过的错而总结出来的正确方法，不是更省时间和更省钱吗？如果卖家觉得有道理的话，那么现在本书已经成功地塑造了自己的产品价值了。

9.1.5　解除顾客疑虑

顾客在购买商品的时候，如果迟迟拿不定主意，一定有某些不买的原因，如卖家对产品的讲解不到位，他要的功能卖家的产品无法实现，品质不好，或有价钱的原因。此时，卖家应该旁敲侧击，去了解顾客有哪些疑虑，把它全部列出来。

不同的客户，他们可能对购买疑虑的表现也会不同。卖家经常会遇到顾客的拒绝，原因多种多样，形式也各有不同，这里需要了解并且区别对待，把对方的疑虑当做自己的有利条件，往往许多事情只要换个方法去阐述，反而能事半功倍。例如，买家到店里买一件产品，卖家说缺货，那买家肯定是说："那我只好去别家看了。"这个时

候可以把这个不利的条件变成有利的条件。卖家可以说："这个货是我们这边最抢手的，新到的货一到就被抢光，每次货一到，肯定就不够，您如果喜欢的话可以先预订，否则等货来了您再买，还是被先订的人拿走了，现在我们的新货还有大概两三天到货，到时候就可以发货了。"这样，本来对卖家非常不利的条件马上就变成有利的优势了。要从正反两面对待事情，任何不利的缺点都可能转化成对卖家有利的优点。

以下是在买卖过程中常碰到的顾客疑虑，这里归纳了一些解决方法。

1. 判断顾客言辞中的真假

许多顾客其实在听到客服人员的耐心介绍后，不好意思拒绝别人，经常有的就找借口，如"我再考虑一下吧"、"我要和某某人商量下"、"过两天再来买吧"等。此时卖家就需要套出顾客放弃购买的真相。例如，对方说这个产品太贵，他的预算不足。卖家可以说："我这里还有另外一个更好的，是我店里卖得最好的，但是只贵一点点，性价比非常高，你要看看么？"如果对方说可以，那么就说明价钱并不是他真正的放弃原因；反之则可以判断对方确实是因为价钱原因，可以适当地降低售价或提供其他优惠措施来挽留顾客。

2. 寻找顾客真正的疑虑

如果对方和卖家谈到商品材料问题，卖家可以尝试性地询问对方："请问这是您对这个产品唯一的问题么？"如果答案是否定的，那么这个就不是真正的购买疑虑。还有别的，那就找其他的。

3. 以合理方式回答顾客疑问

例如，对方觉得卖家的商品很贵，卖家可以回答："其实是这样的，我们店铺多年前面临一个抉择，我们可以用更低的成本制造这个产品，让它卖给你的时候是最便宜的。我们也可以额外投资研发成本，让它的功效达到最好的程度。顾客只是暂时在乎价格，但当顾客买回去以后，他在乎的就是质量了。这位先生，我们公司最后决定，宁可让你买的东西比便宜货贵一点点，也不要让你去买次级品。您应该为您的选择感到高兴不是么？"

解除顾客的疑虑，总的原则是要将顾客的疑虑转为问自己的问题。例如，顾客说："太贵了。"可转为"为什么你的产品值这么多钱？""我要回家商量一下。"可转为"我为什么要现在下决定。"先忽略抗拒，再提问题，转移顾客的注意力，如果抗拒提出两次则是顾客真正关心的问题，需要详加解释。

> **实战技巧**
>
> 总之要记住一个要点：客户不买的原因就是他要买的理由。

9.1.6 推动交易

最后当卖家解决完顾客的所有购买疑虑后，一般这个情况下就不要再问对方是否购买，当然也不能干等在那里，直接叫对方把产品拍下来就可以了。当客户还在犹豫的时候，卖家正在这个时候给他一个推动，他就会行动了。卖家可以和买家说"现在拍下，下午还可以发货哦。"或者说"因为此货就几件了，今天拍还有货，明天说不定就没了。"甚至卖家可以直接给对方一个动作的要求，要求对方拍下，这个时候客户一般会采取行动。如果对方还有问题，他就不会自己闷在肚子里想，也会马上提出来，通过这样的方式，把他隐藏的问题也逼出来。解决好了以后，再让对方下单。

一般客户都比较懒，卖家要在最后把对方需要的产品链接一起发给他，这样他就不用自己再找了，别让他们找啊找的找到别人店里去了，那就麻烦了。

如果卖家给了对方优惠，卖家还要提醒对方，拍下以后先别付款，等卖家改好价格，再通知对方。这样对方会觉得很贴心。而且更容易产生行动。

> **知识点滴**
>
> 所有这一切都建立在卖家假设对方已经完全没有问题，已经决定拍下的基础上，别让对方有说不的机会。只要相信，就能得到相信的结果。

9.2 交流中的"三不"与"两保持"

在与买家的交流过程中要谨记"三不"和"两保持"原则，"三不"指的是语气不生硬、不赶客、不拉黑。"两保持"指的是保持话题的延续性和保持销售的关联性。

9.2.1 "三不"原则

在与买家交流的过程中首先要保持"三不"原则，即语气不生硬、不赶客和不拉黑。

1. 语气不生硬

语气不生硬是指在与买家交谈时的语气中不应缺乏交流的态度，让买家产品隔阂、厌恶和不舒服甚至是烦躁的感觉。要做到语气不生硬，应避免以下说话方式。

> 宝贝介绍里有，请你自己去看。

> 快递不是我开的，保证不了速度。

> 都说了今天不能发货。

> 不买怎么知道好不好用。

> 我在吃饭，等会儿……

> 反复使用简单被动的语气词：嗯、是、对……

2. 不赶客

不赶客是指不能用直接或间接的语气告诉顾客不要继续在自己店里购物。常见的赶客语气有"谁家便宜，你上谁家买去"、"我不卖给你了"、"你去别家看看吧"或者找借口不卖了，或者是长时间的沉默和不回复。

3. 不拉黑

不拉黑是指不要将买家拉入黑名单。拉入黑名单后，该买家就无法使用旺旺继续和卖家进行对话了。

在开店初期，卖家都会耐心解释买家的咨询，语气生硬、赶客、拉黑等问题很少出现，但是随着交易的增多，问题也会随之增多，卖家的耐心可能会慢慢消失，并逐渐出现生硬回复的现象。

生硬的语气容易引发冲突，继而出现赶客和拉黑的行为，这样一方面会造成顾客的流失，另一方面，即使强迫成交，也可能收到买家的差评，实在是得不偿失。

因此，网店卖家在销售的过程中要长期保持耐心、克制冲动，做到语气不生硬、不赶客、不拉黑，这是减少买家流失并避免恶劣后果的重要因素。

9.2.2 保持话题的延续性

保持话题的延续性，不在交流中出现冷场局面是提高交易成功率的有效手段。

下面通过实例来展示使用延续性交流的方法产生的不同结果。

示例1

买家：你家有野生山核桃吗？

卖家：有的。

买家沉思中……

示例2

买家：你家有野生山核桃吗？

卖家：有的，亲，您喜欢吃野生山核桃吗？

买家：呵呵，喜欢吃。

卖家：我家的野生山核桃质量很好、颗颗清脆，请问您要一斤还是两斤？

买家：那我先来一斤尝尝吧。

示例3

买家：你家有野生山核桃吗？

卖家：有的，亲，请问您要一斤还是两斤？

买家：我再看看吧。

卖家：这批山核桃颗粒饱满，质量很好，卖的很快呢，要是过几天也许就会断货的哦！

买家：是吗？卖的这么快啊，你家生意蛮好的吗！

卖家：谢谢亲的夸奖哦，来我们店的大部分都是回头客，他们都很喜欢我家的山核桃，您先来一斤尝尝吧！

买家：好的，那就先来一斤吧。

🖐 实战技巧

当买家出现沉默、犹豫，就表示买家可能要离开而中止交易了，保持话题的延续性，在交谈中讲述宝贝的优势，消除买家可能存在的疑虑，可以提高成交的概率。

9.2.3　保持销售的关联性

销售的关联性是指在成交以后通过和卖家的进一步交流，寻求继续成交的可能性，从而扩大成交量。

下面通过实例来展示使用销售关联性的方法产生的不同结果。

示例1

买家：这件连衣裙有货吗？

卖家：有的，亲，这件连衣裙质地很好，穿在身上不但舒服而且很显气质。

买家：好的，我付款了。

付款后……

买家：我付款了，记得发货哦！

卖家：好的，亲，再见！

示例2

买家：这件连衣裙有货吗？

卖家：有的，亲，这件连衣裙质地很好，穿在身上不但舒服而且很显气质。

买家：好的，我付款了。

付款后……

买家：我付款了，记得发货哦！

卖家：好的，亲，你真是有眼光哦，亲一定是个会打扮的女孩子吧！

买家：呵呵，还好吧！

卖家：我们店里新进了一批漂亮的腰带，如果配上这件连衣裙，就更显气质了！您可以去看看。

买家：噢，是吗？

卖家：亲这么有眼光，真人面前我就不献丑啦，我相信您一定会喜欢的，这是宝贝链接，……

买家：呵呵，好的，我去挑一根吧！

卖家：好的！

🖐 实战技巧

成交后切勿催促买家确认和评价，买家收到商品后，有一个使用、体验和鉴定的过程，或者买家因各种原因未能及时上网，造成确认和评价的延迟，均属正常现象，过度催促会引起买家反感。

9.3 不同买家的应对策略

对买家进行分类，可以做到心中有数，应对有方，就是所谓的知己知彼，百战百胜。一般来说，买家主要分为新手买家、老买家和即时买家等。

9.3.1 接待新手买家

卖家可通过阿里旺旺来识别新手买家。一般来说，新手买家注册的时间比较短，并且信用度不高，多数还没有上传头像，这些信息都可以在阿里旺旺聊天窗口的右侧看到。

在聊天窗口中单击买家昵称，打开买家资料窗口，也可查看买家的信誉度。

一般来说，新手买家主要有两种问题。第一，不熟悉购物流程；第二，对网购不太信任。因此，卖家要掌握新手买家因网购知识的缺乏而产生的错误，指导新手买家进行顺利购物，消除新手买家的不安情绪。

归纳起来，在与新手买家进行交易时，通常会遇到以下几种情况。

情况1：新手买家在单击【立刻购买】按钮后，以为已经拍下，而没有提交订单。

应对措施：耐心提示新手买家继续操作，直到出现支付宝付款界面，然后指导新手买家通过支付宝付款。

情况2：新手买家在拍下宝贝后，通过网上银行将钱充值到支付宝中，没有通过支付宝付款，却以为已经付款成功。

应对措施：提示新手买家打开【已买到的宝贝】页面，然后单击【立即付款】按钮，完成付款操作，付款完成后，交易后的状态会由【等待买家付款】变为【买家已付款 等待卖家发货】，此时才算购买成功。

情况3：新手买家因为是初次网购，通过网络在与陌生人交流的过程中，容易产生陌生感和紧张感。

应对：在聊天中多使用旺旺表情，表情比生

硬的对话更具亲和力,这样可以拉近与买家的距离,创造一个和谐的聊天环境,与买家建立信任基础。

情况4:新手买家因为不熟悉购买过程或者不会操作,导致误操作。例如,一件宝贝反复拍下多次,拍下的时候没有选对尺码、颜色或型号等。

应对措施:此时应耐心安抚新手买家,表明自己也是从新手过来的,同样的错误也犯过,指导买家直到购买成功为止。

情况5:新手买家可能会经常催件,在没有收到宝贝之前反复查询。

应对措施:这是因为新手买家对网购不信任引起的,此时应引导新手买家正确查询快递的方法,并讲清支付宝担保交易的安全性,消除买家的疑虑。

知识点滴

善待新手买家,会使新手买家对第一次网购接触到的卖家产生良好的印象,进而可以使新手买家转化为自己的老买家。

9.3.2 留住老买家

留住老买家也就是回头客是非常重要的。当买家再次购买同类物品时,首先会想到以前购买过的店铺,老店铺会让买家心理更踏实,同时还可省去搜索、分析、咨询等一系列繁琐的过程。当有众多的老买家形成一个固定的消费群体时,也可以为网店稳步安全增长打造一个良好基础。

要留住老买家,需要做到以下几点。

经常更新店铺中的宝贝,保持买家的购买欲望。

实行VIP制度,让老买家享受特殊的价格待遇。

提供周边服务,如代购、更为广泛的产品知识、独特的鉴定方法等。

主动跟踪服务,了解买家使用后的体验和感受。

拉近与老买家的距离，和老买家成为朋友。

老买家也会出现失误，当老买家出现失误时，应像对待老朋友一样细心关怀。

改变对老买家的称呼，适当的昵称会让人感到亲切。

除了介绍产品外，对卖家个人情况的介绍也会让老买家进一步地相信卖家。

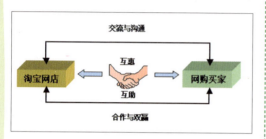

9.3.3　自动回复留住即时买家

买家在挑选宝贝时，往往会同时挑选多家店铺的宝贝进行比较，然后逐一咨询，在咨询的过程中，买家会根据卖家对宝贝的介绍和卖家的服务态度来最终决定在哪家购买。如果卖家刚好有事不在计算机旁，可能就会流失此类买家。

因此卖家要善用自动回复，尽量挽留此类即时买家。下面通过实例来介绍如何设置自动回复。

【例9-1】设置千牛工作台自动回复。 [视频]

步骤 **01** 登录千牛工作台，然后单击界面右下角的【设置】按钮。

步骤 **02** 打开【系统设置】对话框，然后展开左侧列表中的【客服设置】|【自动回复设置】

选项。

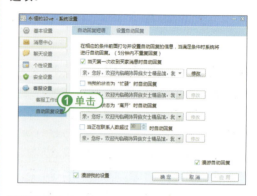

步骤 **03** 在右侧切换至【自动回复短语】标签，然后单击【新增】按钮，打开【新增自动回复】对话框。

步骤 **04** 在【新增自动回复】对话框中输入想要设置的自动回复短语并设置其字体格式，效果如下图所示。

知识点滴

用户可在自动回复中添加表情图标，使其更加生动。

步骤 **05** 单击【保存】按钮，返回【系统设置】对话框，在该对话框中可以看到已经新增的自动回复短语。

步骤 06 切换至【设置自动回复】标签，分别选中【当天第一次收到买家消息时自动回复】、【当我的状态为"忙碌"时自动回复】和【当我的状态为"离开"时自动回复】三个复选框，然后选择刚刚设置的自动回复短语。

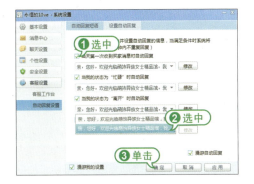

步骤 07 单击【确定】按钮，完成设置，此时当用户的千牛工作台状态为【忙碌】或【不在电脑旁】时，在接收到买家的咨询后，即可自动回复。

实战技巧

当卖家有事时，可手动设置千牛工作台的状态。

9.3.4 灵活应对各类特殊买家

特殊买家是指对网上交易有着不同于一般人的独特要求的买家群体。对特殊买家的各种行为和需求进行分析和整理，可轻松应付各类紧急情况，避免因措手不及而导致交易不成功或者是交易不愉快。

1. 催件的买家

这类买家一般对快递知识不太了解，用相近城市的发货速度来比较距离较远城市之间的发货速度，用直达城市之间的发货速度来对比需要中转的城市之间的发货速度，用航空的发货速度来对比陆运的发货速度。

应对措施：制作一张不同城市之间，不同运送方式之下的发货和到达时间对照表，以方便买家对照，并向买家介绍快递的相关常识。

2. 重视回复速度的买家

这类买家通常会以普通的聊天速度来对比购买咨询时的客服回复速度。

应对措施：设置快捷回复说明，如"您好，因同时咨询的客户过多，可能回复较慢，请亲谅解！"

3. 非常细心的买家

这类买家咨询的比较细致，可能一件宝贝会咨询数小时甚至数天连续咨询。

应对措施：礼貌回复的同时应直接或间接地表示宝贝质量很好，并有完善的售后服务，消除买家的后顾之忧，促使买家下决心购买。

4. 不咨询直接拍下并付款的买家

这类买家非常熟悉网购流程，自行甄别后，直接放心拍下。

应对措施：如买家拍下时旺旺在线，可直接核对收货地址无误即可。

5. 讲价的买家

讲价的买家分为两种，一种是试探性讲价；一种是软磨硬泡，不达目的誓不罢休。

应对措施：如果实在没有降价空间，要简单而有礼貌地拒绝，不要做过多解释，过多解释反而会引起更多的话题。

6. 咨询时使用其他聊天工具的买家

使用淘宝会员名进行正常交易，但咨询时使用 QQ 等其他聊天工具的买家。

应对措施：此种情况大多为个人习惯，但在发货时应严格按照淘宝会员拍下交易中的宝贝种类、数量、地址进行发货。如果买家在其他聊天工具中表示要更改发货地址或宝贝种类，应要求买家登录阿里旺旺来进行交易信息的传达，这样可使卖家权益受到保护。

> **知识点滴**
>
> 在淘宝交易纠纷的处理规则中，只有阿里旺旺的聊天记录才可作为有效凭证。

9.4 建立买家档案

建立买家档案是指将店里的新老顾客加为好友并进行交易信息整理。当卖家需要进一步得知买家的信息时，可方便地从买家档案中进行查找。

9.4.1 使用千牛分组功能

使用千牛工作台的分组功能对加为好友的买家进行分组后，当与买家进行聊天时，可马上通过买家所在分组判断买家身份。

【例9-2】在千牛中建立分组，并将好友加入该分组。回 视频

步骤 01 登录千牛工作台，然后右击任一默认分组，选择【添加组】命令。

步骤 02 随后会在所有分组的最下端添加新分组，用户可输入新分组的名称。

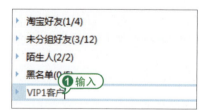

步骤 03 输入完成后，按下Enter键完成分组的添加。

最近联系	我的群
VIP1客户(0/0)	
我们的团队	
买卖(0/4)	

步骤 04 右击要改变分组的好友，选择【移动好友】命令。

步骤 05 打开【选择组】对话框，选择相应的好友分组。

步骤 06 单击【确定】按钮，即可将该好友移动至选定的分组中。

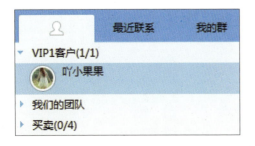

步骤 07 此时和该好友聊天时，在聊天窗口的上方即可看到好友的所属分组。

9.4.2 使用记事本查找功能

　　记事本是 Windows 系统自带的一个小工具，该工具体积小巧、打开迅速并且使用简单方便。用户可将有过交易记录的买家会员名和购买宝贝的数量记录在记事本中，当需要查找相关数据时，使用记事本的查找功能即可。

【例9-3】使用记事本记录和查找买家数据。
（视频）

步骤 01 单击【开始】按钮，选择【所有程序】|【附件】|【记事本】命令，启动记事本应用程序。

步骤 02 在记事本的文档编辑窗口输入要记录的数据。

步骤 03 编辑完成后，单击【文件】菜单，选择【保存】命令。打开【另存为】对话框，设置文档保存的位置和名称，然后单击【保存】按钮，保存文档。

步骤 04 用户若要查找某个买家的信息，可选择【编辑】|【查找】命令。

步骤 05 打开【查找】对话框，在【查找内容】文本框中输入买家的名称。

实战技巧

选中【区分大小写】复选框，可以在查找的过程中区分大小写字母。

步骤 06 单击【查找下一个】按钮，即可迅速查找到需要的内容，该内容会以被选中的状态出现。

9.4.3 查看千牛聊天记录

千牛工作台具有聊天记录的查看功能，用户可随时查看和买家的聊天记录。

登录千牛工作台，单击界面上方的【功能菜单】按钮，选择【消息管理】命令。

打开【消息管理器】窗口，在窗口左侧选择要查看的买家，即可查看和该买家的聊天记录。

单击窗口右上角的【导出消息记录】按钮，可打开【导出选择】对话框，导出指定的消息记录。

单击【投诉举证】按钮，可打开【举报中心】对话框，投诉选定用户。

9.5 优秀客服应具备的能力

淘宝网是人气最旺的电子商城，每天约有9 000多万买家光顾这里。如果卖家的宝贝被买家看中，就需要卖家想办法把买家留住，说服他拍下宝贝。

9.5.1 熟悉买家询价方式

买家看中卖家店铺中的宝贝后，在掏钱买下商品前，一般都会向卖家咨询一些商品信息，最常见的是讨价还价。

在网店进行讨价还价不可能是面对面的，必须要通过互联网连接买卖双方进行。买家一般会通过阿里旺旺向买家发送消息。

买家向卖家发出询问信息后，卖家必须要及时答复，否则就像在实体店，顾客询问店中的商品信息，而售货员却不搭理顾客一样。出现这种情况，即使宝贝再好，也卖不出去。

9.5.2 与买家交流的技巧

"顾客就是上帝"，这是一条被众多经营者所奉行的商业法则。网上开店是电子商务发展下萌生的新兴行业，但也要依据这一法则。

在经营初期，店铺访问量不是很大，买家数量较小，商品成交率低，新手卖家要尽量留住每一个上门的买家，与买家有良好的交流和互动，以争取交易成功。在与买家的交流中，需要做好以下几个方面。

1. 认真回答买家的提问

通常买家在进行网上购物时都会选择一些信用等级较高的店铺。对于处于起步阶段的网店来说，可能得不到买家的信任，要面对的买家问题也特别多，甚至会遇到一些刁钻的买家。有的卖家会因此而打退堂鼓，放弃与买家的交流，这样就会白白流失一个客户。其实，只要卖家有耐心，设身处地为买家想一想，相信很多问题都能迎刃而解。

2. 切忌单刀直入推销商品

面对上门的买家，最好不要一开始就过分直

接地向其进行商品推荐，给买家留下不好的印象。卖家可以从了解买家的需要入手，找一些买家感兴趣的话题进行交谈，制造轻松的气氛，再切入正题。

3. 做买家的倾听者

如果在交易过程中，因为某些问题不能使得买家满意而引起纠纷，这时卖家千万不要因为一时气愤或难以忍受而以过激的言辞进行还击。卖家要以理服人，耐心倾听买家不满，并给出合理的解释，尽量及时地满足买家的要求，让买家感觉到自己是被尊重和重视的，以尊重去赢得尊重，让买家交易得心服口服。

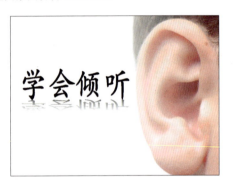

9.5.3 如何应对买家还价

在交易过程中，当买家提出还价时，卖家要在心中制定一个还价的尺度，既不能一步不肯退让，也不能轻易松口，如利润空间太小实在不能进行还价，也要与买家耐心说明缘由。毕竟，留住一个顾客不容易，而失去一个顾客却很容易。

因此，如何应对买家还价也是卖家在交易中必须掌握的技巧。

1. 保留谈价空间

除非宝贝的优势非常明显，否则无论是宝贝定价还是跟买家的讨价还价，都不要在一开始就抛出最低价格，要学会给自己留有一定的空间。

对于喜欢讨价还价的买家，很多掌柜嫌麻烦会

直接给出最低价，但这种做法的成交率往往很低。

因为买家一般不会相信卖家在一开始就给出最低价，此后的价格拉锯战将会异常艰难，而成交的价格也往往低于原先的最低价。

2. 证明价格的合理性

大部分买家都会认为商品的价格比想象中要高得多。此时，卖家应该及时从宝贝的质量、功能以及售后服务等方面进行强调，证明宝贝的定价是否相对合理。

我们的问题在哪里

3. 每次只降一点点

在交易过程中，难免会遇到一些砍价水平很高的买家，似乎降多少都不会让他们满意。遇到这种情况，卖家应该多花点时间，每次只降一点点，让买家觉得自己是受到重视的，同时也要表明利润有限，给买家的价格是很优惠的，最重要就是有耐心，不能心浮气躁，甚至赶客。

4. 避免斤斤计较

当价格达到一定的底线出现僵持状态的时候，卖家如果主动做出小小的让步，减免部分邮费或者送上一份赠品，让买家感受到卖家的诚意，往往就可以促成交易。

时刻不要忘记开店的目的是为了卖出产品达成交易，讨价还价的过程其实是买卖双方互相让步的过程。

对于优势明显的宝贝，可以实施明码标价政

策。在"不亏本、不丢市场、不丢客户"的原则下灵活掌握并且理性应对买家的砍价，把握讨价还价的主动权。此外，价格一旦确定，应立即要求买家付款，避免买家变卦。

9.6 售前服务不容忽视

想要成为一名成功的卖家，做好售前服务也是必不可少的，卖家要使自己成为一个合格的导购员，从而为网店赢得好口碑。

9.6.1 体现网店素质的导购服务

要成为一个合格的导购员需要卖家具备良好的专业素质和服务理念。

导购员一方面要代表店铺为买家服务，尽力地推销自己的商品；另一方面，又要从买家的角度着想，帮助买家挑选合适的商品。优秀的导购员必须始终保持热情的服务态度，并不断地学习和掌握专业知识和服务技能。

1. 培养良好的服务态度

良好的服务态度加上一流的服务质量才能留住老顾客，吸引更多的新顾客。因此，优秀的导购员必须培养良好的服务态度，具体表现在以下几个方面。

📍 积极就是一种工作态度。导购员应该积极、热情地和顾客打招呼，尽一切努力消除顾客的陌生感，建立初步的信任。导购员还要积极地询问顾客的需求，解决顾客的问题，因为每个顾客上门都持有购买商品意向，只有打破顾客的疑虑，才能促成交易。

📍 网店导购员虽然不是与买家面对面交流，但通过文字的表达，让买家感受到热情好客、彬彬有礼的待客态度，是非常重要的。

📍 把买家当作自己的朋友去对待。卖家只有真心对待每一个买家，网店生意才能持久地发展。

📍 诚信是店铺的立足之本，只有经营好诚信这块"招牌"，才能使生意更加红火。另外，店铺所售商品的质量要过硬，导购员要做到言必行、信必诺。

📍 导购员要根据买家的需求推荐合适的商品，而不是推荐价格高的商品。导购员真诚地回答买家的提问；对自己的疏忽要真诚地道歉；真诚地提醒商品的使用注意事项。

📍 一旦确定了目标，就要保持最执着的态度一步步地去努力。导购员需要做好服务和宣传方面的各种工作，如果导购员缺少坚持不懈的精神，就永远不能胜利。

2. 拥有专业的网店知识

导购员在工作时需要运用到很多相关专业知识。通常，一位专业的网店导购员应该要掌握以下几个方面的知识。

📍 店铺和品牌知识：了解自己店铺的特色、优势和主要顾客群；了解店铺所销售商品的品牌文化、历史发展和前景。

📍 产品知识：了解店里每一种商品的性能、特点、使用方法和售后维护，了解与这些商品相关的商业政策和市场行情。

📍 营销知识：知道应该如何去推广店铺中的商品。

📍 心理学知识：了解消费者的心理，能够得到买家的认同。

📍 公关礼仪知识：导购员代表了网店的形象，

导购员懂得公关，擅长与人沟通也十分重要。

实战技巧

买家第一次光顾店铺时，导购员过分热情的招呼会让买家感到不自在，不理不睬又会让买家感到不受重视。如何让买家第一时间有宾至如归的感觉，是每位导购员必须研究的课题。

9.6.2 沟通中体现网店亲和力

良好的沟通技能是营销的基础，这就需要每位卖家重视客服质量。

1. 沟通的重要性

导购员需要掌握以下沟通原则，并且多多进行实践。

▶ 与人交往，礼貌先行。"要让人敬己，必要己敬人"，人与人之间都是相互平等的，只有懂得尊重他人才能获得与他人沟通、交流的机会。在交流中要多尊重买家的意见，学会多使用征求的话语，如"行吗？"、"您觉得呢？"等。要让买家觉得你的服务态度很好，觉得你是一个非常有礼貌的人，这样他们才会愿意与你交流。做任何生意时，礼貌都是基础。

言谈礼貌
待客亲善

▶ 坦诚相待，诚信第一。诚信是交易最重要的因素。如果没有诚信，交易无从谈起。因此，导购员一定要坚持诚信第一的原则，在销售中不要隐瞒任何问题，否则这些失信的行为将使你失去作为一个商人最宝贵的品质。对于各方面存在的问题，应尽量在交易之前向买家交代清楚，避免因隐瞒而引起不必要的纠纷。做到坦诚相待，诚信为本。

▶ 将心比心，换位思考。沟通交流中，换位思考是非常有价值的。从买家的角度去考虑他们需要什么样的产品，这样才能更好地理解自己与买家之间的主要矛盾。只有站在买家的角度来考虑问题，才知道怎样来引导买家，从而使你的观点和讲解得到认同。如果买家对商品提出很多要求，让你难以理解或接受时，不妨先换位思考，从买家的角度去体会和分析买家所期望的理由，提议自己可以思考这样的几个问题。买家为什么会选择我的产品？为什么要接受我的产品和服务？其实不外乎以下两点：买家信任你；买家能从与你的交易中获得利益和好处。任何一项买卖，只要把握好这两个原因，成功的概率一定很大。

▶ 善听善解，领会意图。要成为一个沟通高手，首先要学会成为善于倾听的导购员。当买家未问完时，不要去打断，对买家的提问，要及时准确地回答，这样对方才会认为你是在认真地听他们讲话，才会对你和你的产品产生兴趣。同时倾听可以使对方更加愿意接纳你的意见，当你再说话的时候更容易说服对方。交流中，找出对方话语中的关键词，领会买家的想法，也可以帮助卖家决定如何应答。只要自己回答的问题或叙述中加入买家的关键内容，买家就会感觉出你对他说的话很关心。要学会领会意图，抓住买家心理，还可以在交谈中去查看卖家的信用评价或者曾发过的帖子，多去熟悉对方，然后针对不同对象做出不同的服务和对策。

▶ 理性沟通，避免情绪。在交流时，会遇到各种类型的买家，有的过于挑剔，询问几天还没决定买的；有的对卖家不尊重，连问话都像在质问的；有的拍下宝贝就消失了。遇到这些买家，都有可能让你的情绪在沟通过程中失控。如果买家的行为真的让你生气了，此时需要的是理性冷静，不理性时不要沟通。不理性的沟通只会带来争执，不会有结果，所以这种沟通无济于事。在有情绪的时候也不要做出决定，带有情绪的决定往往是冲动的，这很容易让事情变得不可挽回。

待冷静后再与买家沟通协商，可以解除一些不必要的误会。

2. 十类不同买家的沟通技巧

下面将针对不同的买家心理，简述沟通的方法。

🔾 疑虑心理。由于网上购物的特殊性，买家只能通过文字说明和图片展示对商品进行了解，对卖家也只能通过阿里旺旺、QQ或电话沟通进行了解，因而对商品的质量、性能和售后都会心存疑虑。对于持有这种心理的买家，作为客服人员在与其沟通时，一定要有耐心，不能表现出不耐烦情绪。

🔾 便利心理。便利的购物方法、快捷的购物方式和及时的送货服务，使得网上购物成为主要的购物方式之一。对于一些熟悉网购的买家来说，不需要导购员花太多的精力来介绍购买流程，只需要卖家提供优质的商品和良好的客户服务就可以赢得买家的认可，然后再附赠一些店铺宣传的精致小礼品，来更好地吸引此类买家。

🔾 求廉心理。网店物品要比商场里面的物品便宜实惠是毋庸置疑的，这也是很大一部分消费者选择网上购物的一个重要原因之一。许多买家都希望"花最少的钱买到最好的商品"，与这类买家沟通时，导购员要做好讨价还价的准备，在自己的承受范围内，价格上尽量迎合买家，沟通过程中不要扭扭捏捏说客套话，成交的概率会非常高。这类买家其实也是卖家最想遇到的，他们已经存在购买的心理。一般来说，稍微让些利，

不需要多费口舌即可促成一笔生意。

🔾 求名心理。一般选择品牌商品的买家对品牌本身有一种偏好，对其质量也有一种信赖感，导购员可以充分利用这类买家的求名心理和品牌本身的优势进行营销。而店铺要做的就是要使用比普通店铺更加大气的旺铺，定义项目要更为丰富，能衬托出品牌形象，而一些描述性的文字和图片可以由厂家提供，在价格上基本上是一口价的形式。购买这类商品的买家只要商品质量有保证，对于价钱不会有太多的异议。

🔾 求美心理。爱美是人的本能和普遍要求，对于求美心理的买家而言，商品的风格和个性化比商品的实用价值更为重要，他们不仅关注商品的价格、质量和服务，对于商品的包装、款式和颜色等也同样看重。对于这类买家，除了店铺本身的商品要"新、奇、特"外，还可以在商品的描述或表题中加入礼盒、礼物或应景的节假日名，如"圣诞礼物"、"情人节惊喜"等关键字。

🔾 猎奇心理。谁能吸引更多的眼球，谁就赢得了市场。人们对于新奇事物往往具有强烈的好奇心，而对新颖的商品也是如此。对于经营此类商品的客服来说，在淘宝社区或者其他论坛发表标题新颖、诱人的软文，或者以旺旺群发消息

等方式进行推广，也是一种不错的方法。

▶ 从众心理。很多买家容易受到周围环境的影响而存在一种仿效式的购物心理，对于这类买家，导购员需要主动出击，利用一些生动大众的词汇，如"许多"、"受欢迎"等词汇介绍商品。

▶ 新手型顾客。对于新接触网上购物的买家，他们对于商品缺乏全面的了解，很可能是被一些宣传广告所吸引，这类买家一般疑问很多，而且依赖性很强，可以说是导购员最头疼的一类买家，但事物都是有双面性的，一旦帮助这类买家很好地解决了实际问题，他们很容易成为店铺的忠实消费者。作为导购员，需要耐心地解答这类买家提出的问题，问清他们的真正需求，另外特别要对可能会产生的误会问题事先说明，以免日后产生交易纠纷。

▶ 专家型顾客。这类顾客对于网络购物已经十分熟悉，有很强的自主性，他们选择商品无非就是考虑价钱和售后两个问题。导购员和这类买家的沟通，不要夸夸其谈，有针对性地解答提出的疑问，不确定的问题最好咨询清楚之后再答复。不懂装懂，反而让顾客感觉到你不够实在，容易产生交易纠纷。

▶ 伪专家型顾客。伪专家型的顾客占了绝大多数买家比例，这类顾客对于网购有比较清楚的了解，对商品有过一定的接触，但都不是十分了解，一般这类买家十分主观，有意无意地"告诫"卖家不要妄图欺骗他们。对于这类顾客，导购员一定要懂得在第一时间将其与真正的专家型顾客

分开，沟通的时候要注意控制自己的情绪，不要与其争辩，接触后判断其是否值得进行交易。如果买家过于自大，很难接受你的意见，为了避免产生更大的纠纷，建议寻找借口搪塞，否则往往会得不偿失。

🔍 实战技巧

淘宝网上许多网店都是将售中和售后服务摆放在特别突出的位置，却很少有网店关注到售前服务。在整个服务过程中，准备充分的售前服务，不但能减少售中服务的阻力，还能保证售中服务顺利进行。因此，一个成功的淘宝卖家要清楚地明白，与买家之间是服务与被服务的关系，售前服务是让买家认知店铺的机会，做好售前服务不仅可以让买家对商品更加满意，还可以达到促销和塑造店铺形象的目的。

9.6.3　导购技巧和注意事项

网店导购员在服务过程中，合理使用以下一些小技巧会达到事半功倍的效果。

▶ 保持积极的工作态度。导购员应积极、热情地与买家打招呼，尽快地消除买家的陌生感；同时积极、主动地解答顾客的问题，而不是等买家询问时再去解答。

▶ 重视买家的要求。买家比较关心能否挑选到自己真正想要的商品，而不是商品有什么卖点，所以要以买家为中心，针对买家的实际需要来推荐合适的商品。

▶ 把握时机促成交易。能否促成交易直接关系着网店的成交量和销售业绩。买家购买意愿比较明确时，导购员要把握时机，促成交易，防止时间久了，买家因心态、环境和他人的影响而改变主意。

年终大促、历史最低
全场满 38 全国包邮！

除了恰当地运用技巧，导购员还需要特别注意避免以下问题的出现。

▶ 交流过程中缺乏礼貌、言语不当、不尊重买家、引起买家的不满或误解。

▶ 对于买家的提问无法回答或答非所问，不了解店铺，也不了解商品。

▶ 过分夸大产品和售后服务，拼命掩饰商品的缺点，欺瞒卖家，甚至有意设立圈套诱导买家购买。

▶ 贬低竞争对手，一味地夸大自己商品的优势，发表不公正、不客观的言论打击同类店铺。

9.6.4 协助顾客进行交易

协助顾客是导购服务中的一个经常被忽略并且最为细小的环节，但就因为它的细小，反而能体现店铺对顾客的关爱，能够让顾客真心感受到你对他的关爱。

1. 协助过程中顾客的反映和对策

下面归纳了在协助顾客过程中顾客经常出现的反映以及相应的对策。

▶ 总在征求客服的意见，自主性不强，并且经常进行比较，遇到这类顾客，作为导购，要充分表现你对商品的专业知识，提出中肯合理的意见，并积极认真地替顾客做主。

▶ 基本不说话，对你的意见充耳不闻，只

认为做自己的事，遇到这类买家，要多提建议、多加评价，但不要替买家做主，应该介绍其关心的商品让他可以有多项选择，然后投其所好。

2. 协助过程中需要避免的问题

在协助顾客时，要避免以下问题。

▶ 积极性不够，未主动鼓励顾客，反而处于被动地位。

▶ 未能协助顾客进行商品的演示。

▶ 让顾客购买的心情过于迫切，一味说好，替顾客作决定。

3. 协助顾客服务细节

在导购过程中要结合的因素很多，可以说是个形象工程，在这过程中要充分体现顾客为主的服务态度。因此，在协助过程中要有特殊性，各个环节应该认真对待，随时启发销售，并为附加推销服务阶段服务。在协助过程中要注意以下几点。

▶ 了解顾客的需要，给顾客选取合适的商品。

▶ 评价商品要诚实，可以赞美为主。

▶ 多与顾客沟通感情。

▶ 对所做的工作表现热情，尤其在顾客放弃购买时，不要表现出不耐烦。

9.6.5 导购中对顾客真诚赞美

每个人都喜欢听好话，即使是好朋友，当你指出他的错误时，也需要善意的提醒。如果当众说出来，会让他的脸面挂不住，严重的话，可能会连朋友都做不了。而对于赞美之辞，一般情况下，人们都会照单全收。即使赞美得有些过头，对方往往也会"来者不拒"。

有个笑话，说的是两个书生刚被任命去做县官，离京赴任之前，去拜访主考老师。老师对学生说："如今世上的人都不走正道，逢人便给戴高帽子，这种风气不好！"一个书生说："老师的话真是金玉良言。不过，现在像老师您这样不喜欢戴高帽子的能有几个呢？"老师听了非常高兴。这个书生出来以后，对另一个书生说："高帽子已经送出一顶了。"

赞美顾客的言辞不能过量，必须恰到好处，如果过量了，那么就成了"拍马屁"，不仅得不到你想要的结果，还会使人产生反感的情绪。

赞美的艺术

- 人多半喜欢听好话
- 发自内心的真诚与关心，才会使您的赞美产生热力与吸引力

在现实生活中是这样，那么在网络交流中，也运用一些赞美的小技巧，让买家在购物的过程中不仅可以买到自己中意的宝贝，也能让购物的心情更好，甚至成为我们的忠实老客户。很多的人可能会想，赞美别人无非就是一些夸奖、赞美、奉承之类的话，但是在网上我们看不到对方的人，也不知道对方长什么样？怎么赞美对方呢？其实赞美的方法多种多样。在我们看不到对方，也不知道对方长什么样的情况下，可以参考从以下几个方面进行赞美。

1. ID赞美

当一个买家来咨询时，我们什么都不知道，只能通过阿里旺旺或者QQ看到此买家的ID，这个时候可以从ID来入手，比如"亲，您的ID名字很有个性哦"，买家看了会很高兴。又如"亲，您的ID那么简短，应该接触淘宝很久了吧？现在想注册像您这么短的ID基本注册不到了"，主要为了证明买家接触网购的时间长，是个追求时尚的人。

再如"亲，您的ID很容易记哦，如果早点认识您的话，让您帮我取好了，这样别人来我店铺一次就记住了，那生意一定会比现在更好的"，这样买家听了会感觉自己是个很有品位的人。

2. 头像赞美

▶ "亲，你的头像是您本人吗？长得很漂亮很有气质哦。"

▶ "亲，您的头像是您本人吗？那么有气质，您应该是个高层白领吧？"即使猜错了也没关系的，因为赞美她，她如果想跟你聊的话，就会告诉你她是做什么的，这样就可以进一步的拉近感情。

▶ "亲，看你的头像应该是卖衣服的吧，有好的销售秘籍记得跟我们分享下哦"，对方发现你知道她是卖什么的，会跟你聊，因为她也希望你变成他的客户。

3. 买家所在地赞美

▶ "亲，您是XX市的啊，你们那边的XX的很出名哦"，这个就必须你对全国大部分城市的风景名胜或者美食比较的了解，如果不了解也可以通过搜索引擎去了解。

▶ "亲，您是XX市的啊，我老家也是那边的哦"，可以攀亲，当然这必须是真实的。

▶ "亲，您是XX市的啊，我以前去过那个城市，在那边呆了很久，那是个很美的城市，给我留下了很深的印象，我一直还很想回去看看"，也是套近乎的一种方法。

🖎 知识点滴

利用地名赞美必须真实，或者是聊天的感情进一步的时候才能用，一开始就用，有的人不喜欢别人知道他是什么地方的，会产生反感的情绪，切忌如果对对方所在城市不了解就千万不要用这种赞美，不然会适得其反。

4. 赞美对方感兴趣的产品

导购员必须结合自己的产品来赞美买家，其实，这种赞美没有固定的话术。比如，卖衣服的

买家可以这样说："您的眼光真的是很独特哦，这件衣服很多买家都非常喜欢呢。"又如，"像我的店铺有款产品是手机电脑防辐射的"，就可以说："您的健康理念很超前哦，现在很多人还没有防辐射的意识哦。"

总之，请各位结合自己所销售的产品自己总结技巧，营销没有固定的模式。

5. 交易完成后的赞美

❯ "谢谢您对我们的支持，没想到您是一个那么豪爽的人，更谢谢您对我们的信任，请您放心，我们产品的品质一定会让您满意的。"主要针对对方咨询的少，随便问一问就拍下付款客户，

这种人的性格一般是很豪爽的，也很可能成为一个潜在的老客户。

❯ "谢谢您对我们的支持，感觉您在生活中也是个非常细腻的人，很注重生活的品味。"主要针对对方咨询的多，对一些细节很注重的客户。

知识点滴

导购过程中，卖家利用聊天工具的丰富表情，配合幽默的话语，寻找合适的机会赞美买家。适当、恰到好处的赞美会让买家心情愉快，不但有助于提高交易的成功率，还有可能交到好朋友，更进一步带动二次消费。

9.7 实战演练

本章主要介绍了如何与客户进行良好的沟通，促使交易成交。本次实战演练通过两个具体实例来使读者进一步掌握千牛工作台的用法。

9.7.1 设置轮播个性签名

【例9-4】为千牛工作台设置轮播的个性签名。

▶ 视频

步骤 01 登录千牛工作台，然后单击界面右下角的【设置】按钮。

步骤 02 打开【系统设置】对话框，然后展开左侧列表中的【个性设置】|【个性签名】选项。

步骤 03 单击【新增】按钮，打开【新增个性签名】对话框。

步骤 04 在"请输入内容"文本框中输入个性

签名的内容。

步骤 05 输入完成后，单击【保存】按钮。

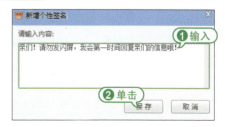

步骤 06 按照同样的方法可设置多个个性签

名。设置完成后，返回【系统设置】对话框。选中【轮播个性签名】复选框，并在【间隔时间】下拉列表框中设置间隔时间。

步骤 07 单击【确定】按钮，即可使设置生效。

9.7.2 在千牛APP中添加插件

【例9-5】在千牛工作台的APP中添加插件。

📹 视频

步骤 01 登录千牛工作台，然后单击界面左下角的APP按钮。

步骤 02 打开APP界面，然后单击【插件中心】按钮。

步骤 03 打开【插件中心】对话框，在该对话框中，用户可选择需要添加的插件。

专家答疑

» 问：在交易过程中如何防止相似用户名行骗？

答：现在淘宝网上的骗子也很多，很多淘宝卖家都被这些骗子以各种手段坑过，甚至有些底子薄的小卖家被骗一次就会一蹶不振。因此我们在淘宝运营，掌握一定的识别骗术能力，是很有必要的。

网上骗子会冒充买家，使用相似用户名聊天，并在旺旺中指定发货地址。然后用另一个用户名去拍下宝贝付款。等收货后，拍下宝贝的用户名以未收到货为理由，提出退货请求。而由于发货地址与拍下宝贝的发货地址不符，卖家此时无法提交真正拍下宝贝的发货凭证，所以退款成立，货物则被骗子骗走了。

这样的例子说明两个用户名极其相似，不然卖家怎么会没注意到呢？相似用户名需要细心观察，往往只有一个细小的差别，如数字"1"与字母"I"，数字"0"与字母"O"，汉字"一"与一字线"—"，汉字换位组合等，用户名的比较如下图 (a) 所示。行骗时，网上骗子往往会注册多个用户名，以不同的身份同时咨询问题，转移卖家的注意力，造成卖家手忙脚乱，无暇去分辨用户名是否有问题，具体行骗流程如下图 (b) 所示，用户在交易过程中要仔细进行甄别。

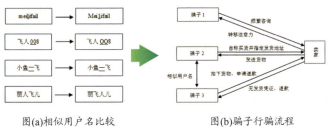

图(a)相似用户名比较　　　　　　图(b)骗子行骗流程

▶▶ 问：网上骗子的招数有哪些？应当如何应对？

答：为了帮助大家更清醒地认识网上骗子的骗术，我们总结了以下几种常见的骗局，希望大家提高警惕。现在的骗子的骗术也会不断地"推陈出新"，但万变不离其宗，只要大家举一反三，灵活运用防骗技巧，就可以有效避免上当受骗。

🔘 瞒天过海。骗子首先和卖家联系购物，骗得卖家的信任，然后以没有支付宝为由，要求卖家直接提供银行账户名和账号，之后又对卖家说，有点不信任卖家，要求先付 50%，货到后再付 50%。待卖家发完货之后，骗子就消失了。对付这种骗子的方法是必须全款发货。

🔘 借刀杀人。骗子使用电话和卖家联系，然后说打电话联系太贵了，自己的 QQ 又用不了，希望借卖家的一个 QQ 和卖家联系，因为不少职业卖家有多个 QQ 号码。当卖家把 QQ 号码和密码泄露后，卖家的 QQ 号就被他们盗用了。这种骗子只骗卖家的 QQ，由于卖家的 QQ 是用来做生意的，所以很容易泄露商业密码。

🔘 暗度陈仓。骗子说要直接汇款到卖家的账户，然后把银行的汇款单传真给卖家。要卖家马上发货，但发完货后，卖家到自己的账户上查询，发现没有这笔款项。因为骗子的传真是假的，不可轻信。对付这种骗子的方法最好是尽力使用支付宝，否则钱布到账坚决不发货。

🔘 围魏救赵。骗子以没有注册支付宝为由，要求卖家直接提供银行户名和账号，然后想办法套出卖家的身份证号码，在套出卖家的身份证复印件后，接着卖家银行账户上的钱就莫名其妙的没啦。后来经核查发现时骗子根据身份证信息伪造了假的身份证，然后去银行挂失，并骗取银行卡里的现金。因而，大家都要保密个人的信息，包括身份证号码。对付这种骗子的方法就是千万不要随便泄露自己的身份证号码。

🔘 声东击西。骗子先假装购买货物，而且一定是笔大生意。骗子会再三要求优惠价格，并且要求卖家提供小礼物。而骗子一收到货后，就以货物质量问题为由要求退款，而且要求退款的数量是货物的原价，当然，还会说没有收到过小礼物。对付这种骗子的最佳方法就是使用支付宝，如果不能使用支付宝，就一定要留下实际交易价格的凭据。

🔘 抛砖引玉。骗子先和卖家套交情，再买些小东西博得卖家的好感，交易中也特别守信用。接下来，他突然要大量订货，然后找个理由不用支付宝，要卖家先发货。等卖家发完货，他就消失无踪了。对付这类骗子，要警惕突然改变交易习惯的顾客，特别是信用等级不高的，即使是熟客，也要尽量使用支付宝交易。

🔘 釜底抽薪。刚刚开始经营的小店时，卖家急于找货源，往往只与供应商口头谈好条件。可等卖家的小店一有起色，供应商马上涨价，或者断货。卖家不得不接受涨价条件或重新寻找货源。所以，要早早和供应商签订合作协议。

▶▶ 问：卖家没有承诺发货时间，买家投诉未按约定时间发货怎么办？

答：如果卖家没有和买家约定发货时间，买家付款后卖家需要 72 小时内发货。如有违规，卖家需主动赔付商品实际成交金额（不含运费）的 5% 给买家（金额：1 元≤赔付金≤30 元），在投诉处理中主动赔付给买家，投诉不扣分。未主动赔付，待客服介入后，投诉成立扣 3 分，且会转移对应保证金。投诉处理中卖家可以直接单击【同意赔付】按钮后完结投诉；如无按钮，卖家可以线下打款赔付，然后在投诉页面提供支付宝交易号说明。

▶▶ 问：因买家个人原因不喜欢，退货邮费由谁承担？

答：关于"七天退货"的运费问题，即买家个人原因发起的退货行为，处理方式如下。

🔘 商家包邮商品，发货运费需要卖家承担，退货邮费买家自行承担。

🔘 商家非包邮商品，来回邮费买家承担。

关于"退货承诺"的运费问题，即买家个人原因发起的退货行为，处理方式如下。

🔘 商家包邮商品，发货运费需要卖家承担，退货邮费的承担以退货承诺设置的为准。

🔘 商家非包邮商品，发货运费及退货运费的承担原则，以退货承诺设置的为准。

关于非"七天退货"及"退货承诺"的运费问题，即买家个人原因发起的退货行为，处理方式如下。

🔘 卖家同意买家无理由退货的要求，包邮 / 非包邮都由买家承担来回运费，但若买家对发货运费价格有异议，卖家需要配合提供相关运费证明（如带有价格的发货底单等有效收费证明）。

读书笔记

第10章

赚钱攻略之提升网店服务

　　商场如战场，淘宝网上商家之间的竞争是异常激烈的。要想使网点招揽更多的回头客，好的网点服务体验是必不可少的。

10.1 信任的力量

　　"买东西，除了价格，当然要图方便，还要图放心。"相信大多数人在上网购物时都会这么想。卖家与买家之间建立足够的信任感，才能使买家买得放心、用得安心。这就是本节要介绍的信任的力量。

10.1.1 信用的三个层次

　　信用是什么？信用不仅代表着卖家经营的成绩，更代表了客户对卖家的信任。如果说顾客满意是一种价值判断的话，顾客信任就是指顾客满意的行为化。顾客信任是顾客满意的不断强化的结果，是顾客在理性分析基础上的肯定、认同和信赖。

　　一般来说，顾客和卖家之间的信任可以分为以下3个层次。

1. 认知信任

　　认知信任是直接基于产品和服务形成的，因为这种产品和服务正好满足了顾客的个性化需要，认知信任居于基础层面，可能会因为志趣、环境等的变化转移。

2. 情感信任

　　情感信任是在使用产品和服务之后获得的持久满意，可能形成对产品和服务的偏好，顾客在购物后获得了满意，产生"这家店铺真的值得信赖"的感觉，顾客下一次购物时心里就会产生依赖感，首先选择这家店铺。

> 🌹 很棒的毛绒玩具，质量很好，很可爱哦~~并且卖家态度也是很热情啊~~~下次还会光顾
> [2012-07-20 20:25:25]
>
> 🌹 掌柜的宝贝又实惠又漂亮，发货也很快，真的不错哦！
> [2012-07-20 13:57:07]

3. 行为信任

　　行为信任只有在店铺提供的产品和服务成为顾客不可或缺的需要和享受时才会形成，其表现

是长期关系的维持和重复购买，以及对店铺、店主和产品的重点关注。顾客对店铺的信任和忠诚需要长时间培养，店铺要充分满足顾客的需要。但是，只要这家店铺对顾客有一次不讲诚信的行为，就足以破坏顾客的信任。因此，必须以足够的诚心、诚信和诚意，一贯地毫不例外地对顾客做到诚实和守信。

> 🌹 这里的东西还是一如既往的好啊，下次还会来的！
> [2012-04-11 10:13:42]
>
> 🌹 穿上很修身，强烈推荐！
> [2012-04-11 10:12:39]

10.1.2 让客户信任你

　　有个推销员，欲前往农场向农场主人推销公司的收割机。到达农场后，他才知道，前面已经有十几个推销员向农场主人推销过收割机，但农场主人全部都没有买。这名推销员来到农场时，无意中看到花园里有一株杂草，便弯下腰去想把那株杂草拔除。而这个小小的动作恰巧被农场主人看见了。推销员见到农场主人后，正准备介绍公司的产品时，农场主人却阻止他说："不用介绍了，你的收割机我买了。"推销员大感诧异地问："先生，为什么您看都没看就决定购买了呢？"农场主人答："第一，你的行为已经告诉我，你是一个诚实、有责任感、心地善良的人，因此值得信赖；第二，我目前也确实需要一台收割机。"

　　"心态决定一切！"成功有时就是这么简单。今天卖家是用什么态度面对自己的工作，买家就会看到什么样的卖家。成功其实真的不难，只是取决于卖家的心态罢了。

信任是所有营销业务的重要因素，如果顾客不信任卖家，他们就不能和卖家达成交易。从客户角度讲，建立客户对店铺的信任有3个层次：客户对产品的信任是基础，对客服的信任是升华，对店铺的信任是升华的结果，是信任的最高水平。

▶ 对产品的信任从哪里来？由于网络的虚拟性，很多判断和言论都可能带有虚拟的成分，很多客户都只是凭感觉来判断。在初次购物的时候，客户经常是通过一个感兴趣的商品链接找到卖家的店铺。这时，客户第一个感兴趣的商品引起他的信任就特别重要，这时的信任完全是感性的。所以在销售的初期，卖家要尽量给客户留下良好的第一印象。当然了，由于卖家和客户之间是一种浅层次的信任关系，是一种临界于利益和信任之间的关系，所以适当恭维也是十分必要的。

▶ 对客服人员的信任从哪里来？在淘宝网上，与客户建立联系、发展关系以及促成交易的是客服人员，因此，顾客对客服的个人能力、水平和道德品质的信任是信任关系的升华。这就要求客服不断提高自身的综合素质。例如，作为美国"西南森林工业"所属建材零售商的KNOX公司，专门设有解答柜台，员工在成为解答员之前，必须完成严格的训练课程并通过严格的笔试，以便在接近客户时没有迟疑和勉强，这也是个人价值的体现——他们是商场中最有学问的人。另外一种赢取信任的方式是靠真诚的服务，靠卖家的诚实，坦率、亲切和言行一致，一步步慢慢化解顾客心目中的坚冰，逐渐承认卖家、接纳卖家、喜欢卖家、信任卖家，最后确定拍下

付款。

▶ 对店铺的信任，则是客户信任的最高水平，正如世界级推销培训大师汤姆霍普金斯所说："你要向顾客证明，无论大事小事他都可以百分之百地信赖你，久而久之，一旦你养成信守承诺的美德，以及做的比说的多得多的美德，你就一定能同时得到客户的信赖和订单。"信任关系建立了，客户就对卖家的店铺产生了依赖感，这就为卖家后面的交易流程奠定了基础。因此店铺需要周密考虑与客户接触的外部形象与风格特色，让客户感觉到与之接触的是一个负责任、有能力、值得信赖的伙伴，是一个尊重客户、处处为客户着想和寻求共同发展的个性化的朋友。这就需要店铺通过全方位的设计、掌控好与客户接触的种种环节，让客户在接触中获得最满意的结果。

10.1.3 赢得信任的四条法则

为赢得客户的信任，应该从以下4个方面做起。

1. 打造良好的信用记录

人无信不立，店无信不长，信用是店铺赖以生存和发展的基本条件。目前，国内市场信用体系尚未建立，商业界普遍缺乏道德自律，谈诚信似乎是一种"自欺欺人式的老生常谈"。

在市场大环境的潜移默化作用下，有的卖家用投机取巧甚至用不光明的手段获胜，这是对网购发展最大的危害——没有什么比不诚信更容易自毁前程了！其实，随着淘宝网信用体系的不断完善，"信用"所能兑换的价值将远远超过每个

人的预期。例如，淘宝网的卖家曾玉，就第一批用上了【支付宝卖家信贷】服务，她以良好的历史信用记录为保障，中午提交申请表，下午就获得通过，第二天就如期受到贷款。今后，信用还将发挥越来越重要的作用。

2. 要足够真诚

在营销教材中，通常会有这样一个案例。日本企业家小池先生出身贫寒，20岁时在一家机械公司担任业务员。有一段时间，他推销机械非常顺利，半个月内就达成了25位客户的业绩。可是有一天，他突然发现自己所卖的这种机械，要比别家公司生产的同性能机械贵一些。他想：如果让客户知道了，一定会以为我在欺骗他们，甚至可能会对我的信誉产生怀疑。深感不安的小池立即带着合约书和订单，逐家拜访客户，如实地向客户说明情况，并请客户重新考虑是否还要继续与自己合作。这样的举动，使他的客户大受感动，不但没有人取消订单，反而为他带来了良好的商业信誉，大家都认为他是一个值得信赖且诚实的推销员。结果，25位客户中不但无人解约，反而又替小池介绍了更多的新客户。

小池先生能够不掩盖工作中的缺点和错误，

把每一个缺点和错误当成学习和提高的机会，这值得浮躁的新手卖家好好学习。有的时候，店铺可能会收到一些中、差评，是卖家的错，就要老实承认，虚心改正，如果客户能修改最好，不能修改也不要在评价解释里推卸责任，因为其他买家的眼睛也是雪亮的，断章取义地放上聊天记录对方也一样能够看出来，反而会影响其对店铺的看法。

3. 人品可靠，诚实守信

忠实于客户，首先必须诚实；要想获得成功，必须要诚信建立自己的口碑与品牌。做一个诚信的人就是要做老实人，说老实话，干老实事；就是要信守承诺，对做过的事负责，对结果负责。要知道，如果一个人有了一次甚至更多的对同一个人没有履行诺言的记录，那个人通常就不再认真地对待这个人的约定，这就是所谓的信用问题。现在很多店铺都承诺保修、退换服务等，这些并不是口上说说，一旦做出承诺，就要对言行负责。如果承诺过服装因质量问题接受退换货服务，一旦情况出现了，卖家决不能逃避，一切都要按承诺办事，这样才能更好地赢得顾客的信任。什么是诺言？诺言就是100%做到的事情。当卖家不能有充分把握的时候，如物流，卖家可以用"争取"或"尽量"这样的口吻回答别人的邀约，而且承诺了就要最大限度去履行。

4. 致力于长期关系的建立

信任不是一个手段，而是一切的根本。当任何环节出现信任缺失，店铺的信任链就会断裂，生意也就随之土崩瓦解。赢取客户的信任不是一朝一夕的事，这不仅仅要求卖家营销思想的更新，也需要顾客的配合和环境的支持，这个过程可能是痛苦的，有时还需要学会放弃，但其实是为了得到更多。

请相信，信任所构建的诚实信任的营销模式，必将带给买家全新的购物感受和全新的购物体验，从而构建更加透明更加公平的网购环境。同时，"信任"所构建的诚实信任的营销模式，也必然给卖家们带来更加忠诚的顾客和更加光明的市场前景。这里附带提供了一些培养客户信任感的重要技巧。

　　▷ 习惯提供更多、更好的服务，始终把客户放在第一位。

　　　▷ 只做双方都能够平等互惠地交易。

　　　▷ 不说没有把握的话。

　　　▷ 发自内心为别人提供最好的服务。

　　　▷ 培养对人的亲善态度。

　　▷ 销售时同时传达卖家的工作理念，行为胜于言语。

　　▷ 受人恩惠，不论是大还是小，必定加以回报。

　　▷ 不随意对别人提出要求。

　　▷ 不与人争辩无谓的琐事。

　　▷ 随时随地把温暖带给他人，做一个快乐的人。

　　▷ 为所销售的东西提供售后服务，那是维持老客户的最好保证。

　　▷ 如果成功，是有人帮助自己成功。

10.2　注重网店的服务体验

　　网店服务体验，主要包括客服人员的服务及时性、亲切性、专业性、灵活性、主动性、诚信性、感恩心态等多个方面。服务体验代表了一家店铺的"魅力"。对于客户来说，与他接触的客服就代表着整个网店。客服给客户的感动多，网店魅力就强，否则就相反。而让客户在兴趣、喜爱之后进入忠诚状态的，只有网店的魅力，也就是服务体验的提升。

10.2.1　回应及时迅速

　　据调查，许多顾客在与客服交流之前，如果当前客服人员不在线或者很长时间没有回应，放弃购买的顾客占了很大的比例，所以作为客服人员，做到及时响应顾客非常重要，既能获得客户的优先选择，又能让客户不忍放弃购买。

　　用户与客服人员交流主要是通过阿里旺旺和QQ，如果此刻该客服人员正在跟多个顾客交谈解答，可以预先设置自动回复信息，如"由于线上咨询商品的顾客太多，请稍等马上给您处理，非常抱歉，请您谅解！XX店客服人员。"

　　做到及时迅速地响应顾客，除了及时外，还要遵循首问优先原则，优先回答第一次询问的客户。此外，如果是店铺的VIP顾客，为了让其体验到购买过程中的VIP待遇，让VIP顾客感受格外的温暖，最好指定专门客服人员一对一服务。

　　🔖 **实战技巧**

　　对于询问有关售后服务问题的顾客，可以指派专门的售后客服来解决问题，做到客服人员专职专位(当然这要建立在客服人员充足的基础上)。

10.2.2 交流礼貌亲切

尊重顾客是客服人员最基本的礼仪，亲切的礼貌用语可以让客户对店铺产生好感，产生购买意向。

尊重客户习惯、喜好，采用不同类型用语。大多数购买家电、电子产品等高价值产品的顾客为男士，适合用礼貌用语，如您好、欢迎、请、多谢、再见等。而一些购买服装、化妆品、饰品等商品的顾客多为女士，适合用亲切用语，如姐妹、姐姐、MM等。

10.2.3 服务专业可信

专业可信的顾客服务，能在售前让顾客的理智判断倾向于你，在售后让有问题的顾客"化不满为欣赏"。

卖家可将客服人员划分为售前客服和售后客服两种。

售前咨询	售后服务
和我联系 杨杨	和我联系 售后1号
和我联系 风柔	和我联系 售后2号
和我联系 思思	给我留言 售后3号
给我留言 依依	
和我联系 苹果	

对于售前客服的要求相对简单一些，主要是要求他们有过硬的在线客服理论知识，能对常用的问题进行整理，给出最完美的答案；对于售后客服，主要是要求他们对于每款商品都有亲身的体验，可以独立指导顾客操作实用并简单解决常见的问题。

10.2.4 销售积极主动

热情的服务往往能够挽留住顾客，并且让顾客下定决心购买。不知道卖家有没有亲身经历过，在网上购物时，如果看中一件商品，首先是对该商品进行至少3家左右店铺的比较，然后与这3家店铺的客服人员进行交流，往往选择一些态度积极，能排除买家购买疑虑的客服店铺购买。

作为一名客服人员，要做到积极主动地销售，而不是坐以待毙，当然如果碰到一些不喜欢反复介绍说明的顾客另当别论。在销售过程中，通过介绍产品的卖点，帮助客户下决心购买，并通过良好地沟通，消除客户的不满或疑虑。当顾客决定购买时，不要忘了推荐店铺内的畅销产品或促销活动，提升客户贡献率。

销售时需掌握主动

10.2.5 商谈灵活融通

网上购物的顾客主要还是冲着价钱便宜而来，所以在买卖过程中的讨价还价是必不可少的。顾客爱讲价，爱占点小便宜，并不是什么不光彩的事情，而且无论是在网上购物还是实体店购物，如果能在原价的基础上给予顾客一定的优惠，他们心里会少许平衡一些，购物心情也会更好。

例如，一个化妆品网店的朋友，起初是本着薄利多销的原则定价，基本利润已经很低了，但在实际销售过程中，顾客就是觉得价钱还有得谈，还需要让利些，然后跟他磨价钱，他为了冲等级又不想失去顾客，只得再让利一些，结果等于没有利润。在商谈价钱的过程中，要灵活变通，如说明店铺中的商品是不议价的，但不能直接说不能还价，避免给顾客产生生硬甚至强硬的感觉，可以将单纯的降价引导为赠品、会员卡等。此外，碰到前来退换货的顾客，尽量跟对方商量双方都能接受的方案，而不是以自己的规定为由拒绝；即使要拒绝，也要依据淘宝规定或权威的第三方规定实行。

知识点滴

同样的一件事，换一种说法，结果可能相差迥异，作为一名优秀的客服人员，在处理实际问题时，一定要学会灵活融通，不要生搬硬套。

10.2.6　心存真实感恩

除了让顾客除了获得尊贵的感受外，当顾客购买商品后，还要让其有一种消费的愉悦感，这点是许多客服人员都不能做到的，其实只要花些心思，对顾客心存感恩之心即可。

在销售商品之前，无论成交与否都要真诚感谢客户光临店铺，不要让顾客感觉卖家唯利是图。

在销售商品过程中，活用温暖贴心的话语来感谢客户拍下产品，多用一个词，一句话，能

产生两种截然不同的心理。例如，顾客拍下商品后，"恩，好，我知道了，马上就去处理下。"与"好的，非常感谢你选择我们的商品，我会尽快帮你处理，你可以稍等片刻，享受下本店其他服务，谢谢您。"虽然两句话都没有什么毛病，但显然后者要比前者更能体现出对顾客的感激之情。

客服人员还可以通过一些小细节来表达自己的致谢。例如，在发货时附带一些贺卡、致谢函等形式表示感谢，在店庆节假日发送祝贺、感恩顾客的信息等。

10.3　提升服务质量

在淘宝网开店，虽然卖家与买家之间并不是面对面地进行交易，但良好的服务是留住买家的关键所在。作为卖家一定要懂得一些服务技巧、提高服务质量，可以使卖家在和买家交涉的过程中掌握主动权，达成交易。

10.3.1　学习并掌握导购技巧

在给顾客介绍商品时，也要注意一些导购的小技巧，在买家举棋不定的时候，若能耐心地询问其需求，做好商品的推荐，往往就能促成交易。

卖家可以主动询问买家需要什么帮助，当明确了买家的购买意向后，可以采用"二选一"的技巧来缩小买家的挑选范围，有助于买家做出决定。

有些买家非常看重商品间的价格差异，经常会有买家咨询了商品的信息却不拍，说要到别的店铺看看，比较一下，这就表明他很需要这件商品，但希望卖家能做出一定的让步，这时卖家应做出回应，表明自己店铺的优势，如信用等级比较高、邮寄费用比较低等。此外，可以通过送买家一个小礼品或派发红包等方法，帮助买家做出决定。

1. 对自己的宝贝有信心

首先要对自己的宝贝有信心，如果自己都觉得自己的宝贝不好，那顾客怎么会来买呢？介绍宝贝时要让顾客感受到卖家的诚心，为顾客解答疑问时一定要有耐心，还要专心。在与顾客沟通时要时刻留意顾客的反应，及时确定顾客的需求。

2. 把握时机促成交易

有时顾客的决定会受环境、他人以及自己的心态的影响，随时发生改变，卖家要学会看顾客的反应，当发现顾客有意向购买这件商品时，必须及时促成，绝不要拖延时间，否则就会让顾客有改变主意的机会。

3. 推荐商品适可而止

很多实体店的营业员在顾客购买商品时太过于热情，从进门那一刻开始就不停地介绍，这么做只会造成顾客的反感。卖家有时候需要给顾客留有一定的考虑时间和空间，在顾客了解宝贝基本信息的前提下，只需及时解答和补充顾客的询问即可，这样才不至于引起顾客的不安和反感。

10.3.2 使用电话交流技巧

对于一些喜欢用电话询问购买事宜的买家，卖家也要做好礼貌回应。

1. 接听电话注意事项

◉ 电话铃响起应尽快接听，接听时语气要明快、客气、落落大方。

◉ 说话要有礼貌，尽量说普通话。

◉ 接通电话后要确认对方的身份和需求，并进行记录，确保下次接到这个顾客的电话时能第一时间说出对方的称呼，让顾客感受到对他的重视。

◉ 进行电话交流前，要准备好纸和笔，以便随时记录重要的谈话内容，便于通话结束后处理。

◉ 对于没听懂的地方，不能含糊不清，可以礼貌地要求对方复述。

◉ 遇到不确定的问题，千万不要随便给顾客承诺，应该跟顾客说："这个问题我还要去确认一下，等确认好了再给您回复好吗？"这样的回答一般顾客都愿意接受，既表明了对顾客的负责，又为下次再次联系做好了铺垫。

◉ 在结束通话前将本次通话的要点复述一下并确认。

◉ 如果买家不通过支付宝进行交易，则卖家在接听电话时，必须问清楚对方的姓名、地址、电话号码、商品名称、送货时间以及付款方式，将这些记下来后，需要再重复一遍加以确认，尤其是收货地址。

◉ 通话结束时，要等待对方先挂电话，并

对顾客光临店铺表示感谢。

2. 回访买家注意事项

在使用电话联系买家的时候，还要注意以下几点细节。

❯ 打通电话后，首先向顾客问好，并自报家门，对占用对方的时间表示歉意，这样不至于让对方感觉不适。

❯ 根据顾客是以公司身份还是以个人身份购买宝贝，来确定给顾客打电话的时间。公务电话避免在顾客节假日、休息时间和用餐时间联系。私人电话最好避开对方的上班时间，早上7:00之前、晚上21:00之后要尽量避免联系顾客，以免影响顾客休息。

❯ 给顾客打电话前要准备好需要表述的内容和要点，长话短说，言简意赅，不要占用顾客太多的时间。

10.3.3 为店铺设置客服

当网店经营日渐进入佳境，卖家一个人应对不过来时，可以为店铺设置多个客服，首先要将作为客服的阿里旺旺设置为互动状态，再将代码复制到店铺公告中或者宝贝信息中，即可与客服进行交流。

卖家可以寻找身边有空闲时间的亲朋好友作为自己网店的客服人员，帮助处理网店的业务。

【例10-1】为淘宝店铺设置客服。 📹视频

步骤 01 打开浏览器，在地址栏中输入网址http://page.1688.com/html/wangwang/download/windows/wbtx.html，然后按下Enter键，打开旺遍天下主页。

步骤 02 第一步选择在线状态图片风格，本例选择【风格二】，第二步填写作为客服的阿里旺旺用户名，并输入图片提示文案。

步骤 03 输入完成后单击【生成网页代码】按

钮，生成网页代码。

步骤 04 单击【复制代码】按钮，复制生成的网页代码。

📖 知识点滴

该代码用来设置客服旺旺，复制完成后，关闭该页面即可。

步骤 05 进入卖家中心，单击左侧【店铺管理】区域的【店铺装修】链接，打开店铺装修平台页面。

宝贝管理	信用等级	>=251分
发布宝贝	开店时长	>=183天
出售中的宝贝	消费者保障计划	缴纳保证金（含保证
橱窗推荐	交易额	>=12000元
仓库中的宝贝	好评率	>=97.766%
体检中心	宝贝与描述相符度	>=4.77
店铺管理	卖家服务态度	>=4.812
查看淘宝	纠纷率	<=0.003%
店铺装修	自然年内一般违规处罚	<12.0分
图片空间	自然年内严重违规/售假处罚	无
宝贝分类管理	在线二手宝贝	无
店铺基本设置		
手机淘宝店铺		
域名设置		

步骤 06 在要添加客服的模块右上角，单击【编辑】按钮。

知识点滴

要添加客服代码的模块应支持HTML源码编辑。

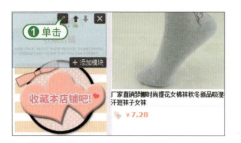

步骤 07 在弹出的编辑对话框中，选中【编辑源代码】复选框。

步骤 08 显示源码编辑界面，将前面复制的代码粘贴至编辑框中相应的位置。

步骤 09 再次单击【源码】按钮，返回可视化编辑界面。用户可对界面中的元素位置进行调整，调整完成后，单击【确定】按钮。

步骤 10 单击装修平台右上角的【发布】按钮，保存编辑结果并发布。

步骤 11 在店铺的主页即可看到设置的结果。

10.3.4 增加商品附加值

"物超所值"是每个顾客最乐意欣然接受的购物体验。商品的附加值提高了，顾客的满意度自然也就提升了。

在包裹中添加送货清单，在其中写明商品的件数和平时不会注意到的细小物件，便于买家收到货的时候核对。

此外，一定要在清单上写上自己的联系方式，和退换货流程，这样可以方便买家联系到自己。买家如发现货物有问题，应及时反映给卖家，方便商量对策。

卖家还可以送上一个小礼物，或是一张卡

片，这样做可以让买家有意外的惊喜。当然，卖家可以在卡片上写一些表示感谢的话，很好地拉近与顾客间的距离，还可以委婉地提醒买家不要忘记确认收货，及时评价。

10.3.5 给买家好评返现

淘宝网具有好评返现功能，需要卖家付款订购。订购该功能后，当买家的评语达到一定字数时系统会自动返还设定的奖金。

登录淘宝网，进入卖家中心，单击右侧的【订购服务】按钮。

进入【淘宝卖家服务】页面，在【搜索】文本框中输入"好评返现"，然后单击【搜索】按钮。

在搜索结果中，用户可选择自己想要使用的服务。例如，本例单击【大赢家_好评返现_好评送红包】选项。

在打开的页面中，用户可以查看该软件的功能介绍。

如果对该软件满意，按照页面提示进行订购即可。

10.4 加入消费者保障服务

消费者保证服务是淘宝网推出的旨在保障网络交易中消费者合法权益的服务体系，主要包括【七天无理由退换货】、【假一赔三】、【闪电发货】等服务项目。如果加入售后保障服务，在一定程度上可以提高自身的信誉，打消买家的疑虑。

10.4.1 为什么要加入消保

消费者保障服务简称"消保"，目前消费者保障服务分为：商品如实描述、七天无理由退换货、假一赔三、闪电发货、数码与家电30天维修等。

其中，商品如实描述为加入消费者保障服务的必选项，而7天无理由退换货、假一赔三、虚拟物品闪电发货、数码与家电30天维修、正品保障是可以自愿根据店铺类目进行主动选择的。

淘宝店铺加入消费者保障服务具有以下几个优势。

🔆 商品描述有特殊的标记，并带有独立的筛选功能，商品容易被买家找到。

🔆 加入消费者保障服务后，店铺的可信度大大提升，更容易被买家接受。

🔆 享受消费者保障服务的卖家特有的单品单荐有针对性的服务。

🔆 拥有更多淘宝网橱窗推荐位奖励，可以推荐更多商品。

🔆 可参与淘宝网抵价券促销活动。

🔆 优先享受淘宝网其他服务和丰富的优惠活动。

10.4.2 申请加入消费者保障服务

卖家可以根据自己销售产品的特点选择性地加入消费者保障服务。

加入消费者保障服务的淘宝网用户需要具备以下条件。

🔆 用户必须是淘宝网注册用户。

🔆 用户被投诉成功率不超过1%。

🔆 用户同意按《消费者保障服务协议》的规定缴存保证金于自己的支付宝账户并授权淘宝冻结。

🔆 用户的申请未被淘宝或支付宝公司否决。

另外，【消费者保障服务】或类似文案之标志不适用于以下类目商品。

🔆 宠物/宠物食品及用品>小宠类及用品、水族世界、爬虫类及用品、鸟类及用品、宠物配种/服务、其他。

🔆 网店/网络服务/个性定制/软件充值>平台软件/加款卡>充值平台加款卡。

🔆 网络游戏点卡>网游平台(加款卡)。

🔆 成人用品/避孕用品/情趣内衣。

🔆 房产/租房/新房/二手房/委托服务。

要加入消费者保障服务，用户可登录淘宝网，进入卖家中心，在【客户服务】区域单击【消费者保障服务】链接，在打开的界面中申请消费者保障服务并提交保证金即可。

10.4.3 保证金缴纳标准

加入消费者保障服务的淘宝买家需要缴纳一笔保证金，卖家在没有履行消费者保障协议中的相关规定给买家造成损失时，淘宝网将通过扣除卖家缴纳的部分保证金对买家进行赔偿。

知识点滴

保证金一般情况下只交一次，以主营类目所需缴纳的金额为准，但如您之前卖的类目只需缴纳1000保证金，但后续店铺中发布了手机类商品，则请自觉按手机类目要求的10000金额进行补缴，补缴入口与第一次缴纳入口一致。

目前，消保的基础保证金均为1000元，无类目区别。如果提交页面提示额度低于1000元，用户应按页面提示额度提交即可，后续再关注补缴。

实战技巧

如果卖家需要加入特色服务：如七天无理由退换货等，则必须先交纳基础保证金方可申请。

为了更好地保障消费者，提升经营以下类目商品卖家的服务水平和商品质量，淘宝依照《消费者保障服务协议》，规定必须缴纳消保保证金的商品类目如下。

必须加入消保的类目	缴费标准
度假线路/签证送关/旅游服务	1000
景点门票/实景演出/主题乐园	1000
特价酒店/特色客栈/公寓旅馆	1000
手机号码/套餐/增值业务	1000
网店/网络服务/软件	1000

(续表)

必须加入消保的类目	缴费标准
网游装备/游戏币/帐号/代练	1000
台式机/一体机/服务器	1000
电脑硬件/显示器/电脑周边	1000
手机	10000
MP3/MP4/iPod/录音笔	1000
个人护理/保健/按摩器材	1000
办公设备/耗材/相关服务	1000
厨房电器	1000
大家电	1000
宠物宠物食品及用品/狗狗	1000
宠物/宠物食品及用品/猫咪	1000
闪存卡/U盘/存储/移动硬盘	1000
网络设备/网络相关	1000
平板电脑/MID	1000
音乐/影视/明星/音像	1000
书籍/杂志/报纸	1000
国货精品数码	1000
影音电器	1000
电子词典/电纸书/文化用品	1000
生活电器	1000
电玩/配件/游戏/攻略	1000
彩妆/香水/美妆工具	1000
笔记本电脑	1000
美容护肤/美体/精油	1000

(续表)

必须加入消保的类目	缴费标准
数码相机/单反相机/摄像机消保的类目	1000
美发护发/假发	1000
3C数码配件	1000
电玩/配件/游戏/攻略	1000
腾讯QQ专区	1000
网络游戏点卡	1000
移动/联通/电信充值中心	1000
床上用品/布艺软饰	1000
玩具/模型/动漫/早教/益智	1000
童装/童鞋/亲子装	1000
零食/坚果/特产	1000
家装主材	1000
电影/演出/体育赛事	1000
本地化生活服务	1000
奶粉/辅食/营养品/零食	1000

知识点滴

　　说明：发布以上类目宝贝时，如果没有提交消保保证金只能发布"二手"或"闲置"商品，必须提交消保保证金才可以发布全新商品。

10.4.4　退出消费者保障服务

　　要退出消费者保障服务，用户可登录淘宝网，进入卖家中心，在【客户服务】区域单击【消费者保障服务】链接，进入消费者保障服务页面。

　　在【保证金】选项卡中，单击【解冻】按钮，打开解冻保证金页面。

知识点滴

　　在【消费者保障服务】选项卡中可以查看服务内容。

　　确认无误后，单击【确定】按钮等待淘宝客服人员进行审核即可。

知识点滴

　　若用户在淘宝网发布商品、利用支付宝达成交易或在履行交易相关义务中违反法律、法规、政策、淘宝网的任何规则、支付宝公司的任何规定或违反其对买家的承诺，或被买家投诉、索赔时，淘宝以及支付宝公司可以根据淘宝自行的判断，无须承担责任，直接使用保证金对买家进行赔付。

10.5 完善的售后服务打造完美口碑

售后服务也是网络市场竞争中不可或缺的一个重要部分。完善的售后服务能保持店铺竞争力，提供知名度与诚信度，打造完美的口碑，为更好地开拓市场打下坚实的基础。

10.5.1 售后服务的细节和精髓

如果卖家想成为一名足够细心的掌柜，建立顾客档案是必不可少的售后服务细节。通过这些细节可以方便日后的交易，能快速查找到顾客的相应信息，提高工作效率，同时也让对方感受到卖家的专业水平。

1. 建立顾客档案资料

除了可以使用前面章节中介绍的记事本以外，用户还可建立一个Excel表格，用于管理顾客资料。当接到买家的订单后，就可以在顾客档案中记录下交易的所有相关信息，如交易日期、会员名、真实姓名、联系电话、收货地址、购买商品、成交金额、备注等。这里的备注可以使用不同的颜色来区分顾客的会员级别，便于查询他们应该享受的购物折扣。

客户资料表

顾客昵称	联系电话	收货地址	购买历史记录
翠喵小美雪	138********	江苏南京市***********	宝卡通抱枕 轻松熊卡*
xw12366	137********	北京市***********	兔55cm 海绵宝宝爱手*
周飞	137********	湖北省***********	林嘉欣大抱枕80cm
cbb3201	150********	山西晋中***********	机器猫卡通空调被
xuzhaoxia	136********	广州***********	懒兔空调毯 可爱熊猫*
vicky668	136********	重庆市***********	包巾 林嘉欣大抱枕120cm
yuhuan121	135********	贵州市***********	愤怒的小鸟卡通抱枕
小町当当	153********	河南郑州***********	眯眼兔40cm 彼得兔55cm

有了这样的顾客档案资料，以后可以根据顾客的会员名找到其具体资料，这种方法很实用。当老顾客再次消费时，不用再向他们索要联系方式和收货地址了，只需核实一下信息是否变化即可，节省了很多时间。

2. 跟踪服务

在市场竞争日益激烈的趋势下，卖家不仅要对售前负责，更要注重售后服务。当顾客买下卖家的产品后，卖家可以定期或不定期地询问顾客使用产品后的感觉和对产品是否满意，这样可以使顾客感受到卖家对他们的关心，加深顾客对卖家的信任感。如果下次还需要购买，买家很有可能会再次选择卖家店铺中的产品。这些后续服务都可以根据顾客档案中的客户信息进行跟踪服务。

3. 对顾客的关怀

如果记得买家的生日，在她生日那天，可以通过旺旺、站内信件或邮件等方式，送出一份生日祝福。当然，如果她们在生日当天购买卖家店铺中的产品，可以给她们折扣，这也是一个不错的生日礼物。

在过年过节的时候，卖家也可以通过旺旺、QQ、手机短信、微信等方式给买家发出节日问候。

平时，卖家在交易中可以经常给买家带来一些温馨的提醒，如给买家发货时，可以通过旺旺留言，告诉对方物流的状态，让买家对交易有一定的了解，同样可以告诉对方化妆品的正确使用方法和保存方法等有价值的信息。

总之，卖家对顾客的关怀方法很多，这些服务细节都是建立在详细掌握顾客信息的基础之上的，所以建立顾客档案资料是售后服务的精髓所在。

10.5.2 设置合理的退换货政策

设定合理的退货、换货政策，可以解除买家购买的后顾之忧，增加其信任感。

卖家可以根据自己店铺中出售的宝贝的特点

制定具体的政策。

▶ 退、换货的期限。期限的制定要以不影响二次销售为依据，如对于有质保期的食品和化妆品等，最迟要保证在质保期内退、换货。为了减少退货的发生，卖家在发货前要详细了解宝贝是否满足买家的需求，发货时检查宝贝的完整性，并妥善打包。

▶ 退、换货的条件。如果发货前就存在质量安全问题或运输途中出现质量问题，应该给买家退、换货；如果由买家人为损坏，可不予退货。在不影响二次销售的情况下，应尽量满足买家的需求，换货产生的差价应该采取多退少补的方法。

▶ 退、换货产生的物流费用。物流费用应经过买卖双方协商决定，由主要责任方承担物流费用。

▶ 退、换货引起交易时间的变更。为避免系统到期自动打款，卖家应主动为买家延长交易时间。

10.5.3 合理解决顾客投诉

如果问题没能很好地解决，买家可能对卖家提出投诉。卖家在对买家的投诉进行相应申述的同时也可以根据需要与买家沟通，寻求双方都认同的解决方案。

淘宝网中对卖家的投诉一般有以下几种解决方案。

▶ 网上成交不卖。如果不想出售给买家的宝贝，需要说明合理的理由，或者提供相应的截图凭证，如旺旺历史聊天记录截图。

▶ 收款不发货。如果已经发货了，需要提供发货凭证；如果没有收到卖家的汇款，需要提供该账户的明细截图；如果发货后买家还没有收到货物，需要在申诉页面注明，然后到快递公司网站查询货物的去向。

▶ 商品和店铺网站中描述不符。卖家针对

买家提出的相关不符内容说明情况，将该商品的证明文件等相关信息上传到投诉页面；如果卖家愿意给买家退、换货，卖家需要在投诉页面中说明情况，并及时联系买家进行沟通。

登录淘宝网，进入卖家中心，单击【客户服务】选项下的【投诉管理】链接。

打开【投诉管理】界面，如下图所示。在该界面中，用户可查看和管理投诉，如果卖家要提出申诉，要注意，文字申诉时应该尽量简明扼要，抓住问题的关键，讲重点，并且截图上传发货单、旺旺历史聊天记录截图证据，淘宝客服会依据有关规则进行工作的评价。

知识点滴

与不可能所有的买家都给出好评一样，退、换货的情况也会时常发生，遇到了要以良好的心态去面对，有时就算暂时吃点小亏，也要顾全大局，毕竟为顾客服务不只是口头上说说而已。当然，如果是恶意退、换货，并且自己手头上有证据(包括发货凭证、买家和卖家签收记录、旺旺历史聊天记录截图等)，还是要坚决抵制的，可申请由淘宝客服核实情况并公正处理。

10.5.4 买家口碑相传带来客户

买家口碑的力量不可小视。卖家可以利用已有的客户资源来开拓新的客户资源。在每一次愉快地完成交易后，卖家可以请求买家把店铺推荐给自己的朋友，从而带来更多顾客。例如，卖家可以将送客短语设置为"感谢您的惠顾，期待您的下次光临！如果您在这里购物愉快，请告诉您身边的亲朋好友。"这样的小投入往往会获得意想不到的效果。

实战技巧

顾客是比较健忘的，卖家要时常和他们保持联络，通知他们店铺中最新的促销活动，并鼓舞他们把这些促销信息发给亲朋好友。

10.5.5 客户关系的维护

交易成功后，买卖双方并不代表服务将终止。卖家不要忘记维护已有的客户关系，留住老顾客比吸引新顾客要容易很多，他们将会为卖家带来更多的交易。

1. 尊重顾客

尊重是一种修养和品德。做生意，首先要从尊重做起。无论生意是否成交，与对方交谈一定要注意礼貌，交谈时需要顾及对方的感受。在完成交易后，要对这些买家表示感谢。

2. 替顾客着想

买卖双方合作的目的是为了双赢，在与顾客沟通时，应了解顾客的需求，尽量提醒顾客宝贝选择得不要过多，减少其不必要的开支。

3. 定期联系顾客

老顾客的维护成本比新顾客的开发成本低很多。和一个新顾客谈成一笔生意需要几天甚至更长的时间，投入的精力也非常大。而和一个有过愉快交易的老顾客再次交易可能只需要几分钟。卖家和老顾客的这种默契是建立在卖家的好的客户服务上的。

在开发新顾客的同时要维护好老顾客，他们是卖家成长道路上的扶持者。所以卖家要经常给这些老顾客一些问候，不要让顾客有被遗忘的感觉；还要定期给有特定需要的老顾客提供相关商品的信息，把他们的需求放在心上；店铺打折优惠活动，应第一时间通知这些老顾客；对于交易量很大的老顾客，应给予额外的优惠。

实战技巧

对有意向购买商品的顾客也要随时联系，不时地跟进，不要让自己的顾客变成别人的顾客，也不能将这类顾客遗忘掉。

10.6 及时给买家评价

买家确认收到宝贝，并同意支付宝给卖家打款后，卖家还有义务为买家做出客观、真实的信用评价。客观的信用评价，可以为其他淘友了解买家的买方信誉作出贡献。

10.6.1 评价买家

买卖完成后，需要对买家做出真实的评价，卖家可以对买家做出好评、中评和差评3种评价。

登录淘宝网，进入卖家中心，在左侧的【交易管理】分类中单击【已卖出的宝贝】链接。

打开已卖出的宝贝列表页面，在交易成功的宝贝后方单击【评价】链接。

知识点滴

只有交易状态是【交易成功】时，才会出现【评价】链接，评价周期是45天。

打开下图所示的评价页面，如要给买家好评，可选中单选按钮，在其下的文本框中输入评价内容，然后单击【提交评论】按钮，即可成功评价买家。

知识点滴

双方互评后，需要30分钟才能查看评价内容。

10.6.2 查看买家评价

双方互评后，卖家就可以查看买家给自己的评价了。

登录淘宝网，进入卖家中心，在左侧的【交易管理】分类中单击【评价管理】链接。

打开评价页面，单击【来自买家的评价】标签，打开该选项卡，在该选项卡中即可查看买家对自己的评价。

如果评价需要解释或补充说明，可以单击评价右侧的【解释】按钮。

此时，该卖家所做的解释或说明，就可以被所有买家看到了。

实战技巧

解释功能主要用来应对中差评，对于买家提出的问题和不满，卖家应仔细剖析原因，做出合理的解释。

打开下图所示的文本框，在其中输入要说的话，然后单击【发表解释】按钮。

知识点滴

另外对于店铺的老顾客，卖家还可以利用解释功能表达对老顾客的问候，或者发布一些促销信息，来推广自己的其他宝贝。

10.7 正确处理中差评

在淘宝网中，由于种种原因，买卖双方都可能在交易中产生一些不快乐甚至不满，从而产生中、差评。本节主要来介绍产生中、差评的原因以及解决方法。

10.7.1 收到中差评的原因

收到中、差评后，要先找下自身原因，如果是自身原因要及时进行改正，避免类似情况再次发生。一般来说，产生中、差评的原因主要有以下几种。

1. 商品方面

示例1

中评：我买的是水晶眼影，结果收到的不是这个牌子。

分析：通过对此评价的解释，得知卖家的眼影的确不是"水晶"牌的，卖家使用"水晶眼影"的名称仅在于眼影的形状与质感类似于水晶，是一种形容上的描述，而非品牌的描述。这种模糊的描述，容易产生歧义。

示例2

差评：我买了鼻贴，使用了后，效果和介绍的不相符，根本吸不出黑头，并且产品做工粗糙。

分析：很多卖家为了尽快将宝贝卖出去，在描述鼻贴时拼命吹捧鼻贴的使用效果。可能会有买家基于信任买了该宝贝，但是后续出现的差评将会使卖家的信誉降低，得不偿失。

因此，卖家应该秉持诚信经商的基本原则，损害顾客利益的事情决不能做。对于不能表达清楚或有差异的情况，要事先说明。

2. 物流包装方面

示例1

中评：快递速度超慢，怀疑是快递公司派专人跑着送来的吧？

分析：货物延迟，要么是快递公司出现了问题，要么就是卖家自身出现了问题。如果是快递公司没有及时送到，可以追究快递公司的责任；如果是卖家自己给耽误了，不管是谁的责任，卖家应该给买家一个耐心解释的理由，并诚心地向他们道歉，还要采取积极的补救措施，如送化妆品小试用装、免物流费用等。

示例2

差评：我买的化妆品，无正规包装还算次要的，关键是我拿到时已经开封，明显可以看出来原本封口处应该有锡箔封住的，此时心里极其不爽！

分析：卖家最好在包装商品的时候多包几层。商品在运送途中，容易出现破损。在有空的时候可以多研究一些精巧的包装化妆品的技巧，从而避免这样的问题出现。

3. 客户服务方面

示例1

中评：卖家服务太差了，问三四句说一句，爱理不理的。

示例2

差评：我对这家的服务态度超级不满，因为没收到货物，我旺旺问她是用的什么快递，她完全不理我。

分析：顾客就是上帝，卖家的生意完全依靠这些顾客。俗话说"水能载舟，亦能覆舟"，即便卖家的店铺做得很大了，仍然不能冷淡每一位顾客。没有人会愿意付钱给一个忽视自己的卖家。

10.7.2 中差评的解决办法

收到中、差评后，首先，卖家一定要有这样一个意识：好评并不100%表示满意；中、差评并不一定代表不满意。其实，卖家可以联系买家了解详细情况，根据不同的情况找出不同的解决方法。

当买家收到货物给出中、差评后，这正是买家情绪的冲动期，也是极其引发纠纷的时期。此时卖家应避免过多的解释，而是应该倾听。买家对卖家的倾诉会使冲动情绪缓解，进入情绪的下

降期。当情绪缓解后，卖家就要善用解释，道歉承认错误，表明勇于承担责任，并积极弥补。当买家的情绪进一步缓解，进入平复期时，卖家要与买家共同分析原因，提出解决的方法，如下图所示。

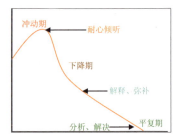

下面以物流为题引起中、差评为例阐述解决方法。

中评：快递速度超慢，怀疑是快递公司派专人跑着送来的吧？

解决方法：快递速度无法由卖家控制，因此应与买家沟通，倾听买家由于晚收到货而产生的种种不快，待他们把情绪发泄之后，再表明自己的理由。这样往往就能得到买家的充分理解，有利于买家作出修改评价的决定。即便他们不修改评价，后面来的买家也不会太在意这样的中、差评，人非圣贤嘛。

10.7.3 保持100%好评的感悟

买家如果对卖家的宝贝或者服务不满意，一般的卖家都会负责地积极解决，有时买家会不与卖家沟通就直接给出中、差评。这时一定要及时与买家沟通，拿出合理的补救措施，取得买家的理解，让买家通过申请修改评价；卖家在每个宝贝描述中可以注明"当您收到货后如果满意请给我一个好评，如果不满意，请不要直接做出中、差评。请及时与我联系，本店将积极解决，直至免费退货让您满意"，还可以在每个寄出的包裹里放入一张留言条，上面也注明了这一点；卖家只要有时间，就应该和买家多聊天，和买家成为朋友，这样就算有什么问题，买家一般也不会给

卖家差评。

			好评率：100.00%
最近1个月	最近6个月	6个月前	总计
328	328	0	328
0	0	0	0
0	0	0	0
328	328	0	328

10.7.4 如何修改中差评

出现中、差评时，卖家不应盲目地抱怨甚至投诉买家，而需要先主动联系买家。在友好协商后，大部分买家都会帮卖家修改原来的中、差评。注意6个月之前的评价虽然不能修改为好评，但是也能删除。很多买家不是很清楚规则，不知道如何修改这些中、差评，这时就需要卖家帮助对方完成此操作。

修改中、差评的方式主要有两种：第一种是在买家【评价管理】中自行修改；第二种是直接致电客服电话，由客服修改。下面将具体介绍这两种方式。

1. 通过引导买家自行修改

一般在买家做完评价的30天内，可以引导他们修改评价中、差评，修改机会仅有一次。在此期间，买家可以通过登录淘宝网，进入【我的淘宝】页面，单击左侧的【评价管理】链接，进入评价管理页面。

在引导买家进行修改时，要站在买家的角度，为买家着想，找到买家给出中、差评的原因，然后为买家解决问题。

在【给他人的平均】选项卡中找到相应的评

价，单击【修改评价】按钮，可以修改评价；单击【删除评价】按钮，可以删除评价。

单击【修改评价】按钮后，进入评价修改页面，选中【好评】单选按钮，在【评论】文本框中输入新的评论，单击【修改】按钮，完成评价的修改。

2. 电话联系客服进行修改

当中、差评超过45天后，买家就不能自行修改该评价，此时只能通过电话联系淘宝客服，申请修改。

打开淘宝网首页，然后单击右上侧的【联系客服】链接。

打开【淘宝网服务中心】页面，在【联系客服】选项卡中单击【电话客服】按钮。此时将列出淘宝客服的联系电话。用户拨打合适的电话，联系客服，说明情况并申请修改即可。

🌱 **实战技巧**

如果电话暂时联系不到客服，可以使用智能自助服务和在线云客服功能，可以获得更加及时的响应和回复。

10.8 相互比较，取长补短

多与同行比较对于淘宝卖家非常重要，这有利于帮助卖家找准自己的位置。另外，在相互比较的同时，卖家还可以学习其他卖家的优点，尤其可以关注卖家们的动作并吸取其成功经验，这对自身的进步和自我改善是非常有利的。

10.8.1 通过搜索榜比较

相当一部分买家都会通过淘宝主页上的搜索榜找到具体商品并最终促成交易，那么可以角色对换一下，经常去搜索榜上看一看自己的位置。

举个例子，店名叫"爱上雯霖"，在淘宝搜索榜上不加任何搜索条件的情况下搜索店铺中某一个产品的名称"The body shop 芒果身体去角质磨砂膏"，打开的搜索结果页面如下图所示。

这时不妨假设自己为消费者，从下面几个方面去比较一下。

🔘 **价格**。价格永远是消费者考虑的首要条件。这款产品的价格是78元/200mL，相比排名

第一和第二的宝贝都便宜得相当多(第一为48元/50mL)。

🔘 **信誉**。信誉也是消费者重点考察的对象，鉴于该店铺也是皇冠店铺，即使竞争对手是双冠或者三冠卖家，在这方面，卖家并不处于劣势。

🔘 **保障**。一般的保障有消保、7天包退换等，同比情况下既然其他卖家都没有，那么卖家暂时没有必要跟进(毕竟都是要花钱的)。

🔘 **快递**。运费为最低的5元。

在进行上述比较之后，卖家完全可以确定这款产品是最具有竞争力的，事实上也是如此——该宝贝近期的售出均来自卖家自己的店。

🌱 **实战技巧**

卖家要时常将自己的角色置换成消费者，浏览自己的店铺或排行榜。经常问问自己："如果我是客户，我会买这个产品吗？"、"它能给我留下深刻的印象吗？"、"我为什么要买它或者为什么不想买它？"、"原因在哪里？"每天多思考几个这样的问题，非常有用。

排行榜比较是卖家们最简单也最需要经常去做的事情，因为卖家的竞争对手同样也在不停比

较并适时作出策略调整，卖家必须不断跟进，确保自己产品的优势地位。

10.8.2　通过第三方工具比较

如果卖家比较在意竞争对手的经营状况，还可以通过第三方工具进行相关数据的分析和比较。

IBBD数据雷达是国内唯一的个性化市场情报分析软件，可以让如今的热门电子商务卖家，通过使用真实的线上市场数据，更快地发现市场销售趋势，学习竞争对手的长处，并能及时发现宝贝选款、上架的好时机。

启动浏览器，在地址栏中输入网址http://www.ibbd.net/，然后按下Enter键，进入数据雷达的首页。

单击【登录】按钮，打开下图所示登录页面，输入账号和密码进行登录。

📎 **知识点滴**

要使用数据雷达，需要先注册本站账号。

登录成功后，打开下图所示页面，本例单击左侧【店铺监控】分类下的【管理监控店铺】选项。

打开下图所示页面，可以看到已设置的监控店铺。

📎 **知识点滴**

用户可单击【添加监控店铺】按钮，添加监控店铺。

单击【店铺概况】选项，打开下图所示页面，可看到被监控店铺近30天的销售概况。

10.8.3　拜访高级卖家

直接造访同行中高级卖家的店铺，也是一个非常好的学习办法，能够做到多皇冠甚至金皇冠的卖家，一定有值得新手卖家学习和借鉴的地方。

用户可以利用【淘店铺】网站来找到这些高级卖家，然后从中吸取经验。

【例10-2】通过淘店铺网站搜索【美容/彩妆】分类下的优秀店铺。■视频

步骤01 打开浏览器，在地址栏中输入网址 http://dianpu.tao123.com/，然后按下Enter键，打开淘店铺主页。

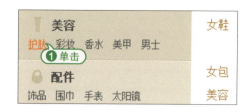

步骤02 在左侧的分类导航中，单击【美容】分类下的【护肤】链接。

步骤03 在打开的页面中列出了该分类下的优秀店铺。单击【进入店铺】按钮，可进入相应的店铺进行查看。

10.9 常进淘宝大学充电

既然在淘宝开店，就必须了解和学习淘宝的规则，并及时捕捉淘宝网的政策变化。为此卖家可以去淘宝大学进修学习，及时掌握淘宝最新的政策和规则。

10.9.1 淘宝大学简介

淘宝大学并不是一所实际存在的学校，它其实是一个教学网站，网址是daxue.taobao.com。无论是刚开店的新手，还是有一定店铺经营经验的老手，都可以在这里学习到有价值的淘宝知识。

10.9.2 在线听课

淘宝大学拥有很多专职的淘宝讲师，并提供了丰富的在线课程。

在首页上单击【课程中心】按钮，即可进入在线课程页面。

在该页面中，包括【一元疯抢】、【一周最热门课程精选】、【新课出炉】和【成长卖家】等几大板块，用户可根据需要在各个版块中寻找自己想看的视频。

【例10-3】在淘宝大学的【一周最热门课程精选】版块中选择课程进行观看和学习。 视频

步骤 **01** 打开浏览器，在地址栏中输入网址http://daxue.taobao.com/，然后按下Enter键，打开淘宝大学主页。

步骤 **02** 在淘宝大学主页中，单击【课程中心】按钮。

步骤 **03** 打开【课程中心】页面，在【一周最热门课程精选】版块中单击想要观看的视频名称。

步骤 **04** 打开下图所示页面，单击【马上学习】按钮。

步骤 **05** 即可开始播放该视频教程。

10.10 实战演练

本章主要介绍了如何提升网店服务，本次实战演练通过两个具体实例，来介绍如何使用数据雷达来分析爆款宝贝和查询搜索排名。

10.10.1 分析爆款宝贝

【例10-4】在数据雷达网站中，分析爆款宝贝。 视频

步骤 **01** 打开浏览器，在地址栏中输入网址http://www.ibbd.net/，然后按下Enter键，进入数据雷达的首页。

步骤 **02** 展开左侧【爆款分析】|【概述】选项，然后单击【增加监控关键词】按钮。

步骤 **03** 在【选择行业】下拉列表中选择【珠

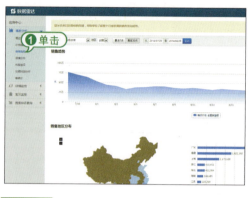

宝手表】选项，然后单击【饰品】分类下的【情侣对戒】选项。

步骤 04 选择完成后，单击【确认添加】按钮。

步骤 05 打开下图所示页面，可看到多组分析数据。

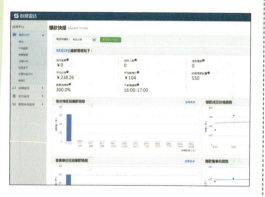

步骤 06 单击【价格趋势】选项，可看到各监控类目近期平均成交价格变化趋势。

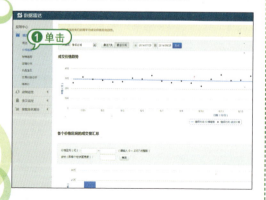

步骤 07 单击【销售趋势】选项，可显示各类目近期的销售额，帮助卖家了解整个行业近期的销售变化趋势。

步骤 08 单击【店铺分布】选项，可查看卖家店铺类型（天猫商城和C店各自的比例）、卖家集中地区、竞争对手店铺在该类目下的销量TOP20排名。

步骤 09 单击【热卖宝贝】选项，可查看行业类目下热卖宝贝TOP50排行榜(按照销量统计)。

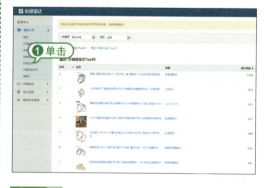

步骤 10 单击【交易时段分析】选项，可查看宝贝成交的高峰时间段。这个时段是宝贝上下架的黄金时段，在此时间段内要确保有人能及时响应买家们的旺旺咨询。

步骤 11 单击【客单价】选项，可查看一个消费者购买同类商品的成交价格总和的变动趋势，如果客单价降低了，说明消费者单次购买的数量减少了，或者是消费者开始倾向购买低价商品。

10.10.2 查询搜索排名

【例10-5】在数据雷达网站中，查询搜索排名。

（视频）

步骤 01 打开浏览器，在地址栏中输入网址http://www.ibbd.net/，然后按下Enter键，进入数据雷达的首页。

步骤 02 展开左侧【搜索排名查询】|【搜索排名查询】选项，在【宝贝关键词】文本框中输入"连衣裙"，在【排名方式】下拉列表中选择【综合】选项。

步骤 03 选择完成后，单击【查询】按钮。

步骤 04 打开下图所示页面，显示查询结果。单击结果中的宝贝标题，可以查看相应的宝贝信息。

步骤 05 打开【下架竞争力分析】选项卡，可以查看宝贝的下架时间分布情况。

步骤 06 单击【下载数据】按钮，可以将数据以CSV格式保存在电脑中。

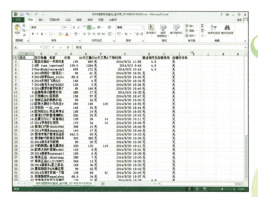

知识点滴

CSV文件通常都是纯文本文件，用户可以使用Word或Excel来打开进行查看。

专家答疑

>> 问：遇到可疑交易怎么办？

答：如果卖家的商品(包含不仅限于低价包邮商品/货到付款/赠品)在短时间内被大量拍下且买家以此来要挟、敲诈等影响交易的非正常出价行为，此类情况可能为可疑交易。遇到此类情况，用户可进入【淘宝网服务中心】页面，在【投诉处罚】标签中单击【投诉可疑交易】链接，进入可疑交易处理页面，该页面中有关于可疑交易处理的相关问题解答，仔细阅读后，可单击【可疑交易处理】按钮，在打开的页面中填写相关信息并上传凭证，然后申请淘宝客服进行处理即可。

读书笔记

第11章

赚钱攻略之塑造品牌形象

对于淘宝店铺而言，品牌就是整体服务感、品牌认知度以及产品信任度的综合体现。因此，一个成功的淘宝店铺，从开始起步就应该规划好品牌建设推广，努力向企业化发展，从而创立属于自己的网店品牌。

11.1 网店品牌的概念与意识

去商店买衣服时，消费者总喜欢认准一个牌子买，觉得该牌子的价格、款式和风格非常适合自己。这就是品牌效应。

11.1.1 品牌的概念

品牌一般被认为是一个名称、一个标志、一个团和一个形式，或它们的组合。因此，品牌是一个在消费者生活中通过认知、体验、信任、感受而建立关系，并在消费者心目中占得一席之地的产品。它是消费者感受一个产品的总和。

品牌是形象的标签。商标并不等于品牌，而只是建立品牌的一个不可或缺的条件，是品牌打造过程中不可缺少的元素之一。

品牌是通过传播介绍给消费者的产品，品牌是消费者对产品的体验和感受。每个品牌背后都有一个产品，但并非每个产品都可以成为一个品牌。品牌建立在牢固的忠诚度上，顾客不易被拉走。品牌是产品和消费者之间的长期互动的产物，不能一蹴而就，需要不断地宣传和维护。

品牌不仅意味着产品(质量、性能)的优势，心理和精神消费也是重点。现代品牌策略大师史蒂芬·金认为，产品是工厂所生产的东西，品牌是消费者购买的东西。产品可以被竞争者模仿，品牌却是独一无二的。产品极易过时落伍，但是

成功的品牌却能经久不衰。

中国原外经贸部副部长、世贸首席谈判长代表龙永图曾说："对于一个人、一个企业、一个民族、一个国家来讲，品牌形象都至关重要。"企业的品牌形象在消费者眼里是重要的购物参考标准。在网购中，一家网店的知名度比信誉度更宝贵，就好像现实中的品牌效应一样。创建和推广网店品牌有助于网店向企业化、规范化方向发展。

11.1.2 品牌意识无处不在

有人可能会这样质疑："一家小小的网店能创出什么品牌来？"其实品牌无处不在。消费者去商店买东西喜欢买"有牌子"的，那是因为有牌子的东西靠得住，服务也令人满意。同样的道理，买家到网上买东西也希望买到质量有保障，且卖家服务态度好的产品。因为网上交易是不见面的，商品也只能通过图片和文字来了解，

买家完全是根据自己对卖家的信任来购物。所以在这样看似"不怎么靠谱"的情况下，品牌的价值更重要，甚至可以说是网店的生存之道。

如果你的网店中宝贝价格合理，信誉高，店主自身具有一定的声望，网店的生意一定很好。网上交易中，最宝贵的就是卖家及店铺的知名度，就好比生活中那些大名牌对我们的影响，有时候甚至比信用度还重要。

那么，网上经营的品牌意识主要体现在哪里呢？

◆ 专项经营是根本。选定自己的主营项目，主营商品品种占经营商品品种90%以上。这就像商场里的专卖店，有专门卖女装的、专门卖香水的等。如果一个人想买一瓶香水，一般来说他肯定考虑专门做香水的牌子，因为专卖和专营会显得专业一点。同样的道理，网店主营一个项目，买家对你的信任度也高。

◆ 要明白品牌的背后都有文化积淀。每个大品牌后面肯定都有许多的故事与文化。例如它的背景，就是品牌的文化。品牌背后的故事也是品牌的宣传方式之一，如"PG美人网"的品牌故事。文化的因素在品牌和消费者之间就可以起一个衔接的作用，用得好将对销售产生很强的推动力。

◆ 品牌意识在哪里？要明白自己的店铺必须有个"主推点"，要像主营商品一样令人印象深

刻。例如，店主名或店铺名叫"小美"，那么卖的宝贝就叫"小美魔术"、"小美桌游"、"小美玩偶"。要知道，制造个人品牌最简单的途径就是把自己的店名或者ID当品牌来进行推广。

◆ 品牌要飞跃。当你的品牌价值在某一平台达到至高的时候，也就意味着你打开了另一扇门，另一个领域。因为品牌具有能动性，一旦建立起来就会有拥护者、追随者，哪怕换了另一个经营平台，也照样会吸引买家的到来。例如LV的女包，已经有了非凡的知名度，无论在全世界哪个城市开分店，都有拥护者来追随。

商品是基础，定位是推广目标，品牌文化是买家让渡价值的体现。在了解与协调好这一过程后，才能更有效地建立、推广和发展网店品牌。

11.1.3 品牌的塑造

品牌是产品与消费者之间的纽带，是建立在消费者心目中的。品牌也是最为错综复杂的象征，它所囊括的内容包罗万象——品牌的属性、名称、包装、历史、声誉、价值、广告风格、文化以及个性等的无形组合构成了品牌。消费者自身的知识、体验和购买及使用经验，也会影响品牌在他们心目中的形象。

品牌构造何等复杂，品牌的成功可想而知，要知道"品牌非一朝一夕就能成功的"，除了品牌所在企业的整合营销能力以外，怎样借助"外脑"的辅助，通过科学有效的整合传播推广和品牌系统管理，获得持续而长远的发展，也是非常重要的一个方面。

通过科学有序的分析、规划、传播和管理，对品牌进行培育和提升。

◉ 分析阶段。这一阶段主要是运用分析系统，进行调研和分析，并对涉及品牌的各项构成要素和影响因素的有关资料，进行科学有序地整理、总结和分析，建立品牌识别，以对品牌的现实状况进行科学准确地界定。

◉ 规划阶段。这一阶段主要是运用品牌规划系统，针对品牌的分析结果进行整合，提出科学的营销策略和广告策略，并制定相应的实施方案。

◉ 传播阶段。这一阶段主要是运用品牌整合传播的系统，实施和推广规划阶段的主要成果，达到解决品牌存在的问题、打开市场、建立计划中的品牌资产的目的，并且在目标市场和目标顾客心目中认同自己的"识别"，建立自己的品牌定位和品牌形象。

◉ 管理阶段。这一阶段主要是运用品牌管

理系统，对品牌传播阶段的实施和推广进行监控和管理，对品牌传播阶段累积下来的品牌资产进行管理，对品牌未来更长远阶段的发展策略进行深度地规划。

在管理阶段，对品牌未来更长远阶段的深度规划表现在以下几项具体工作中。

◉ 新品牌开发的决策等前瞻性工作。

◉ 品牌的改善和创新。主要是根据市场环境和竞争对手的变化，进行产品、技术、传播、组织以及管理等方面的检讨和创新决策。

◉ 品牌的有效延伸决策。主要是指评估各阶段的营销状况，判断是否有必要引入颇具竞争力的新商品，以加强品牌的活性化，从而满足消费者的最新需求。

11.2 网店品牌的分类

网店的品牌通常分为商品品牌、店铺品牌和个人品牌，也可以将三者结合起来做综合品牌营销。本节来介绍网店品牌的分类。

11.2.1 商品品牌

出售手工制作、设计等原创类商品的卖家可以创建自己的商品品牌。因此这些商品在别处是无法买到的，只有卖家自己掌握着货源，商品中凝结着卖家的个人智慧和个人风格，为这些商品精心打造品牌有利于长远的产品销售和推广。

像手绘、编织、刺绣、布艺、设计产品以及各种手工制造品，或者具有专利的技术和商品都适合创建品牌。例如，"PAPA天然水

晶店"。

又如，"3i淘汰原创品牌"，属于自创、原创品牌的设计产品，主营日系、中性英伦男装和情侣装。

11.2.2　店铺品牌

打造店铺品牌是最常见的网店品牌建立方式。在实体店购物时，消费者会优先选择有牌子的商家，同样在网上购物时买家也会更信任有品牌的网店。

例如，箱包品牌"麦包包"网店，女士精品/饰品类网店"萌饰异族"等。

11.2.3　个人品牌

个人品牌就是打造明星店主，利用名人效应来吸引消费。就像明星代言能引起粉丝追捧一样，明星掌柜在网络购物人群中也有相当大的影响力。卖家的ID、形象、性格以及才华等都是创造个人品牌的关键，很多网店会把卖家的个人特质与所销售的商品结合起来。

例如，"小美购"网店是就将卖家的ID与网店定位巧妙地结合。

"胖可爱"网店是就将店主的个人形象与网店定位巧妙地结合。

店主"小美"和店主"胖可爱"都是淘宝大学的讲师，具有一定知名度。

11.3　品牌的定位与命名

明确品牌定位是建设一个品牌的基础，有了这个基础还要为品牌起一个好的名称，品牌名称既关系着品牌的定位，也影响到将来的推广和宣传。

11.3.1　明确品牌的定位

品牌定位就是为自己的品牌寻找合适的产品定位，从而使得目标消费者与品牌之间能产生联系。网店店主可以参考以下几方面来建设和发展自己的品牌。

1. 找准切入点

如果想要让买家认可自己的品牌，就要找准切入点，选择一个大多数人容易接受的切入点非常重要，这不但能使店铺销售量上升，还能让大多数人记住你的个人品牌。很多网店店主将ID或者店铺名当作个人品牌来进行推广，这就是为什么那些专业卖家很有知名度的原因之一。

2. 品牌文化

每一个大品牌背后都会有许多小故事。我们在认知这些品牌时，就是通过这些背景故事体会其蕴涵的品牌文化。因此，用一些精彩的故事来丰富一个品牌是一种非常有效的品牌宣传方式。

3. 专向经营

如果买家想买一件衬衫，他一定会优先去主营服装的网店挑选。实践表明：那些上架商品中主营商品高达九成以上的专卖网店，更容易受到买家的信赖。

4. 连锁效应

当自创的品牌在网站上站住脚后，卖家可以多开几个分号去卖不同的商品并留下足迹，这样别人就会对这个店铺品牌有认知，之后就有可能去参观该店铺或者购买其中的商品。

5. 质的飞跃

当网店的品牌价值达到某一高度时，就需要进一步提高品质。此时这个品牌无论到哪里都有拥护者，各个交易平台都会抛出条件丰厚的橄榄枝，以期望该网店可以加盟。

每个网站都希望更多值得信任的品牌加盟，因为这些网店会吸引很多追随者，这些追随者们就是网站潜在的顾客群。

品牌与平台的完美结合是电子商务的一股新动力，双方可以实现双赢。

11.3.2 品牌命名的原则

一个品牌的树立首先需要有一个好的品牌名称，优秀的品牌名称应当心意独特、定位贴切、容易记忆并且方便推广。

可口可乐是全球大品牌之一，在品牌设计、品牌定位和品牌营销方面都为其他品牌提供了良好的示范，品牌价值已达700多亿美元。

可口可乐(Coca-Cola)得名于其主要原料中的古柯叶(koca leave)和可拉(Cola)的果实，命名者罗宾逊(Frank M. Robinson)为了整齐划一和读音上口，将Kola的"K"改成了"C"，这样就形成了可口可乐的英文名称Coca-Cola。

一个好的产品名称和品牌名称，是品牌成功里程的第一步，一个好的名称应该符合下列原则。

▶ 合法。是指能够在法律上得到保护，这是品牌命名的首要前提，再好的名字，如果不能注册，得不到法律保护，就不是真正属于自己的品牌。

▶ "七好"。好念、好听、好看、好写、好记、好认、好义。

▶ 准确传达品牌核心价值和品牌定位、品牌理念、品牌个性等。

▶ 能引起丰富的品牌联想、给人质量恒久

保持的信心和形象。

◆ 具有很大的可塑空间，可以延伸出品牌形象塑造的远大前景。

知识点滴

加强营销、引进品牌、实施差异化地经营，是每个淘宝店铺品牌实现的生存之道和长远发展之道。

11.3.3　品牌命名的要素

那么，该如何确定好自己的品牌名称呢？网店店主还需要注意以下几个要素。

◆ 从店名开始。不要马马虎虎给自己的网店品牌取一个毫无意义的名字。要有长远打算，取怎么样的名字，给人怎么样的感觉，是不是朗朗上口、与产品关联性如何，都应当考虑。

◆ 用户名。用户名也是很重要，不要认为只有登录的时候才用到用户名。你是否注意到店铺旁边最显眼的除了商品就是你的用户名。买家决定购买你的商品，就要和你联系，如果你的用户名复杂又难记，不利于买家再次想起你，也影响买家帮你的品牌做口碑宣传。

◆ 产品名。调动你丰富的想象力，要给你的商品取个好听而又让人印象深刻的名字，更能突出网店的品牌。

◆ 受众群。别指望一网打尽所有买家。通常一个品牌都是针对一类人群或多类人群的，要想照顾到所有买家，那就等于谁都没照顾到。品牌一定要有一个明确的受众群定位，针对什么人，哪些人最需要你的商品，这些人的品味和共同点是什么？这些问题都是需要考虑的。

◆ 店铺氛围。想给进入店铺的买家什么样的感觉？清新自然还是酷炫后现代的？店铺的装修是最直接将品牌感觉和定位传达给买家的方式。比如，提起麦当劳，人们会想到那个黄色的M；而"玫琳凯"化妆品的专营店装修得带有温馨味，通常买家还没有看到产品时，会最先看到店铺粉色的墙壁，根据店铺的装修风格，买家就会判断这家店的东西适不适合自己，以及自己是不是喜欢这种风格。

实战技巧

确定了商品受众群后，还需要确定品牌的价位。你的商品打算卖什么样的价格？要建立自己的品牌，就要有自己的价格定位，是高、中还是低？根据明确的价格定位，及可以在此基础上，依照实际情况上下浮动标价了。例如，你的潜在顾客是白领，那么定价可以偏高一些，因为白领们对价格的要求不是很看重，他们最重的是产品的品质；如果你的潜在顾客是定位在学生群体，那么定价就应该相对偏低一些。

11.3.4　品牌命名的程序

通常情况下，品牌命名的程序如下。

◆ 前期调查。在取名之前，应该先对目前的市场情况、未来国内市场及国际市场的发展趋势、产品的构成成分与功效以及人们使用后的感觉、竞争者的命名等情况进行摸底，并且店主要以消费者的身份去使用这种产品，以获得切身感受，这非常有助于灵感的激发。

◆ 选择合适的命名策略。前期调查工作结束后，便要针对品牌的具体情况，选择适合自己的命名策略。一般情况下，功效性的命名适合于具体的产品名；情感性的命名适合于包括多个产品的品牌名；无意义的命名适合产品众多的家族式企业名。人名适合于传统行业，有历史感；地名适合于以产地闻名的品牌；动植物名给人以亲切感；新创名则适用于各类品牌尤其是时尚、科技品牌。当然，在未正式定名之前，也可以各种策略进行尝试。

🔘 动脑会议。在确定策略后，可以召开动脑会议，火花碰撞。在动脑会议上，任何怪异的名称都不应得到指责，都应该记下来，一次动脑会议也许得不到一个满意的结果，但可以帮助我们寻找到一些关键词，这些关键词是命名的大致方向。

🔘 名称发散。由一个字联想到100个词语，由一个词语，发展出无数个新的词语，在这个阶段，是名称大爆发的阶段，发动网店所有的人员，甚至向社会征集。

🔘 法律审查。由法律顾问对所有名称从法律的角度进行审查，去掉不合法的名称，卖家对无法确定而又非常好的名称，应先予保留。

🔘 语言审查。由文字高手对所有名称进行审核，去除有语言障碍的名称。

🔘 内部筛选。对剩下的名称进行投票，筛选出其中较好的10～20个名称。

目标人群测试。将筛选出的名称，对目标人群进行测试，根据测试结果，选择出比较受欢迎的2～5个名称。

🔘 确定名称。与客户一起，从最后的几个名称中决定出最终的名称。

🔍 知识点滴

目前，国内外有很多提供免费开店服务的网站，除了淘宝网之外，还有易趣网、拍拍网、eBay等。其中eBay是世界上最大的电子商务网站之一，在中国，已经有了上万的卖家通过eBay上的网店，将自己的产品销售往美国、加拿大、欧洲以及澳大利亚等38个国家和地区。

11.3.5　品牌命名的策略

下面结合一些典型的品牌与名称的例子来介绍品牌命名的策略。

🔘 品牌的传播力要强。在品牌的经营上，一个成功的品牌之所以区别于普通的品牌，其中一个很重要的原因就是，成功的品牌拥有家喻户晓、妇孺皆知的知名度，消费者在消费时能够第一时间回忆起品牌的名称。因此，对于品牌的命名来说，首先要解决品牌名传播力的问题。也就是说，不管你给产品取一个什么样的名字，最重要的还是要能最大限度地让品牌传播出去，要能够使消费者、尤其是目标消费者记得住、想得起来是什么品牌。只有这样，品牌的命名才算得上是成功的；否则，一个再好听的名字，传播力不强、不能在目标消费者的头脑中占据一席之地，消费者记不住、想不起来，都是白费心机。品牌的传播力强不强取决于品牌名词语的组成和含义两个因素，两者相辅相成、缺一不可。例如，在保健品中，脑白金就是一个传播力非常强的品牌名。"脑白金"这3个字朗朗上口、通俗易记，而且这3个字在传播的同时将产品的信息传递给了消费者，使人们在听到或者看到"脑白金"这个品牌名时，就自然而然联想到品牌的两个属性：一个是产品作用的部位，一个是产品的价值。正因为如此，有了这个传播力极强的品牌名的广泛传播，脑白金能在一个月里销售掉2亿元的产品，也就不足为奇了。当然，脑白金的成功还有很多因素，但假如把脑白金命名为：××牌复方褪黑素、脑×健、×××青春口服液等诸如此类的名字，那结果不会太好。所以给品牌命名，传播力是一个核心要素。只有传播力强的品牌名，才能为品牌的成功奠定下坚实的基础。

🔘 品牌名的亲和力要高。是不是只要品牌名有了较好的传播力，品牌就能很好的传播出去呢？同样是国际知名香皂品牌，同样有传播力很强的品牌名，"舒肤佳"品牌知名度和市场占有率与其他同行业品牌就显现出了截然不同的差异；同样是治疗更年期综合征"太太静心口服液"异军突起、后来者居上，赢得了更多的市场份额。这是为什么呢？其实，除了品牌名的传播力因素之外，这里面还有一个品牌名亲和力的问题。品牌名的亲和力取决于品牌名称用词的风格、特征以及倾向等因素。"舒肤佳"这一名词首先给人的感觉是倾向于中性化的用语，它不但更广泛地贴合了目标消费者的偏好，而且通过强调"舒"和"佳"两大焦点，给人以使用后会全身舒爽的联想，因此其亲和力更强。所以，在给品牌命名时，不但要注意品牌名的传播力因素，而且同时也要注意把握品牌名的亲和力因素，只有这样才能使品牌的传播达到最佳效果。

> 品牌名的保护性要好。在谈到品牌名的保护性之前，先让我们来看一个例子，2001年年初，吉林九鑫集团代理了济南东风制药厂的扬帆牌新肤螨灵霜之后，决定进军广州市场。于是投入了几百万的资金进行了市场运作。由于扬帆牌新肤螨灵霜是国内第一个提出"杀螨益肤"概念的产品，加之其广告宣传到位，因此扬帆牌新肤螨灵霜进入市场之后，很快在广州走俏，甚至一度出现过断货现象。然而，好景不长，在看到扬帆牌新肤螨灵霜热销的市场现象之后，广州的部分化妆品厂打起了歪主意。他们相继向市场推出了与扬帆牌新肤螨灵霜外包装相似，但价格却便宜得多的妆字号新肤螨灵霜，进行终端拦截。在针对消费者的低价和针对药店的高扣率的双重作用下，消费者和终端药店纷纷弃扬帆牌新肤螨灵霜而走。一时间，扬帆牌新肤螨灵霜受到了巨大的冲击，销量一路下滑。由于长时间滞销，一些终端药店纷纷要求退货。由于济南东风制药厂在给产品命名时采用的是注册商标+通用名的方

式，因此从法律意义上来讲，受保护的只有注册商标扬帆牌，而通用名新肤螨灵霜是不受保护的。因此，眼看着张三牌新肤螨灵霜、李四牌新肤螨灵霜在市场上肆虐，吉林九鑫集团和济南东风制药厂也只能哑巴吃黄连—有苦说不出了，最后扬帆牌新肤螨灵霜只好落得个收缩市场的苦果。 从以上这个例子，可以看出企业在为产品命名时缺乏对品牌名的保护意识，使企业自己酿成了严重的后果。一直以来，市场中都不乏处心积虑的市场追随者，"螳螂捕蝉，黄雀在后"就是所谓追随者的竞争策略。他们有着敏锐的商业嗅觉，时刻都在打探着钻营的机会，而企业不注意保护自己的品牌名恰恰就给他们提供了这样的机会。因此，在给品牌命名时，企业必须考虑品牌名的保护性，最好采用注册商品名来给产品命名。脑白金、泰诺、曲美这些成功的品牌都是以注册商品名来给产品命名的，而消炎药利君沙不但用注册商品名给产品命名，而且为了防止相似品牌的出现，还进行了与注册商品名的近似注册，以全面保护品牌不受侵犯。所以，给品牌命名不能只讲传播力、亲和力、避免被仿效、侵犯也是品牌命名中重要的问题。

11.3.6 品牌命名的技巧

在确定品牌名称时，不同的定位需要不同的命名技巧。

> 立势命名法。有远见的商业品牌当存雄心壮志，强势品牌的名字说出来也要铿锵有力、挟带一股气势，就是所谓的"立势命名法"。立势命名法一般不超过3个汉字，英文长度一般不超过8个字母，发音呈现上扬的风格，发出的音调洪亮清晰、有气魄、有气势，且产业发音在结构上相互对称，有豪情万丈、一览众山小的文字韵味。例如：日本的SONY、CANON；韩国的LG、SAMSUNG。

> 醒势命名法。品牌命名时，清晰产业背景、吻合行业特征，暗含商品属性与服务定位的

寓意，或者清晰锁定目标群体，并与之相互协调，就是所谓的"醒势命名法"。醒势命名法要注意回避市场上雷同的中文和英文名称，而且最好将品牌与目标客户直接联系起来，进而使目标群体产生认同感。例如，太太(口服液)是一种专为已婚妇女设计的营养补品(女性补血口服液)，这个品牌名称不用过多的言语描述，一听就知道它所针对的消费者是谁，加之色彩上使用鲜红的品牌主色调，利益诉求不言而喻。

> 取势命名法。很多强势品牌的名称无论听、说、读、写，往往都能引发人们的美好联想，北方人说"好意头"、广东人称之为"好彩头"，根据已知的、潜在的关联命名品牌，就是所谓的"取势命名法"。这种取势命名法取势要巧、否则不但容易落俗套，甚至会给品牌带来意想不到的负面效应。许多宾馆/饭店都喜欢用诸如"发"、"利"、"豪"之类的文字作为品牌名称，取发达、顺利、豪气之类约定俗成的文字表意，但是往往会适得其反、感觉低档。一个新颖、独特的品牌名称能使普通商品变成极具吸引力的商品，演绎优美的意境、同时给受众带来欢乐和享受的美好祝愿。例如，福建兴业银行，体现着"兴旺百业、兴盛事业"的价值追求。同样比较成功的还有：金六福(白酒)、好利来(蛋糕)、才子(服装)等。

> 审势命名法。客观审视自己的长处、审视已有资源的优势，把企业产品或品牌与自身所独有的这种优势(或潜在优势)结合起来，由此命名品牌，就是所谓的"审势命名法"。具体命名时，可以审视企业所处的地理位置、地理优势，即与当地地名、或当地特色、特产联系起来，通过人们对于地域的信任、进而衍生为对产品和商业品牌的信任感；也可以与产品类型直接结合、巧妙挂钩，使品牌传播出去易于连带到产品、并具有完整的感觉。例如，近年来高速发展的蒙牛，把内蒙古的简称"蒙"字作为商业品牌的第一个组词要素，大家只要看到"蒙"字，就会自然联想到那"风吹草低见牛羊"的绿色内蒙古大草原，接着又把产品属性作为第二个组词要素，简化到近乎完美的地步，巧合的是，其品牌统领者牛根生的姓也是牛。

> 预势命名法。古人云"凡事预则立、不预则废！"，客观有效地预测品牌未来、建立着眼于未来的品牌战略，并由此命名品牌，就是所谓的"预势命名法"。好的品牌名字不仅要简洁明了、便于传播和联想、具有时代感，还要建立符合国际一体化商业趋势以及对未来市场扩张的有效品牌策略，根据品牌策略来客观预设未来发展再确定品牌名称。众所周知，2006年度美国《财富》杂志评出的世界500强公司之首是埃克森美孚(ExxonMobil)，早在多年前，美国这家石油公司为了设计出既适应世界各地风俗、又符合各个国家法律的名字和图案，邀请了多方面专家和机构，历时六年、耗资一亿美元调查了55个国家和地区，最后才确定了埃克森(EXXON)的命名，并且从设计出来的一万多个商标中筛选出一个，如今这个品牌通行全球，品牌价值已达上百亿美元。

> 借势命名法。天生本无势、天下皆可用之势，巧取豪夺、为我所有，不必组字构词、直接借用、挪用、占用已有传播影响力基础的词汇，类似这种命名方法，就是所谓的"借势命名法"。这种商业品牌命名方法的最大优势是在开拓市场时，用草船即可借箭，大大减小了品牌推广阻力、节省大量广告费用、降低品牌推广成本。例如，早先有个著名的洗涤用品品牌白猫洗洁精，在白猫年代，市场上突然窜出"黑猫"来，而且与白猫是同一类洗涤用品。

> 溶势命名法。随着越来越多的国际品牌进驻中国、着眼于国内市场的建设与推广，给品牌英文名称一个好的中文解释，显得越来越重要。伴随着这种走进来、或者走出去的商业行为，必须要对品牌名称进行二次创作、巧妙转化，最好的方法就是用"溶势命名法"来命名，

融合当地文化背景与当地消费者接受习惯，溶入品牌已有的产品功能或者品类优势，取一个恰如其分的名称。最典型的创新名词为品牌命名、奠定成功基础的例子非宝洁莫属。在宝洁的众多子品牌中，品牌名称几乎个个都是好听又朗朗上口如飘柔、护舒宝、舒肤佳、汰渍等。

11.4　设计品牌形象

品牌除了要有好的名称，更要有好的形象。品牌和人一样，需要有个性的形象，帮助自己的品牌设计品牌标志、树立企业文化、确定经营理念等，以便更好地传达品牌形象。

11.4.1　设计商标

品牌标志是任何品牌都离不开的视觉元素。网店店主需要为自己的品牌设计独一无二的商标。商标的设计可以是店主亲自动手动脑完成，也可以请专业人士设计。商标设计以能突出品牌形象，能被消费者辨别认知为准则，通常可以由文字、数字、字母、图像和颜色组合变化而成。

原创设计女装品牌-LUNA LIMITED网店，其商标设计是由图像和字母组成，给人以简单而又独特的感觉。

原创服装设计品牌artka阿卡随心手艺网店，其商标设计是由文字和字母组成，给人以传统而不失文雅的感觉。

自创女包设计品牌-PG美人网网店，其商标设计是由文字、字母、图像和颜色组合，给人以温馨的感觉。

11.4.2　商标注册程序

店主在品牌创立之初，就要有品牌保护意识，要及时注册商标，以防别的商家和卖家盗用或仿冒。

根据有关规定，申请商标注册有以下两种途径。

➤ 委托国家认可的商标代理机构进行办理。

➤ 申请人直接到商标局的商标注册大厅办理。

申请人直接到商标局注册大厅办理的，需要按照如下步骤进行办理。

第一步，商标注册申请前查询(非必须程序)。

🖉 实战技巧

一件商标从申请到核准注册大约需要一年半的时间。如果商标注册申请被驳回，一方面损失商标注册费，另一方面重新申请注册商标还需要大约一年半时间，而且再次申请能否被核准注册仍然处于未知状态。因此，申请人在申请注册商标前最好进行商标查询，了解在先权利情况，根据查询结果作出判断后再提交申请书。

第二步，准备申请书件。

第三步，在商标注册大厅受理窗口提交申请书件。

第四步，在打码窗口打收文条形码。

第五步，在交费窗口缴纳商标注册所需的费用。

第六步，一个月左右商标局发出《受理通

知书》。

第七步，商标注册申请补正(非必须程序)。

知识点滴

商标注册规费的缴纳标准：在一类10个商品名称或服务项目之内，每件商标注册申请规费为1000元，10个以上(不含10个)，每超过一项，另加收100元。委托商标代理机构办理的，申请人应向商标代理机构缴纳商标注册规费和代理费，商标局收取的商标注册规费从该商标代理机构的预付款中扣除。

11.4.3 构建品牌文化

如果能赋予品牌深刻的文化内涵和丰富的品牌故事，就能让消费者在精神上更能接受和认同这个品牌，慢慢形成品牌依赖。所以促使品牌文化的形成是每个品牌店主都应该考虑的问题。

淘品牌PG美人网的品牌文化表现在品牌故事和品牌大事记上。

淘品牌裂帛的品牌文化表现在品牌释义、品牌定位、设计理念、裂帛生能以及裂帛故事等方面上。

知识点滴

品牌文化就是品牌所具备的情感内涵、精神内涵和价值内涵，包含了品牌里凝结的经营理念、态度修养、情感诉求、品味时尚、团队意识等。裂帛文化是一个典型成功品牌，是值得网店店主学习的榜样。

11.5 品牌的营销推广

网店品牌推广的主要目的是促进品牌价值的尽快实现，是一种短期即时效益的实现，在开展品牌推广时，要将品牌长远利益的实现考虑在短期的推广活动中，要考虑到品牌形象的树立和品牌忠诚度的建立，使品牌价值在每个环节中得到不断积累。

11.5.1 人脉的力量

不要忽略了人的力量，所谓一传十，十传百，口碑就是这么建立起来的。

如果你在淘宝网上开了自己的店铺，可以告诉你的亲朋好友或同学等，希望他们来光顾。他们又把消息告诉给他们的亲朋好友，这样一路传下去，产生的影响就不可低估了。这就是人脉的力量。

11.5.2 适当利用名人

很多网店品牌都请来明星当代言人，做广告。这是为什么呢？因为名人有名人效应。所以店铺也可以想点办法跟名人搭上关系，比如，一件化妆品起名叫"某某化妆品，大S的最爱"或"某某化妆品，大S美容大王推荐"。如果买家对这件化妆品兴趣，至少也会对大S的"最爱"感兴趣吧！进去看了，买不买是次要，至少你的店铺多少会给人留下点印象。

又如，在宝贝描述页面使用名人视频讲解宝贝的使用方法、使用技巧等，这样更能吸引买家，从而使他们产生购买欲望。

11.5.3 时刻不忘宣传

品牌的名称和形象首先应该出现在店铺店招、店铺介绍和店主的个人空间和签名档里，其次也可以在商品名称、商品描述中里加以突出。

店主名片、商品包装、封口胶带、标签贴纸和会员卡也可以用来进一步宣传品牌。另外，在网上论坛里经常会看到有人拿自己的店铺链接或品牌来当签名，要么索性把自己的商品图片也一并发上去，走到哪里就挂在嘴上，要是一个帖子的点击率超过20万，那么保守估计这个信息至少也被看过10多万次。这也是一种品牌宣传推广的方法。

实战技巧

其实传播的作用在于表现品牌的外在特点，它能提高品牌的知名度和识别度，树立品牌的外在形象，但是这些是不能直接促进销售的，只是一个铺垫，能真正实现品牌价值的是品牌的顾客忠诚度和满意度，而这两个重要指标不是单靠传播就能建立的，更多的还是需要从品牌的内涵中去挖掘，包括产品品质、价格、购买便利程度、客户关系、售后服务以及附加利益等众多方面。因此，品牌建设存在于营销全过程中。

11.6 网店的不断创新与发展

创新是人类进步的灵魂，开网店也一样。当网店与网店之间的商品质量、商品价格和服务质量接近的时候，创新营销就成了新的有效竞争手段。对于刚刚起步的网店而言，创新是在竞争中立足的法宝，是在众多卖家中脱颖而出的有利条件；对于已经有了一定发展基础的网店而言，创新是保持竞争先进性和进一步发展的必要条件。

11.6.1 坚持正版路线

网店要坚持销售正版、品质过关的商品，一方面是因为法律法规的相关要求；另一方面也是促成网店经营、树立网店风格特色，以及创立网店品牌的需要。

根据《产品质量法》的规定，销售者不得伪造产地，不得伪造或者冒用他人的厂名、厂址；销售者不得伪造或者冒用认证标志等质量标志；

销售者销售产品，不得掺杂、掺假，不得以假充真、以次充好，不得以不合格产品冒充合格产品。《刑法》第一百四十条到第一百五十条也对生产、销售伪劣商品罪做出了详细的规定。

网店也不能销售侵犯知识产权的商品，如盗版的图书、软件、音像制品。《著作权法》第四十七条、第四十八条和《刑法》第二百一十七条都对侵犯著作权的行为及应该承担的民事、刑事责任做出了明确的规定。

易分辨出来。

知识点滴

正版即"正确地使用版权"。而版权是属于版权所有人的，版权所有人提出使用条件，使用者只要符合条件，就算是正确地使用，就不违反版权法。企业通过开发产品，经过合法注册，受知识产权保护，进而生产产品获利。正版公司出品物——书籍、软件、音像制品等。

另外，《反不正当竞争法》第五条规定，经营者不得采用下列不正当手段从事市场交易损害竞争对手：

❯ 假冒他人的注册商标；

❯ 擅自使用知名商品特有的名称、包装、装潢，或者使用与知名商品近似的名称、包装、装潢，造成和他人的知名商品相混淆，使购买者误认为是该知名商品；

❯ 擅自使用他人的企业名称或者姓名，引人误认为是他人的商品；

❯ 在商品上伪造或者冒用认证标志、名优标志等质量标志，伪造产地，对商品质量作引人误解的虚假表示。

我国的盗版行业十分猖獗，同时也很难取缔，主要原因是，有太大的市场需求导致很多商家铤而走险，再加上法律法规对于盗版行为的处罚和监管不够严格，盗版在我国一直难以根除。淘宝网上表现最突出的就是音像制品，例如，销售的盗版蓝光碟与正版蓝光碟从价格对比上很容

知识点滴

销售正版商品(即正品)不仅是创立品牌的需要，更是一个商人的立足的根本。

11.6.2 突出时尚设计

产品创新是创新的根本，生产出好的、先进的产品，其实是最好的营销手段。设计类、创意类商品是时下的大热门，其新鲜、独特的特性正符合年轻人对于自我风格和时尚品味的追求。设计类产品有的还可以接受定制，可以更大限度地满足买家的个性需求，更能让买家买到自己想要的而市场上没有的商品。

淘宝网的原创品牌店铺"相思龙豆"，是典型自创的饰品网店，突出了时尚的设计，并提供产品的定制服务，只要买家能提供实物照片，即可再行定做。

11.6.3 强调服务品牌

商品可能被仿冒，宣传策略可能被照搬，但

优质的服务是竞争对手无法复制的，优良的客户服务可以为网店以及网店品牌整体加分不少。

从买家进店到帮助买家挑选商品，再到完成订单，然后包装发货，最后到售后服务，全程都能让买家感受安心无忧的服务，其实这就是网店的无形声誉。

大多数人都不会轻易相信别人，但是对于已经相信的人就会深信不疑，所以销售最重要的就是获得买家的信赖。

买家一旦信赖一家店铺，就会主动跟自己的亲朋好友做推荐和宣传，这种口碑传播对店铺的声誉有很重要的帮助。因为买家说的一句话，比卖家费尽口舌的几十句话都管用，这样介绍来的新买家很容易达到交易。并且通过这种信任的传递，忠实的买家会越来越多，新买家也源源不断，店铺的声誉也将越好。

11.6.4　自动销售与智能客服

网店是24小时服务的，但卖家不可能24小时在线。为了能随时服务买家，很多网店采取了自动销售与智能客服的方法。

自动销售服务尤其适合虚拟充值的店铺，如话费充值卡、游戏点卡、Q币等销售商家，可以实现话费、点卡等的全天候即时到账，给急用商品的买家带来极大的方便。

目前，还有专业人士开发了智能客服软件，有智能学习、自动回复等功能。软件可以从买家的对话中学习语言，并根据买家的问题自动回复最匹配的回答。另外，还带有推广营销的功能，可以给指定的买家自动发送消息。

11.6.5　扩大影响力

如果有余力，请帮助别人，予人玫瑰，手留余香。网店店主可以适当参加一些力所能及的公益活动和慈善活动，在帮助到真正需要帮助的人的同时也可以扩大网店的影响力。现在已经有很多网店开展这一类的活动，将爱心从网上送到现实社会中。

例如，自制服装品牌"裂帛"网店所进行的公益活动，则列举在其品牌文化页面的【裂帛印记】栏目中。

卖家可以要求买家一起参与公益活动，如举办买家买多少商品额度，商家就捐出固定比例的利润活动，这样能与买家一起分享帮助他人的快乐。

11.6.6　走出C2C网店平台

必须开始摆脱对网店平台的依赖，着手尝试运营独立网店。

"出淘"一词已成为网购市场的热门词汇。"出淘"指的是小卖家因为淘宝网店的利润空间越来越小而不得不关闭或者转让淘宝网店另谋出路，而大卖家可以开始在淘宝网之外开设独立的网店或构建自己的B2C网络平台以获得更大的发展空间。

淘宝网推出的"大淘宝计划"招揽一大批资金雄厚、品牌知名度高的超级卖家。在有限的流量和资源限制下，这些超级卖家带来的新一轮资源和流量竞争让大部分淘宝卖家的空间被严重挤压。加上淘宝网在广告和推广方面的费用有很多上涨，所以引起了淘宝卖家们不小的反响。

淘宝网卖家"出淘"的原因主要是竞争压力过大和期望自主发展。对很多淘宝网大卖家而言，"出淘"是希望逐步减少对淘宝网的依赖，然后创建自己的购物网站，走品牌化经营的道路。但要自己独立构建网店绝对不是件容易的事情，网站建设和维护、客源问题、支付问题等都是亟须解决的难题。

因此，在独立平台尚未成熟之前，继续坚守淘宝网阵地是明智的选择。

11.6.7 品牌的不断发展

品牌也需要发展，否则，用了不管多久的品牌也会面临衰落和消亡。品牌需要一个连续性的发展，可以借助以下一些常规手段进行维护和发展。

1. 制作名片

店主需要制作名片，进行品牌推广。名片上有店铺的名称、网址和电话号码，另外还有卖家的名字和职务，甚至有店铺的品牌商品等。不管走到哪里，带上名片，必要时起到店铺及品牌宣传的作用。

2. 广告传单

利用网络消费者遍布大江南北的特性，可以印制一些广告传单，随产品及物流发放。

3. 打折优惠

给第一批买家或限定在一定时间内的所有买家一些折扣或减价优惠，这种措施会鼓励潜在顾客试用你的产品或服务。

4. 促销产品

定做一些印有网店名称的帽子、书签、笔或镜子等小礼品，做活动时赠送。甚至还可以把店铺的名字印在购物袋上，跟着产品一起打包，起到促销和宣传的效果。

专家答疑

>> 问：在千牛工作台中如何添加自己需要的数据项？

答：启动千牛工作台，单击主界面中【添加数据】文本下方的+按钮，打开【配置数字】对话框，在该对话框中选中需要添加的数据项前方的复选框，即可将对应的数据项添加到千牛工作台的主界面中。